新文科建设教材 创意管理系列

创意消费市场调研

林明华 编著

清华大学出版社
北京

本书封面贴有清华大学出版社防伪标签，无标签者不得销售。
版权所有，侵权必究。举报：010-62782989，beiqinquan@tup.tsinghua.edu.cn

图书在版编目（CIP）数据

创意消费市场调研 / 林明华编著. -- 北京 ：清华
大学出版社, 2024.7. -- (新文科建设教材).
ISBN 978-7-302-66640-0

Ⅰ．F713.58

中国国家版本馆 CIP 数据核字第 2024B8333B 号

责任编辑：陆浥晨
封面设计：何凤霞
责任校对：王荣静
责任印制：沈　露

出版发行：清华大学出版社
    网　　址：https://www.tup.com.cn，https://www.wqxuetang.com
    地　　址：北京清华大学学研大厦A座   邮　　编：100084
    社 总 机：010-83470000   邮　　购：010-62786544
    投稿与读者服务：010-62776969，c-service@tup.tsinghua.edu.cn
    质 量 反 馈：010-62772015，zhiliang@tup.tsinghua.edu.cn
    课 件 下 载：https://www.tup.com.cn, 010-83470332
印 装 者：涿州汇美亿浓印刷有限公司
经　　销：全国新华书店
开　　本：185mm×260mm 印　张：13 字　数：212千字
版　　次：2024年8月第1版   印　次：2024年8月第1次印刷
定　　价：49.00元

产品编号：090000-01

编 委 会

顾　问：熊澄宇　雷家骕　葛宝山　陆蓉之

总主编：杨永忠

编　委：（以姓氏拼音为序）

陈玉和	邓文龙	杜传忠	傅兆勤	高长春
顾　江	韩春佳	李伯一	刘洪伟	刘志迎
卢　晓	苏　勇	孙洪义	孙永龙	王立新
王　忠	魏　建	吴承忠	向　勇	肖代柏
谢明宏	解学芳	许燎源	杨洪涛	臧志彭
张庭庭	张耀辉	赵红川	赵　力	

序 一

创意管理在中国是一个比较新的学科。我们以前谈得更多的是文化产业管理，文化产业管理和创意管理有相同之处，也有不同之处。我做文化产业管理研究二十多年，今天我们谈谈创意管理和现在正在推动的新文科建设。这两个话题之间，可以找到一个关联度。

"创意""管理"这两个词在一定程度上是对立的。创意更多的是在思想层面，是在出主意，讲究的是个性，是创造性、唯一性，做前人没有做过的事情。管理，研究的是共性，寻找现象背后的共同规律。或者说管理就是决策，无论是计划、组织，还是领导、控制，都是面对一个群体而言，讲究的是统一性和规则。所以，创意与管理这两个概念，在一定程度上是对立的。我们现在把它们放在一起，就是要寻找这种对立的统一，实现个性与共性的融合。

在最近的学科讨论中，大家对文化创意产业在教育部的学科目录里隶属于工商管理学科有不同的想法。从教育部学科目录的变化来看，它实际上是从 2004 年的公共管理学科转到了 2012 年的工商管理学科。但在工商管理学科下面，标注允许在两个学位里选择，可以授管理学学位，也可以授艺术学学位。从现在的实践来看，创意管理放在工商管理学科下面，84%的学校授予的是管理学学位，16%的学校授予的是艺术学学位，反映出学科融合过程中的成长与发展。

教育部正在组织讨论新文科建设。我们知道世界范围内的学科体系大体分三大领域：一是人文科学，二是社会科学，三是自然科学。所谓新文科，主要涉及人文科学与社会科学两大门类。人文科学按照中国目前的划分方法，大概有四个领域，即文学、历史、哲学、艺术。社会科学也有四个领域，即经济、法学、管理、教育。这两个大的门类放在一起，就是现在提出来的学科交叉与整合。而创意管理学，一定程度上正好是在新文科的两大门类的交叉基础上发展而来。

比如说，创意跟文史哲艺术之间有着密切的关系，没有文史哲和艺术的基础，很难说创意管理有深厚的学术积淀。而作为一种文化过程，创意管理如果没有经济学、法学基础，也很难说是一个完整的管理。所以，今天我们谈论的创意管理，反映了新文科的交叉关系。

在厘清创意管理概念的基础上，我们进一步探讨创意管理的模式。以我自己亲身考察、交流总结的经验来看，目前的创意管理有三种不同的模式。

第一种是百老汇的演艺模式。所有的剧目都是原创且拥有知识产权，所有的演职人员都需要签合同，既保证了整个演出的完整性，也保证了演员自身的权利。当然更重要的，它是一种市场行为，有着一整套完整的制度和体系。

第二种是迪士尼主题园区的创意管理模式。首先，它有一个价值观，强调的是亲情友爱、惩恶扬善。这种价值观可以跨地域、跨民族、跨文化。其次，它是一个完整的产业链，从开始的剧本、演出、主题乐园，到衍生产品，构成一个完整的产业链和生产过程。最后，也是更重要的，它构成了一个完整的社会生态，即不分年龄、不分种族都可以接受迪士尼的文化。

第三种是好莱坞模式。以好莱坞的狮门影业公司为例。这个于1998年在加拿大注册的公司，现在已经在美国八大电影集团中排名第四。虽然是电影公司，但公司董事没有一个做电影，主要做资本管理。我和公司董事会成员及其高管30多人开了十几场座谈会，讨论下来，发现他们的主要特点是资本驱动、市场驱动、科技驱动。董事会由搞资本的人主导，买了一万多部电影的版权，然后做市场、做新媒体、做网络。

从创意管理的概念到创意管理的模式，再进一步讨论创意管理学科。通常一个学科是由史、论、方法、应用四个方面构成。

第一个是史，历史是学科发展的基础。要找到学科的来源，需要从两个主要门类去梳理这个学科的构成历史。目前创意管理学学科本身的历史并不长，但是与它相关的学科历史很长，需要进一步梳理。

第二个是论。现在我们这个领域里面有一些著作，但是还没有构成完整的学科体系。杨永忠教授所写的《创意管理学导论》是目前国内为数不多的创意管理著作之一，具有开创性。创意管理学就理论而言，从概念到体系还需要进一步深化，需要在这方面积极创造。

第三个是方法。在目前社会科学领域，许多方法创意管理学都可以拿来使用，但是更重要的，还是要找到人文科学和社会科学交叉以后的方法，能够有助于这一新兴学科的分析发展。

第四个是学科在实践中的应用。我们经常说理论走在前面，但实际上现在很多理论是走在后面的。理论是在实践的基础上梳理、总结、提炼出来的。所以，创意管理学这一学科的构成，还需要我们从方方面面努力，不管是学者、企业家，还是管理者，都需要共同推动。

从四个不同的方面，不管是创意，还是管理，都有拓展的空间，每个研究者都可以从自己的角度找到一个切入点。

习近平总书记对文化有很好的解读，在联合国教科文组织总部会议上，他提出了多元、平等、包容、互鉴的观点。所谓多元，强调的是差异，大自然是多彩的，人类社会是多元的，呈现形态可以是不同的。平等，意味着不管是东方文化、西方文化，还是哪种模式，都可以在并存的基础上发展。包容也很重要，没有包容就不能并存。最重要的还是互鉴。互相借鉴、并存互补、融合创新，应该是创意管理学的可行的发展道路。

今天，我们看到了人文科学和社会科学的融合，也就是我们现在说的创意和管理。我们还希望人文科学、社会科学和自然科学融合，同时希望所有的学科融合完成以后，还要和社会发展的实践融合，这就是我们这个学科的发展方向。我们不仅要做案头研究、理论研究、战略研究，还要落实到应用层面。希望通过我们的研究、我们的探讨，能够推动创意管理在全世界范围内、在实践层面上帮助人类社会向前发展,为人类和平发展做出贡献。

我愿意和大家一起参与创意管理教材的出版,也愿意见证创意管理的进步和成功。

熊澄宇
欧洲科学、艺术和人文学院院士

序 二

中国当前的产业技术创新面临着突破,期待着创意的活跃。

创意决定创新的独特性

创新管理学家库珀在 20 世纪 80 年代即提出了"前端活动在相当程度上决定着新产品研制能否成功"的观点。他发现,产品研制的模糊前端产生的 3000 多个创意中,只有 14 个能够进入开发阶段;最终能够商业化并取得市场成功的创意仅有 1 个。也就是说,从创意产生到产品开发成功的概率只有 0.47%,从产品开发到商业化成功的概率仅为 7.14%。可见产品创新的成功率是非常低的。而导致产品开发失败的主要原因在于从创意产生到产品开发这一阶段。这正如一些学者所讲的:绝大多数产品研制在"起点"就注定将会失败,这个起点就是"创意"。

模糊前端是创意产生和筛选的阶段,也是产品创新过程中最不明确的阶段。此阶段最重要的特征就是模糊性,这个模糊性充满不确定性。模糊前端的模糊性分为环境和资源两大维度:环境维度包括需求模糊性及竞争模糊性;资源维度则包括技术、管理及资金需求的不确定性。创意对于产品创新的重要性,既表现在决定产品创新的成功率上,还表现在决定产品的独特性上。市场中,某个企业的产品与其他企业的同类产品能不能形成差异化优势,就是由独特性决定的。

技术创新越来越期待活跃的创意

改革开放 40 多年来,我国的技术创新范式经历了四个阶段的演变。1978 年前我们的经济是"短缺经济"。那时经济学界都在读匈牙利经济学家科尔内的名著《短缺经济学》,不少人感觉这本书好像写的就是中国。故 1978 年到 1988 年,我国技术创新的基本范式是"学习+引进+补短",补市场供给之"短",补创新能力之"短"。两种"短""补"到一定程度后,从 1988 年到 1998 年,我国技术创新的基本范式转变为"引进+模仿+提升"。

1998 年前后,随着对"以市场换技术"政策的"利弊得失"的讨论,国家提出了"自主创新"的大思路。由此,从 1998 年到 2008 年,我国技术创新的基本范式转变为"整合式自主创新",即将国内外相关先进技术整合到一起,形成具有部分自主知识产权的新产品。从 2008 年到现在,随着自主创新能力的提升,我国技术创新的基本范式更多地转变为"迭代式自主创新"。企业对同一产品持续进行技术迭代,经过几轮迭代,即将同一产品提升为具有完全自主知识产权的新产品。

这四个阶段的技术创新范式中，创新者的创意起了很大作用。因为若无创意，创新者就不会想到应该这样做。创意是关于产品功能、实物造型、工艺方法、制造流程、实用发明、商业活动、文化及艺术作品的构思。创意有三大特征：一是有创新的想法；二是有商业价值或社会价值；三是有科技、文化、艺术的内涵。

现在我国正在实施"创新驱动发展、科技创新引领发展"的战略，业界要把创新做得更有特点、内涵、质量，形成更为强大的经济社会发展的新动能，全社会的创意首先要活跃起来。更有创意的意识、思维和能力，才会有在人类发展历史层面的创新。

加强创意管理教育乃当务之急

随着创意的专业化程度的提升，现在的"创意活动"也逐渐成为一类"产业"。联合国于 2008 年和 2013 年皆发布了创意经济报告，认为创意经济不仅在世界经济中增长最为迅速，而且在创造收入、创造就业机会和出口收入等方面极具变革意义。联合国 2019 年发布的《创意经济展望：创意产业国际贸易趋势》报告显示，全球创意产品贸易增长迅速，中国在其中占据了主导地位。创意产业越来越成为国家经济发展的新引擎，在驱动创新发展方面的作用越来越重要。

创意从源于个体头脑中的灵感衍变为消费者可以体验的创意商品，经历了初始创意源产生、创意方案形成、创意产品化等多个阶段。在这个过程中，创意以不同形式在创意主体间扩散，从而产生经济效益和社会价值。由此，创意管理及创意管理研究的重要性日益显现，进而要求教育界积极发展创意管理学科。创意管理是管理学的一个新兴领域，也是管理学术研究的"金矿"，有待于我们精心挖掘。

两年前，杨永忠教授找到我，提出出版创意管理教材，厘清创新的模糊前端，打开创意管理的"黑箱"，形成完整的创意、创新、创业体系，我非常赞同。如今，十分高兴看到国内首套创意管理前沿教材的如期出版，希望通过这些教材的出版，加强创意管理的教育，加快创意管理思想的普及，加速国内创意管理学科的长足发展，促进中国的大国发展战略。愿与同行共勉，期待创意管理更美好的明天！

雷家骕
清华大学教授

序　三

从文化到创意，从产业管理到创意管理，透视着文化创意产业的发展变迁。到今天，学界和业界越来越达成共识：文化创意产业的灵魂是创意，文化创意产业的关键是管理，由此滋生的创意管理也就成为文化创意产业发展的新兴领域和核心命题。

然而，仅仅十年前，创意管理这一概念是多么陌生，以创意管理命名的组织、机构凤毛麟角。犹记得，在成都首届创意设计周论坛上，我以四川大学创意管理研究所所长的身份与台湾苏荷创意管理公司的总经理张庭庭相遇，交换名片的瞬间，彼此间欣喜并惺惺相惜。我们研究所是她所知道的两岸第一个以创意管理命名的研究机构，而他们公司也是我所知的首家注册创意管理的实践组织。因为这一领域的鲜见，随后由我发起并与张庭共同庭推进的系列创意管理普及性活动，如"创意成都夜话""文化企业家讲坛"，在媒体的报道中，有创意管理"东张西杨"之说。

2012 年 3 月我从澳大利亚公派访学回国，基于对文化资本这一新兴资本的创造性力量的洞察，以起于青蘋之末的第二次文艺复兴为社会变迁背景，我将创意管理定位为一个新兴的工商管理学科分支领域与交叉学科，开始着手推动创意管理的持续发展。在四川大学社科处和商学院的支持下，出版了中国第一套创意管理前沿研究系列丛书，在工商管理学科增设了第一个创意管理博士培养点（方向），创立了《创意管理评论》学术集刊，发起了首届中国创意管理论坛。一系列成果和活动产生了广泛的社会影响。2016 年，在教育部新世纪优秀人才项目结题评审中，中国人民大学金元浦教授认为，四川大学创意管理研究所在国内创意管理领域所展开的前沿性探索，体现了理论研究的国际转化路径。到今天，我们欣喜地看到，有关创意管理的研究和活动已经风起云涌。这些研究也越来越广泛，涉及文化创意的价值管理、创意实施的跨层次传导、网络众包模式下用户创意质量、数字创意产品多业态联动开发、创新模糊前端创意扩散、创业团队创意方案知识寻求等诸多领域。据统计，最近 8 年，国家社科基金管理学科有关创意的立项有 8 项，最近 3 年国家自然科学基金管理学部有关创意的立项达到 10 项。

有了相关的研究基础，创意管理的教学按照学术创业的思路启动。学术创业不仅包括学术创新、学术的商业转化，也包括学术的教学转化，而教学转化常常被忽略。从 2012 年开始，我们在四川大学商学院开设了"创意与创新管理"的本科教学，采用自编的讲义。2014 年起开始，对 MBA 学员开设"文化创意产品开发"选修课程。2018 年，《创意管理学导论》正式出版，终于解决了国内教材空白的问题。犹记得，2018 年，我非常忐忑地邀请熊澄宇教授参加我们的第二届中国创意管理论坛。熊教授放弃了江西的一个重要活动，欣然而至，并要我在《创意管理学导论》上签名留念，说"你这是中国的第一本"，"所以我要来支持"。大家风范、期盼之情，感怀于心。时至今日，我们在教学上也取得了一系列的成果。其中最具代表性的是 2020 年"创意与创新管理"荣获首批国家级社会实践一流课程，并被列为四川大学商学院重要成果，同时荣获国家级教学成果二等奖。

十年来，通过教学的辛勤耕耘，我们发现，创意对个人成长和组织发展至关重要。没有创意，哪儿有创新呢？没有卓越的创意，哪儿有划时代的创造呢？创意是一个人成长的开启。从"钱学森之问"，我们发现，中国之所以缺乏伟大的创新，很大原因是缺乏创意。创意需要激发、转化和管理。但是，如何管理创意，管理的边界、思维、方法、技术和规律，需要通过教学普及和深化。但国内乃至国际，有关创意管理的教材却少之又少，更缺乏系列化。面向高校的专业教材，面向产业人士的培训教材，面向政府部门的管理教材，甚至面向中小学生的启蒙教材，都是空白。

清华大学出版社远见卓识，比较早就了解到我从事文化产业和创意管理方面的研究，陆浥晨编辑到成都与我做过交流。2019 年在东华大学召开第三届中国创意管理论坛之际，她从北京到杭州开会，又专程绕到上海与我见面。感动之下，初步达成了出版创意管理系列教材的意向。这一想法很快得到清华大学经济管理学院雷家骕教授的赞赏与支持。雷教授掷地有声："我们有创新、创业，就缺乏创意；有了你的创意管理，三创就打通了。"水到渠成，2019 年 12 月 28 日，在中国技术经济学会指导下，我们在清华大学成立了国际创意管理专委会，雷家骕教授、熊澄宇教授、葛宝山教授等担任顾问，我担任专委会主任。专委会的第一个成果就是与清华大学出版社达成战略合作，我与出版社刘志彬主任共同签署了"创意管理系列教材"出版协议。在专委会的组织和委会委员的参与下，《人文品牌创意管理》《文化遗产的创意管理》《乡村旅游创意管理》《区块链创意管理》《新媒体内容创意与营销》《创意消费市场调研》《品牌创意传播策划》《现代文化经济学》等教材陆续立项，开启了中国创意管理教材系列建设的序幕。

我们希望，通过不懈努力，这套教材的出版能够实现三个方面的心愿。

第一，开启创意。作为文化的后端裂变，作为创新的模糊前端，创意关乎国家的未来，关乎组织的发展，关乎每个人的成长空间。因此，启迪心灵，激发创意，提升民族的创意素养，是我们的初心。我们为自己身处这个充满可能的伟大时代而自豪。

第二，推动教学。创意如何激发，创意如何共创，创意如何运营，创意如何营销，创意如何评估，我们希望探寻其中的管理之道，并进行系统化的总结与呈现，为创意管理从理论研究到教学转化提供有力支持。

第三，共同发展。中华文化博大精深、源远流长，为创意提供了坚实的基础。如果能够有效地活化这些灿烂的文化，无疑将极大提升民族的自豪感和竞争力。因此，教材建设本身也在努力探索中华文化创造性转化的机制和模式，并为全球文化的可持续发展做出中国的贡献。

杨永忠

四川大学教授

前　　言

每天，随着手机闹钟铃声响起的那一刻，我们就进入了持续不断的创意性商品或服务的消费中。从网页新闻到订阅号消息，从随处可见的广告到各类小视频、直播……创意消费几乎无处不在、无时不在。人们越来越多地将可支配收入用于创意消费，闲暇时间也逐渐被创意消费消耗。数字技术持续更新和突破，一方面，创意产品供给效率得到极大的提高，创意产品种类更加丰富；另一方面，普通大众也可以参与创意产品研发，甚至借助AIGC工具创造出诸如视频、音乐、画作、诗歌等创意产品。显然，创意消费市场势必将更加繁荣。

文化娱乐是典型的创意消费。2016年，我国人均文化娱乐消费突破800元，占消费支出比重的4.7%，其中作为创意消费主力群体的城镇居民人均文化娱乐消费达1268.7元，比重为5.5%[①]。2017—2019年，我国人均文化娱乐消费维持在800元以上，比重在3.9%和4.6%之间，其中城镇居民人均文化娱乐消费为1270~1440元，比重在4.6%和5.5%之间。2020—2022年因疫情全国人均文化娱乐消费下滑较大，为550元以上，比重为2.7%左右，其中城镇居民人均文化娱乐消费下降至1000元以下但超过800元，比重为3%左右。从中可以看出，我国这类创意消费需求基本波动不大。然而，从文化娱乐供给方面看，我国创意消费供给层面增长迅速。统计表明，我国文化及相关产业从2004年企业数量31.79万家、从业人员873.26万人、资产18316.6亿元分别增加至2018年的210.31万家、2055.8万人和95382.6亿元，年均增速分别为14.5%、6.31%和12.51%。

从上可以推断，我国未来创意消费市场竞争将越来越激烈，加上创意消费具有多样化、个性化和易变性的独特特征，必然促使创意消费供给方提高洞察消费者的创意消费行为的能力，从而才能在激烈的市场竞争中立于不败之地。诚然，过往的市场实战经验似乎可以成为创意消费供给方洞察创意消费行为并由此做出决策的不二法宝。但是，面对日益激烈竞争的创意消费供给市场和短期内相对饱和的现状，客观的创意消费市场调研数据应该是创意消费供给方进行科学决策的重要依据。

党的十八大明确提出推动实施创新驱动发展战略。而创新驱动离不开创新的模糊前端——具有市场价值的"创意"。但创意的市场价值高低取决于消费者的认可程度。因此，从这个角度来看，创意消费市场调研尤为重要。

本书旨在让读者全面了解创意消费市场调研的各个环节，期望读者通过学习本书，达到独立完成创意消费市场调研的目标。

全书共八章。第一章对创意消费市场调研进行了概述，内容主要包括创意消费市场调

[①] 国家统计局社会科技和文化产业统计司，中宣部文化体制改革和发展办公室. 中国文化及相关产业统计年鉴.2017. 北京：中国统计出版社，2017：44. 本节中的原始数据若没有特别说明均来自各年《中国文化及相关产业统计年鉴》。

研的定义与作用、创意消费市场调研道德抉择，以及创意消费市场调研的必要性与基本步骤。

第二章聚焦设计创意消费市场调研方案前的准备工作，包括正确定义调研问题、了解市场信息的基本类型，以及识别调研所需的信息。之后分别阐述了定性调研和定量调研常用的调研方法并讨论了大数据采集的方法、工具及平台。

第三章探讨了创意消费市场调研方案的设计，在简要阐述创意消费市场调研方案含义、作用及类型后，讨论了创意消费市场调研方案设计的流程和基本内容，然后探讨了设计一份合格的创意消费市场调研方案的基本要求以及如何评价调研方案，并提供了一个创意消费市场调研方案案例。

第四章为问卷设计，内容主要包括问卷的定义和目的、问卷类型、问卷的结构化和设计流程、问卷问题及答案设计、问卷量表的信度和效度分析，并提供了一份问卷案例。

第五章是创意消费市场调研信息获取，内容主要涉及抽样技术、样本容量的确定、抽样设计步骤、定性数据获取方法的执行，以及定量数据获取方法的执行。

第六章主要关注创意消费市场资料分析，包括常见的统计术语、问卷调查数据的整理、描述分析、差异性分析、变量关系分析及其他数据分析方法，最后探讨了定性资料的分析。

第七章是创意消费市场调研报告与口头汇报，内容主要涉及调研报告撰写的基本原则与步骤、调研报告的结构与各部分的撰写，并简单介绍了口头汇报。

第八章是创意消费市场调研综合案例，主要由调研方案、调研问卷和调研报告组成。

本书最显著的特点是，除了全面系统梳理必要的创意消费市场调研的理论知识外，还尽可能地从实操层面提供如何进行各个环节的实战，并安排了大量的创意消费市场调研案例。

本书是在其他论著、网络资料和创意消费市场实践的基础上编写而成，这些科研成果包括但不限于本书所列出的参考文献。在此，对这些著者表示衷心的感谢！除此之外，我还要感谢我的硕士研究生文小芳、陈龙、陈联锟为编写本书所做的大量基础工作；感谢"新文科建设教材·创意管理系列"丛书总主编四川大学杨永忠教授，清华大学出版社的编校团队，以及福州大学肖阳教授的支持和建议；感谢湘潭大学文化产业管理系同事的支持。最后，感谢我的家人对我的理解和支持。本书的顺利出版还离不开湘潭大学碧泉书院·哲学与历史文化学院营造的宽松、包容的创意氛围！

本书定有很多不尽完善之处，书中难免存在错误和疏漏，恳请各位专家、读者不吝批评指正！

林明华

2023年7月24日于湘潭大学碧泉书院

目　　录

第一章　创意消费市场调研概述 ······················ 1
第一节　创意消费市场调研的定义与作用 ················ 2
第二节　创意消费市场调研道德抉择 ·················· 4
第三节　创意消费市场调研的必要性与基本步骤 ············· 9
复习思考题 ···························· 10

第二章　创意消费市场调研方案设计准备 ················ 12
第一节　调研问题与信息需求 ····················· 12
第二节　创意消费市场定性调研方法 ·················· 16
第三节　创意消费市场定量调研方法 ·················· 27
第四节　大数据的采集 ························ 36
复习思考题 ···························· 39

第三章　创意消费市场调研方案设计 ·················· 41
第一节　创意消费市场调研方案概述 ·················· 41
第二节　创意消费市场调研方案设计流程与基本内容 ··········· 43
第三节　创意消费市场调研方案设计基本要求与评价 ··········· 47
第四节　案例：W酒企业白酒文化资源产业化咨询项目方案 ········ 49
复习思考题 ···························· 54

第四章　问卷设计 ·························· 55
第一节　问卷概述 ·························· 56
第二节　问卷的结构化和设计流程 ··················· 58
第三节　问卷问题及答案设计 ····················· 63
第四节　问卷量表信度和效度分析 ··················· 71
第五节　问卷案例 ·························· 74
复习思考题 ···························· 86

第五章　创意消费市场调研信息获取 ·················· 87
第一节　抽样技术 ·························· 88
第二节　样本容量的确定 ······················· 94
第三节　抽样设计步骤 ························ 96

第四节　定性数据获取方法的执行 ·· 98
　　第五节　定量数据获取方法的执行 ·· 105
　　复习思考题 ·· 113

第六章　创意消费市场资料分析 ·· 114
　　第一节　常见的统计术语 ··· 114
　　第二节　问卷调查数据的整理 ·· 116
　　第三节　描述分析 ·· 120
　　第四节　差异性分析 ··· 125
　　第五节　变量关系分析 ·· 129
　　第六节　其他数据分析方法 ·· 131
　　第七节　定性资料分析 ·· 137
　　复习思考题 ·· 139

第七章　创意消费市场调研报告与口头汇报 ······························· 140
　　第一节　调研报告概述 ·· 140
　　第二节　调研报告撰写的基本原则与步骤 ································· 143
　　第三节　调研报告的结构与撰写 ·· 146
　　第四节　口头汇报 ·· 153
　　复习思考题 ·· 154

第八章　创意消费市场调研综合案例：红色创意产品需求调研 ······· 155
　　第一节　红色创意产品需求调研方案 ······································ 155
　　第二节　调研问卷 ·· 161
　　第三节　调研报告 ·· 173
　　复习思考题 ·· 189

参考文献 ·· 191

第一章　创意消费市场调研概述

学习目标

1. 了解创意消费市场调研的作用。
2. 了解创意消费市场调研的道德抉择。
3. 了解创意消费市场调研的必要性。
4. 熟悉并掌握创意消费市场调研的基本步骤。

开篇案例

近年来，乡村旅游地已逐渐成为我国城市居民休闲、旅游和旅居的重要目的地。相关数据表明，2019 年，我国乡村旅游总人次达 30.9 亿元，乡村旅游总收入达 1.81 万亿元。虽然疫情使乡村旅游受到了一定影响，但 2021 年仍实现了 6300 亿元的旅游总收入，同比增长了 50%；接待游客约为 16.22 亿人次，同比增长了 14.55%。疫情后，人们利用周末在本地或周边地区旅游，使得乡村旅游成为率先复苏的旅游市场，乡村旅游重新焕发了生机。

2022 年国务院印发的《"十四五"推进农业农村现代化规划》提出："依托田园风光、绿水青山、村落建筑、乡土文化、民俗风情等资源优势，建设一批休闲农业重点县、休闲农业精品园区和乡村旅游重点村镇。推动农业与旅游、教育、康养等产业融合，发展田园养生、研学科普、农耕体验、休闲垂钓、民宿康养等休闲农业新业态。"这一政策的实施无疑将进一步吸引更多的社会资本进入乡村旅游市场，从而加剧这一市场的竞争。

某企业目前运营一家位于南方省会城市郊区集室外花卉观赏、水果采摘、垂钓、室内休闲体验和美食品尝于一体的田园休闲农场。该休闲农场的目标是为顾客带来美妙的休闲娱乐和教育体验。疫情过后，该农场虽然顾客人数有所回升，但仍没有达到预期目标。并且，该企业管理人员注意到，在距该农场 20 千米外的东边乡镇正在修建一座休闲农场，2 年后将投入使用，这必然会分流部分游客，也极大地增加了实现其预期经营目标的困难。因此，该企业管理人员希望对其进行升级改造以吸引更多的新老游客，从而在应对新建农场竞争的同时实现其经营目标。

农场高层管理人员认为，在竞争日趋激烈的乡村休闲市场中，田园休闲农场的升级改造应该使田园休闲场所从物质性消费场所向精神消费场所转变，让顾客深刻感知其溢出的文化价值。也就是说，顾客在田园休闲农场中购买的是一种满足其精神需求的产品或服务。为此，有必要寻找一种独特的、符合顾客精神消费理念的创意设计，进而化为不同载体升级这一田园休闲农场。

该文化企业做这种升级改造的依据是什么，是来自创意消费市场调研获取的数据还是高层管理人员的主观经验？企业是否有必要进行这种创意消费市场调研？若进行调研，是否需要警惕调研利益相关者的不道德行为发生？创意消费市场调研的基础流程是什么？这些问题将是本章要讨论的。

第一节　创意消费市场调研的定义与作用

一、创意消费

随着人均可支配收入持续增加，人们的消费需求偏好从追求功能性产品为主逐渐转为追求创意性产品为主。这种消费需求偏好的转变意味着创意消费在人们消费需求结构中所占比重将逐渐增大。

所谓创意消费是指消费者购买和使用创意性的商品或服务。创意性的商品或服务是创意消费的主要载体和介质，其产品类型主要包括各类融合美学特征的满足消费者社会归属需求的实用性产品，尤其是各种满足精神需求的文化娱乐产品（如电影、游戏、动漫、图书、社交软件、旅游景区、戏剧，演出服务、手工艺品、艺术产品等）。

创意消费最鲜明的特征是，消费者在消费决策和消费行为中以创意商品或服务所蕴含的精神情感价值为核心诉求。

一汽红旗轿车：中式美学运用的典范

红旗是中国第一汽车集团有限公司旗下的高端轿车品牌。自 1958 年第一辆红旗牌轿车诞生以来，红旗轿车一直是国家领导人和国家重大活动的国事用车。

在改革开放前，红旗是中国汽车工业的一面旗帜；改革开放后，红旗在继续承担"国车"重任的同时也开始推进市场化进程。红旗官方网站显示，目前红旗轿车共有 14 种车型。

作为中国汽车行业的领军者，红旗轿车系列产品是践行中式美学的卓越典范。以新红旗 HS5 为例，这款车外观设计充分展现了别具一格的中式美学：前脸轮廓方正，高山飞瀑、中流砥柱的直瀑式格栅显得格外大气，中间点阵式镀铬远远看去就像水滴流动，光芒闪烁，这种中式高级美感在其他合资车上难以见到；贯通式旗标象征着"气贯山河、红光闪耀"，体现了中国传统美学的瑰丽和庄重，其设计灵感来自迎风飘扬的红旗和"国之至尊"中轴线；左右两侧大灯采用了"飞翼"式设计，象征自由、速度、力量，又兼具优雅；尾部融入箭羽意象的贯穿尾灯，展现了中国古代文化中箭的象征意义，即直指目标，追求进取和超越。

二、创意消费市场调研

美国市场营销协会将营销调研定义为："是一种通过信息将消费者、顾客和公众与营销者连接起来的职能。这些信息用于识别和确定营销机会及问题，产生、提炼和评估营销活动，监督营销绩效，改进人们对营销过程的理解。市场调研规定了解决这些问题所需要的信息，设计收集信息的方法，管理并实施信息收集的过程，分析结果，最后要沟通市场调研所得的结论与其意义。"

本书将创意消费市场调研定义为"对创意消费市场的相关数据进行计划、收集和分析并把分析结果与创意消费产品或服务管理者进行沟通的过程"。

和其他市场调研一样，创意消费市场调研可以为文化企业解决价格、渠道、促销和产品等问题，以及应用于包括潜在文化消费者在内的消费者态度、行为、生活方式等方面。在文化企业营销系统中，创意消费市场同样扮演两种重要角色。

（1）作为创意消费市场信息反馈的一部分，创意消费市场调研会向决策者提供当前营销组合有效的信息和进行必要变革的线索。例如，现在很多博物馆都在其官方网站，以及在京东、淘宝等第三方购物平台开设了线上售卖博物馆文创产品，它们可以通过获取其网站在何时被访问过、访问持续时间长度、被浏览的网页、被查看的产品、购物车上没有结算的产品、结算后退购的产品，以及购物者评价特别是差评、购买者对促销活动的反馈等购买者行为数据，为博物馆文创产品营销决策提供支持依据。

（2）创意消费市场调研是探索新的创意消费市场机会的基本工具。市场机会来自对创意消费市场细分研究。市场调研人员通过调研文化消费者特征、产品收益、文化偏好和品牌偏好信息，然后将这些数据同文化消费者年龄、性别、教育程度、收入和生活方式等信息联系起来，并与某种特定创意产品的消费模式进行比较，可以生成创意消费市场细分资料，为文化企业寻找具有市场潜力的新的消费者市场。

三、创意消费市场调研的作用

对决策者而言，创意消费市场调研发挥了三个作用，即描述、诊断和预测。

（1）描述功能，即收集并呈现对事实的陈述：创意商品或服务的历史销售趋势是什么，消费者对某种创意商品或服务的消费行为是什么。例如，贺岁片最早起源并流行于我国香港地区，是在元旦、春节期间上映的往往以大团圆为结局的喜剧电影，其风格是轻松、幽默，具有较强的娱乐性。1997年，冯小刚导演拍出了内地第一部贺岁片《甲方乙方》，该片票房和口碑均获得了巨大成功，标志着我国内地贺岁片市场正式开启，此后每年都有贺岁片上映，至今已有近30年的发展史。通过了解我国贺岁片市场中的观众态度发生的变化，以及历年贺岁片的票房情况，对电影投资人和创作人员的决策十分有必要。

（2）诊断功能，即解释数据和活动。影迷或"粉丝"的力量在一定程度上决定影视的成功与否。例如，2017年上映的《攻壳机动队》是根据日本动画改编的影片，主角设定为日本人。由于创作团队为了明星效应而选择了嘉丽·约翰逊扮演主角，很多粉丝认为这是对原著的极度不尊重，并且有很强的种族歧视和"白人至上"的味道，结果遭到了很多粉丝的抵制，使得这部投资超过1亿美元的影片最终在美国只获得4000万美元的票房收入。2000年热播的韩剧《美丽的谎言》原定剧情是女主人公最终不幸离世，但由于观众的要求而更改成了"皆大欢喜"的结局。

（3）预测功能。创意产品和服务的提供者在不断变化的市场中抓住市场机会。比如，河南博物院抓住了近年来年轻人消费群体中兴起的"盲盒文化"，适时推出了考古盲盒。每次推出新品都供不应求，深受广大年轻人的喜欢。河南博物院2021年共销售考古盲盒30多万个，销售额达3000万元人民币，其中一批还出口到了加拿大。乘着2022年北京冬奥会的"东风"，我国各地区冰雪运动得到了前所未有的发展，各地旅游企业适时推出各种冰雪旅游项目和线路；北京冬奥组委适时推出各类型的吉祥物"冰墩墩"和"雪容融"的周边产品，为组委会带来了巨大的经济效益。据报道，北京冬奥会期间，"冰墩墩"吉祥物毛绒玩具销量达到140万只。

第二节　创意消费市场调研道德抉择

一、创意消费市场调研过程中的道德主体

创意消费市场调研过程中的道德主体主要包括市场调研提供商、调研客户和现场服务提供者。

市场调研提供商是为需要创意消费调研数据的企业提供市场调研服务的研究公司。市场调研行业中的企业绝大多数是小公司，也有一些大公司。国外规模较大的市场调研提供商主要有尼尔森公司、艾美仕公司、凯度集团等。尼尔森公司旗下业务单位尼尔森媒体研究为广播、有线电视、电视台管理人员、有线系统、卫星服务提供商、节目制作者和分销商，以及广告商和广告客户提供电视观众的统计信息；尼尔森娱乐业务部门为全球娱乐产业提供各类咨询服务。位于纽约的索福瑞（TNS U.S）调研公司是媒体情报、互联网电视和广播受众调研服务的提供商。国内方面，央视市场研究股份有限公司（CTR）是我国最大的媒介研究公司。

调研客户是需要创意消费市场信息的企业。尽管有些大公司往往成立了专门为本企业服务的调研部门，但很多公司越来越倾向将调研活动外包给调研提供商。因此，当这些公司须进行调研活动时通常采用竞标的方式委托专门的调研提供商为他们提供解决方案。

现场服务公司是在签订合同的基础上为市场调研提供商提供数据收集服务的企业。这类企业除了收集调研数据外，一般不从事调研设计和分析等其他咨询活动。现场服务公司的出现提升了数据采集效率，也能够节约项目执行成本。比如，有些数据收集活动的场所不在调研提供商及其分公司所在地，此时就很有必要借助当地现场服务公司。一个典型的现场服务公司的活动主要包括和客户接触、被访者培训、现场数据采集、数据质量监测和送达数据采集结果。

二、道德理论

对于调研客户与服务它的调研部门或调研提供商的关系而言，最重要的是保密和诚信这类道德问题。道德是约束个人或组织行为的道德准则或价值观。道德行为不是单方面的关系，市场调研提供商、客户和现场服务公司都必须遵守道德规范。

人们会根据自己的生活经历做出个人道德理论的选择。在创意消费市场调研领域，有三种类型的道德理论，即道义论、功利主义论和诡辩论[1]。

（一）道义论

在我国，道义论思想的典型代表是中国儒家伦理思想。这一时期的"道义"指的是对

---

[1] 小卡尔·麦克丹尼尔，罗杰·盖茨. 当代市场调研 [M]. 李桂华，等译. 北京：机械工业出版社，2011：31-32.

封建礼教道理原则和规范的遵守。他们把"义"和"利"进行明确的定位，孟子更是把二者放在绝对的位置。以"义"抑"利"的思想作为我国道义思想的核心，宋明理学明确提出"不论利害，惟看义当为与不当为"。至此，中国在道义学理上将"义"界定为轻后果而重规范与动机的道德行为标准。

在西方，苏格拉底开创了道义论的先河，他试图给道德提供具有普遍必然性的理性基础。之后的柏拉图、亚里士多德、霍布斯和卢梭等先哲都在道义论的发展中做出不同的贡献。近代道义论的典型代表是康德，他主张"人必须为尽义务而尽义务，而不能考虑任何利益、快乐、成功等外在因素"。康德将道德理想和功利价值对立起来，是一种形而上学的规则道义论。

事实上，"道义"是一种社会产物，它不能脱离一定的社会实践，否则就没有实践价值。道义论者普遍认同，人们在遇到道德困境时也应该遵守他们的义务和责任。因此，道义论者总会信守承诺并且遵守法律。需要说明的是，道义论并非一定考虑到他人的福利。例如，某调研人员认为准时会见客户是他的道德义务，但有一天他出发晚了，他应该怎样驾车到达目的地？此时，他应该超速行驶而不遵守社会法律这一义务，还是只能迟到而导致没有遵守守时义务？这种义务困境让我们没有办法选择一个在道德上正确的解决手段，也不能因为遵循道义论而影响他人利益。

（二）功利主义论

功利主义论是基于预测行为后果能力的理论。功利主义论者认为，若一种行为能够为更多人带来更多的利益，则其在道德上的选择就是正确的。功利主义论分为两种：一种是情境功利主义，另一种是规则功利主义。在情境功利主义下，个体从事对更多人有利行为时不考虑个人感情或者社会约束，如法律。而规则功利主义者会试图通过最公平和最公正多方式为更多人获取利益。

和其他道德理论类似，这两种类型功利主义都存在缺陷。因为其做出选择的结果和未来预测有关，但由于预测的不确定性会导致难以预料的结果，从而最终可能并未实现让更多的人获取更多的利益。

（三）诡辩论

诡辩道德理论通常将当前的道德困境同类似的道德困境和它们的后果进行比较，并根据他人的经验选择最好的解决方案。这一理论的缺陷是，对于给定的道德困境，可能没有类似可供参考的例子。此外，诡辩论认同者认为当前道德困境的结果会同类似的例子的结果相同。但在实践中，相同的结果并不一定会出现。

三、市场调研中道德主体的不道德行为

在创意消费市场调研中，道德主体均有可能实施不道德的行为，如诚信问题。下面依次对上述不同道德主体的主要不道德行为进行阐述[①]。

---

① 小卡尔·麦克丹尼尔，罗杰·盖茨. 当代市场调研[M]. 李桂华，等译. 北京：机械工业出版社，2011：32-36.

（一）调研提供商不道德行为

调研提供商不道德行为主要有虚假报价、调研带有主观性、粗暴对待被调研人员、出售无意义的调研，以及侵犯客户隐私等。

虚假报价本质上是为了顺利获取某个调研项目故意向客户报以低价格，然后又以各种手段暗地里提高价格。

调研带有主观性往往可能是为了支持一个既定的目的而采用有偏见的采样，或者故意忽略一些数据，或者错误运用一些数据等。

耗时过长的访问是最常见的粗暴对待被访者的方式，还有诸如：将被访者的私人信息出售，尽管市场调研问卷中都有承诺会保护被访者的隐私；焦点小组座谈时让被访人员等太久；在访谈过程中对被访者流露不屑的眼神等。

出售无意义的调研的情景之一是，调研提供商虽然提供了调研报告给客户，但调研报告的内容没有太多的参考价值。

通常情况下，调研提供商不能泄露客户的任何信息给第三方，除非获得客户的授权。但实际情况可能是，因为调研小组人员的疏忽可能无意识将客户信息透露给了第三方，或者将调研结果故意卖给其竞争对手。例如，当观察人员利用观察法在客户竞争者的商场收集信息时，由于随身携带了客户资料又恰好被商场保安抓住，进而导致客户信息泄露给他的竞争者。在问卷调查时，由于问卷设计时没有设计恰当的甄别题而导致将竞争者公司员工作为被访者从而泄露了客户在进行市场调查的信息。

（二）客户不道德行为

常见的客户不道德行为主要包括：在调研提供商预先确定的情况下对外发标，招标以获得免费的建议和方法，做出虚假承诺，以及未经授权的调研征求意见书。

受诸如费用考虑、良好的工作关系或私人友谊等各种因素的影响，使得客户已经决定选择由某个调研供应商完成本次调研，但由于公司规定必须通过公开招标方式选定调研供应商，所以不得不向其他调研供应商发出调研邀请。在此情景下，让一个毫无中标可能的调研供应商参与招标浪费了他们的时间、金钱和努力，这一行为显然是一种不道德的行为。

客户为了省钱，会向调研提供商征求调研方案或调研载体（如问卷），但之后客户不是和调研提供商签订调研合同，而是直接利用自己的能力或依托第三方调研机构设计调研载体，直接委托现场服务公司收集数据，从而获取了免费的建议或改进方法。这种行为也属于一种不道德行为。

以虚假承诺来换取调研提供商减少项目经费，也属于客户不道德行为之一。比如，客户向调研提供商承诺这次调研后下一次调研项目也由该调研提供商来做，但实际并没有下一次调研。例如，某文化企业希望做一个线上购物者满意度的调查，文化企业承诺每年都会进行一次这种调查并口头承诺仍委托这家调研提供商来完成，但实际情况是，完成一次调查后会以各种理由拒绝和它再次合作。

未经授权发出调研征求意见书，其结果就是调研服务供应商最终不可能和客户签订调研合同。其原因可能是，项目发布人未能得到高层领导者实质授权而擅自主张发布调研需求或者高层领导出于某种目的故意阻挠本决定开展的调研项目而导致本次调研合同未能获得决策者的支持。

（三）现场服务公司的不道德行为

调研报告的质量需要可靠的原始数据作支撑。要保证原始数据的真实性需要现场服务公司保持较高的道德标准。作为数据收集的现场服务公司不道德行为主要有采用职业被访者、没有验证数据真实性等。

当遇到数据收集执行难度较大的项目时，有些现场服务公司为了按时完成任务可能会聘用一些职业被访者。职业被访者由于不符合调研设计要求，其提供的数据往往是无用的数据。

现场服务公司没有对收集的数据进行验证，这通常是因为它们没有严格按照项目执行手册收集数据。没有验证数据显然会增加调研提供商的数据清洗成本。

下面是一个现场服务公司不道德行为的典型案例。A公司是一家位于长沙市的现场服务公司，该公司提供电话访问、现场执行、焦点小组座谈和深度访谈等业务。2022年10月9日，A公司和B公司签订了一份焦点小组座谈的执行合同。合同规定A公司需要在半个月内将座谈会整理成文档，并将现场录音和录像一同移交给B公司。签订合同后，A公司马不停蹄地开展项目，首要任务是预约座谈会被访者，经过多方努力，该项目预约人员成功预约到了参会人员。按规定，为预防座谈会当天可能有人参加不了，预约人员需要再预约2~3名参会人员，但由于时间紧，预约人员为完成任务私自预约职业被访者。此外，项目执行结束后B公司发现A公司移交的座谈会文档存在座谈会参与人员并没有就访谈大纲的每个问题进行较为详细的讨论，基本上属于一问一答。最终，B公司要求A公司再次执行本项目。

四、市场调研中的道德守则

除市场调研人员有必要加强自我职业素养的提升外，市场调研企业和行业协会应积极主动建立职业道德伦理守则，从而为市场调研行业营造一个良好的伦理环境。比如，美国市场营销协会、欧洲民意和市场研究协会在其官方网站上均公布了道德伦理守则。欧洲民意和市场研究协会的道德守则如下[①]。

（1）营销调研人员要遵循所有相关的国内和国际法规。

（2）营销调研人员的行为必须符合伦理规范，并且不能做任何有损营销调研声誉的事。

（3）营销调研人员在对儿童或其他敏感人群进行调研时要尤其小心。

（4）被访者的合作应是自愿的，并且受访者同意参与调查正是基于他们已了解充足的、未被误导的、与调研计划目的和本质相关的真实信息。

（5）营销调研人员必须尊重被访者的隐私，并保证被访者参与营销调研计划不会受到伤害或产生不利后果。

（6）不允许调研人员将营销调研计划中所收集到的信息用于除营销调研以外的其他任何目的。

---

① Joseph F. Hair, Jr, Mary Wolfinbarger Celsi, David J. Ortinau, Robert P. Bush. 市场营销调研精要（第3版）[M]. 大连：东北财经大学出版社，2016：17.

（7）营销调研人员必须保证设计、实施、报告和记录调研计划和调研活动的准确性、透明性、客观性并使其达到一定的质量水平。

（8）营销调研人员必须遵循可接受的公平竞争原则。

中国市场信息调查业协会是经国务院同意和民政部批准、由国家统计局业务主管的社团组织[①]。CAMIR 成立于 2004 年 4 月 8 日，是在中华人民共和国境内从事与市场信息调查相关业务的企事业单位、社会团体及个人自愿结成的全国性、行业性、非营利性的社团组织，其成员由团体会员和个人会员构成。协会成立以来，依据协会章程及有关文件不断制定和完善各项管理办法，先后制定了《中国市场信息调查业协会会员管理办法》《中国市场信息调查业协会会员登记注册程序》《中国市场信息调查业自律公约》《中国市场信息调查业协会工作委员会管理办法》和《中国市场信息调查业协会研究课题项目管理办法》。

中国市场调研机构另一行业自律性、服务性社会团体——中国信息协会市场研究业分会是中国信息协会分支机构之一，成立于 2001 年 2 月，其自律公约共有四章，其中第二章第八条规定："自觉维护客户和被调查者的合法权益，保守用户和被调查者信息秘密；不利用用户和被调查者提供的信息从事任何与向用户和被调查者做出承诺无关的活动，不侵犯用户和被调查者的合法权益。"第九条规定："（六）执行方应坚持按照合同约定提供高质量数据采集服务，不弄虚作假，并和发包方密切配合，尽力通过各种技术方法优化项目质量的管理。"[②]

五、被访者的权利

和其他市场调研项目一样，创意消费市场的被访者虽然为调研人员提供了宝贵的看法，但只能获得很少的报酬或者根本没有回报。通常，市场调研的被访者均是自愿参加的，这些被访者的一些权利要得到调研人员的尊重。一般来说，被访者都有选择权、安全权、知情权和隐私权。[③]

（一）选择权

每个潜在被访者都有权利决定是否参与一项创意消费市场调研项目。参与调研的被访者享有随时中止被调查的权利，市场调研人员不得以任何理由甚至采用威胁手段阻止被访者退出调查，调研人员也被禁止对被访者做其他与本次调查无关的任何事情。

（二）安全权

被访者享有避免身体和心理上遭受损害的权利。被访者身体上受到损害的事例并不常见，但并非不可能发生。相比之下，被访者心理上受损的情况更加普遍。如果访问员强迫被访者参与一项调查，被访者会感觉到压力。此外，如果某创意产品内容在被访者看来不

---

① 资料来源于中国市场信息调查业协会官方网站，http://www.camir.org/。
② 中国信息协会市场研究业分会自律公约。https://www.creditchina.gov.cn/hangyexinyong_824/hangyexiehuixinyongchengn/hangyexiehuishanghuixinyongchengnuo/201810/t20181030_129619.html。
③ 小卡尔·麦克丹尼尔，罗杰·盖茨．当代市场调研[M]．李桂华，等译．北京：机械工业出版社，2011：37-38．

适也会对被访者造成心理上的损害。

（三）知情权

被访者有了解调研信息各方面的权利，如调研目的、数据用途、调研内容、调研持续时间、是否带来身体或心理上损害及其后果等，从而让被访者做出是否参与项目调查。需要说明的是，通常情况下，为了让被访者能够客观反映其真实的想法，我们不会公布或隐藏客户名称。

（四）隐私权

任何被访者都有隐私权。通常调研公司都有自己的保密规定，禁止调研人员侵犯被访者的隐私。被访者的隐私主要有：被访者个人信息，控制不希望的来电、电子邮件、即时通信（如微信、QQ等），以及侵入被访者个人空间等。

第三节 创意消费市场调研的必要性与基本步骤

一、创意消费市场调研的必要性选择

在讨论创意消费市场调研基本步骤之前，我们有必要了解创意消费市场调研何时才是必要的。当文化企业决策层遇到了问题或要寻找机会，但很难根据以往管理经验进行判断而加以解决时，文化企业决策层就有必要考虑是否要进行市场调研。

和其他市场调研一样，创意消费市场调研往往是一种既费时费力又费钱的活动。因此，当时间不够、资源不足或调研成本超过由此产生的价值时，文化企业没必要进行市场调研。①

（1）时间不够。决策层需要实时数据，但在很多情况下，要进行高质量的调研往往需要花费几个月的时间才能完成。此时，企业决策层即使发现了问题，但没有足够的时间来实施必要的调研活动。这时，决策层也就不得不依靠自身的管理经验做出决策。

（2）资源不足。市场调研需要资金、人力、技能和设施等资源，若这些资源严重不足，往往无法进行高质量的调研。事实上，很多创意企业因为缺少资金而无法进行正规调研。

（3）成本超过价值。当所实施的调研项目投入的成本无法显著地低于从中获取的收益时，实施市场调研是不可取的。需要说明的是，我们通常很难估算企业能够从本次调研中获取多少潜在收益。

二、市场调研的基本流程

在调研客户发布调研需求后，若要创意消费市场调研圆满顺利完成，从调研提供商介入项目结束，依次将经过以下相互区别又环环相扣的七个阶段：调研方案准备、调研方案设计、调研载体（问卷）设计、调研信息获取、调研信息处理、调研报告撰写，以及调研结果沟通（口头汇报），如图1-1所示。

---

① 小约瑟夫·F. 海尔，玛丽·沃尔芬巴格·塞尔西，戴维·J. 奥蒂诺，罗伯特·P. 布什. 市场营销调研精要（第3版）[M]. 白雪梅，译. 大连：东北财经大学出版社，2016：28.

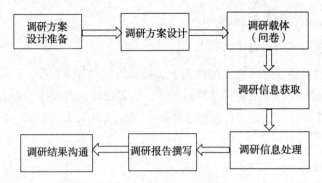

图 1-1 创意消费市场调研的基本步骤

调研方案准备阶段：本阶段主要涉及确定调研问题、明确调研内容和调研信息，调研对象及选择适合的调研方法等。

调研方案设计阶段：结合客户提出的调研需求，根据调研方案设计人员对调研问题的理解撰写合格的调研方案，并提交给客户。

调研载体（问卷）设计阶段：假如调研方案获取客户认同并顺利签订了调研合同，接下来是基于调研方案，设计调研载体（绝大多数是设计问卷），为获取需要的信息做准备。由于现阶段以问卷这一载体获取信息为主，因此本书将聚焦问卷设计。

调研信息获取阶段：基于调研方案，依托调研载体即问卷，灵活而严格规范地收集所需要的调研信息。

调研信息处理阶段：即创意消费市场资料分析，主要是对所收集的信息（即数据）进行整理并清洗，采用合适的统计软件对数据进行分析，出具数据报告。

调研报告撰写阶段：基于调研方案，结合数据报告，列出调研报告大纲并撰写符合规范的调研报告，并提交给客户。

调研结果沟通：一般采用面对面的口头汇报的方式与客户沟通调研结果，接受客户的咨询。在此阶段，研究人员要根据调研报告，以听众为导向，准备各类口头报告过程中需要使用的材料，特别是汇报时要演示的 PPT。

在完成上述流程后，通常要在项目经理的主持下召集全体项目成员（兼职访问员除外）对本项目进行总结。

复习思考题

1. 简述创意消费市场调研的作用。
2. 简述创意消费市场调研的基本流程。
3. 创意消费市场调研的道德主体有哪些？创意消费市场调研中面临哪些不道德行为？
4. 深度访谈是一种调研方法，使用这种方法一般需要对访谈内容进行录音，但被访者却不允许，面对这种困境，你作为这次访谈的负责人会做出怎样的道德抉择？理由是什么？
5. 案例分析题

四川自贡灯会是自贡地方传统民俗，2018 年经国务院批准列入我国第二批国家级非物质文化遗产名录,被中宣部确定为"感知中国"系列活动之一,是原文化部命名的"国家文化产业示范基地"和"优秀出口文化产品和服务项目"、文化和旅游部向海外推出的大型民俗旅游项目、国际节庆协会等组织授予的"最具国际影响力节庆"。早在唐宋时期,自贡地区就有新年燃灯、元宵节前后张灯结彩的习俗;在明清时期,自贡灯会逐渐发展成具有相对固定内涵并在特定时段举办的大型民俗文化活动。1963年,中共自贡市委决定在1964年元旦举办灯火晚会,成为自中华人民共和国成立以来自贡官方第一次组织的灯会活动,之后又于1965年、1966年春节在人民公园(即自贡彩灯公园)举办迎春灯会;1987年自贡灯会从原来只是一种文化娱乐活动转变成承担自贡对外经贸交流的灯会即第一届自贡国际恐龙灯会经贸会,并固定在自贡彩灯公园举办;为满足更多观灯人的需要,自2020年起,自贡灯会的举办地由彩灯公园迁入自贡东部新城中华彩灯大世界。

历年自贡灯会均吸引了大量的川内外游客赏灯。据报道,2023年除夕至正月十五的16天的时间里,中华彩灯大世界接待游客52万人次,同比增长45%,位列全国"灯会"搜索TOP10城市第一名。为更好地服务游客,自贡灯会官方网站除开设观灯留言外,还进行网上问卷调查。

问题:

(1)现阶段您觉得自贡灯会主办方是否有必要进行观灯满意度调查?
(2)您是否有兴趣参与"观灯留言"活动?若不会,原因是什么?
(3)您是否会参与网上问卷调查?若不会,原因是什么?
(4)灯会组办方可以从官方网上调查问卷获取哪些信息?

第二章　创意消费市场调研方案设计准备

学习目标

1. 掌握正确定义创意消费市场调研问题。
2. 能够正确识别创意消费市场调研所需要的信息。
3. 能够熟练应用常见的定性创意消费市场调研方法。
4. 能够熟练应用常见的定量创意消费市场调研方法。

开篇案例

在短短几十年的时间里，我国高速铁路取得了举世瞩目的成就。我国拥有世界先进的高铁集成技术、施工技术、装备制造技术和运营管理技术获得了快速发展，全国高速铁路从无到有，增加至2022年的4.2万千米。1997年，我国开始建设第一条高速铁路——京津城际铁路，但到2007年我国只有少数几条高速铁路。自2008年起，我国大力发展高速铁路，到2010年我国高速铁路里程已经超过了世界任何一个国家。2015年，全国高速铁路里程达到了1.8万千米，超过了全球其他国家的总和，高速铁路网基本覆盖了主要城市。2017年，全国高速铁路运营速度达到500千米/小时。根据《中长期铁路网规划》（2016年调整），2016—2025年（远期展望到2030年），我国规划建设以八条纵线和八条横线主干通道为骨架、区域连接线衔接、城际铁路为补充的高速铁路网。

我国高速铁路网的不断完善和运营速度不断提升，使得国内游客比以前有更多的旅游目的地选择。因此，面对激烈的旅游市场竞争，处于高铁网主要节点的某西部城市希望重新对其进行定位，期望通过特色文化浸入和游客参与激发游客特别是2小时高铁圈内游客的兴趣及提高游客回头率。为此，某接受该调研需求委托的市场咨询公司计划在省内主要城市和邻省主要城市开展一系列焦点小组座谈法并借助问卷通过街头拦截访问法来调查该城市现有形象以获取受访者基于情感体验的真实回答，并以此为基础形成该城市重新定位的咨询报告。

如何定义客户调研问题并由此需要获取什么信息，以及通过什么调研方法获取这些信息正是本章将要解决的问题。

第一节　调研问题与信息需求

一、正确定义问题

要设计一个调研方案，首先必须正确地定义调研问题，不然就会错误地确定调研目标，从而不能为客户决策提供正确的信息,即调研结果没有多大价值。

一般来说,在调研人员撰写调研方案之前,调研客户需要书面或口头陈述他们的调研问题。之后,调研人员通过询问调研企业进行调研的原因是什么,以便协助调研客户正确定义调研问题或机会。

调研客户有可能不能清楚地表达他们的调研问题。此时,调研人员可以通过以下方式了解其真实的想法。

一是,和客户讨论他们将调研结果用于什么决策。

二是,让客户尽量说出他们的问题,从而有助于调研人员从中整理并获得核心问题。

三是,用一些新的方式重新表达调研问题并讨论其不同之处。

为了了解问题,调研人员和调研客户可以对问题进行境况分析。所谓境况分析,是调研人员收集、整理并熟悉与调研问题相关的一切背景信息,如客户企业内部信息(如业务情况、创意产品或服务营销情况、创意产品或服务生产情况等)、文化行业现况、文化产业政策环境等,从而了解那些导致问题产生的营销现状,以及未来可能发生的结果。通过对调研问题境况进行全面了解,以及和客户持续沟通,使调研问题逐渐清晰,之后将其分解成一些具体的调研问题。这样有助于实现客户的调研目标。

二、市场信息的类型

根据信息产生的过程不同,市场信息可以分为原始信息和二手信息。

(一)原始信息

原始信息是为解决特定问题而专门收集的调查资料、观察资料或实验数据资料。绝大多数创意消费市场调研需要收集原始信息(数据)。

(二)二手信息

二手信息是指以前因为其他目的已经收集好的,但不一定与当前问题有关的信息资料。二手信息的优点与缺点如表 2-1 所示。

表 2-1 二手信息的优点与缺点

优 点	缺 点
1. 有助于明确或重新明确探索性调研中的调研主题 2. 可以提供一些切实解决问题的方法 3. 可以提供收集原始资料备选方法 4. 可以提醒市场调研人员注意潜在的问题和困难 5. 可以提供必要的背景信息以使调研报告更具说服力 6. 可以提供样本框	1. 缺乏可得性。某些问题根本不存在或者很难获得二手资料 2. 缺乏相关性。二手资料的效度有时难以保证,因为一个研究者为了某个目的收集的资料不一定与另一个研究者的研究目的相吻合 3. 缺乏准确性。有时候原始资料中包含一些错误和偏差,但二次分析者对此不了解,因而只是简单地利用原来的资料也可能使结论发生偏差 4. 资料不充分。收集资料不够充分,无法提供有力支撑

二手信息主要来源于内部数据库和外部数据库。其中,内部数据库主要是公司或企业

针对自身企业内部所收集的信息。外部数据库是由公司以外的机构提供的数据，用来满足特定信息需要。

1. 内部数据库

内部数据库主要有顾客资料、统计资料、财务资料、技术资料和档案资料等。

（1）顾客资料。常见的客户原始资料主要有：交易过程中的合同、谈判记录、可行性研究报告和报审及批准文件；客户的法人营业执照、营业执照、事业法人营业执照的副本复印件；客户履约能力证明资料复印件；客户的法定代表人或合同承办人的职务资格证明、个人身份证明、介绍信、授权委托书的原件或复印件；客户担保人的担保能力和主体资格证明资料的复印件；双方签订或履行合同的往来电报、电传、信函、电话记录等书面材料和视听材料；签证、公证等文书材料；合同正本、副本及变更、解除合同的书面协议；标的的验收记录；交接、收付标的、款项的原始凭证复印件。

（2）统计资料。企业统计的信息职能要求企业统计能及时、准确、系统采集、整理、展现与企业经济活动相关的统计数据，形成完备的企业统计信息数据库，发挥企业经济信息的主体作用。企业统计的咨询职能要求企业统计能充分使用企业经济信息数据库的统计信息资源及其他的资源，深层次、多领域地展开企业经济活动的综合分析和专题研究。在广泛研究政策、市场、企业自身情况的基础上，就企业生产经营的众多问题做出预测和置信评估，为企业的各种决策提供基础依据及备选方案。企业统计的监督职能要求企业统计应依据企业经济信息数据库的统计信息资源和其他的信息资源，及时、准确和全面地对企业生产经营活动状况实施定量检查，同时提供监测、预管、中止的信号，保障企业目标的顺利实现。

（3）财务资料。"财务资料"一词实际上是一种泛称，往往用来指公司在日常经营过程中所形成的、以某种载体呈现的所有与财务会计相关的资料，其中最主要的内容就是会计档案，此外还包括预算、计划、财务制度等其他文件材料。

（4）技术资料。技术资料是项目部在施工质量控制过程中严格按施工图、设计文件、标准、规范、规程，坚持同步收集、积累、整理、整编形成且必须归档保存的文字记载资料。

（5）档案资料。企业档案管理指档案的收集、整理、保管、鉴定、统计和提供利用的活动，主要包括：档案收集、档案整理、档案价值鉴定、档案保管、档案编目和档案检索、档案统计、档案编辑和研究、档案提供利用。

2. 外部资料库

外部资料信息主要是一些社会经济数据构成，在创意消费市场调研时可能要用到以下七个平台。

（1）高校科研院所图书馆，以及各地方图书馆和私人收藏馆/图书馆。这些平台收藏了大量的各类书籍、影音资料、各类史料、珍藏品等。

（2）文化和旅游部及各地方文化和旅游厅/局官网。我们可以从这些官网了解我国和各地方文化产业和文化事业发展的最新动态，我国和各地方文化产业发展的方针政策、文化行业行政法规、部门规章和规范性文件，以及各类文化及相关产业相关统计数据。

（3）国家统计局和各地方统计局官网。国家统计局承担组织领导和协调全国统计工作，建立健全国民经济核算体系，拟订国民经济核算制度，组织统计全国第一、第二、第三产业的基本数据，对国民经济、社会发展、科技进步和资源环境等情况进行统计分析等。国家统计局曾出版"中国统计年鉴""中国文化及相关产业统计年鉴""中国文化文物统计年鉴""中国文化文物与旅游统计年鉴""中华人民共和国国民经济和社会发展统计公报""国际统计年鉴""金砖国家联合统计手册"，并在其官方网站发布月度和季度数据等与文化行业有关的出版物或数据。

（4）商务部官网。它是国内外贸易的枢纽之一，承担着制定法律法规、调整产业结构、拟订我国多双边（含区域、自由贸易区）经贸合作战略和政策、牵头负责多双边经贸对外谈判、承担组织协调反倾销反补贴保障措施等。例如，涉及对外文化贸易的数据和政策均可以在官网查询获取。除此之外，海关总署网站也可以查询文化产品进出口数据。

（5）CSMAR 数据库。CSMAR 数据库是深圳希施玛数据科技有限公司从学术研究的需求出发，借鉴芝加哥大学 CRSP、标准普尔 Compustat、纽约交易所 TAQ、ISDA、Thomson、GSI Online 等国际知名数据库的专业标准，并结合中国国情开发出的国内首个经济金融型数据库。该数据库是一个付费数据库，国内很多高校根据自己的需要购买这个数据库当中的产品系列。文化上市公司数据可以在"公司研究系列"数据库中获取，也可以从"经济研究系列"的"文化研究"数据库、"会展信息"数据库、"进出口统计"数据库等获取与文化产业相关的数据。

（6）巨潮资讯网。巨潮资讯网是中国证券监督管理委员会指定的上市公司信息披露网站，创建于 1995 年，是国内最早的证券信息专业网站，同时亦是国内首家全面披露深沪 2500 多家上市公司公告信息和市场数据的大型证券专业网站。这一数据库同样是付费数据库，国内有些机构购买了它的产品。可以从这一网站中获取我国上市文化公司的实时信息特别是财务数据。

（7）CEIC。CEIC 全球经济数据库目前覆盖了全球 213 个国家的宏观数据，而历史资料更可追溯 70 年以上。它不但是全球最全面的宏观经济数据库，而且是数据可操作性及数据质控最为严谨的经济数据库。

专辑《山歌廖哉》创意灵感的素材（信息）

2023 年 7 月底，沉寂 20 年的四川歌手刀郎再次以新专辑《山歌廖哉》回归公众视野。《山歌廖哉》共收录了 11 首歌曲，作曲素材主要来自我国各地方山歌曲调即广西山歌调、天津时调、兴化栽秧号子、山西绣荷包调、银纽丝调、青海闹五更调、没奈何调、靠山调、道情调、河北吹歌、说书调。

在这一专辑中，《罗刹海市》更是因网友的各种解读而引起广泛关注，冲上了热搜。据说，在不到十天的时间里，这首歌曲的全网播放量达到 20 亿余次，此外抖音上还有很多人在翻唱传唱。深入分析可以看出，《罗刹海市》作曲主要取材于靠山调。歌词素材来自清代志怪类小说家蒲松龄《聊斋志异》中的一则同名故事，主要讲述了一个虚无缥缈的国家，那里的人以丑为美，越是狰狞怪异，越以之为美，越显富贵。蒲松龄先生在这个故事中借用了佛教中的"罗刹"一词，来暗喻当时社会上的一些颠倒黑白的现象。

三、识别调研所需要的信息

在确定调研问题进而有了明确的调研目标后,接下来调研团队将讨论需要收集哪些信息,以及采用什么方法收集信息。

一是,现有的信息及有待收集的信息。调研团队需要围绕调研目标,明确了解目前可能服务于调研目标的二手信息,这些二手信息的可获得性及其成本如何;需要收集哪些原始信息,这些原始信息存在于哪里,其成本如何。

二是,调研团队通过哪些方法可以获取所需要的原始信息和二手信息,获取这些资料大概需要多长时间,以及需要支付的费用。目前调研团队掌握了哪些调研方法,或者将委托哪个调研现场服务商进行资料收集。

第二节 创意消费市场定性调研方法

根据调研资料处理方法及结果的差异,创意消费市场调研可划分为定性调研和定量调研两种类型。其中,定性调研是建立一套概念系统,借助理论范式进行逻辑推演,据此解释假设的命题,最后得出理论性结论的研究方法。在典型的定性研究中,不是用统计分析的方法,而是通过文献研究、实地观察、对研究对象的深入访问来获得丰富的资料,整理分析这些资料并最终得出调研结论。定性调研方法主要有观察法、焦点座谈法、深度访谈法及文案调查法。

一、观察法

(一)观察法定义、特征及类型

观察是人类与生俱来的一种能力。人们在日常生活和最初的学习中都离不开观察。同样,观察也被应用于创意消费市场调研。观察法是调研人员根据特定的调研目的亲自到调研现场,不以提问或交流方式,而通过自身感官或者辅助工具(如照相机、显微录像机、视频监控设备等)系统地记录事件发展状况或行为模式以获取第一手资料的方法。例如,为了增加景区收入,景区管理人员决定在景区内新建售卖景区创意商品的店铺,现在有三个备选地点,到底选哪个地址更合适?此时,可以采用观察法调查游客游览习惯(如人流量、行走路线、小憩习惯等)为店铺选址提供参考。产品设计人员观察身边自然景物并赋予象征意义,将它们应用于产品设计。

观察法具有目的性、计划性和系统性、灵活性及客观性四大特征。第一,目的性。与日常观察不同,在创意消费市场调查中,观察人员不是漫无目的而是根据明确的调研目的收集所需要的创意消费市场信息,从而为客观研究创意消费市场行为服务。第二,计划性和系统性。人们的日常观察通常是无序、散乱而片面的观察。与之不同,创意消费市场调查中的观察往往是在明确调研目的前提下,由观察人员根据所制订的详细计划和观察内容有条不紊地全面观察,从而保证所获取信息的可靠性和全面性。因此,现场服务公司往往会在开展观察之前对观察人员进行系统培训,使观察人员能够严格遵循观察指南进行系统性的观察,从而尽可能地避免或减少观察误差。第三,灵活性。观察人员需要根据观察对象所处不同环境择机选择不同的观察方式和观察工具,从而获取所需要的信息。第四,客观性。观察人员既可以在自然状态下也可以在实验室条件下对创意消费市场现象实施观察,但无论哪种情况下,观察人员都应该客观地记录观察结果。

依据不同的分类标准,观察法可以进一步分成不同类型。

根据观察环境是人工设计还是自然状态,观察法可以分为自然观察法和实验观察法。自然观察法是指观察人员在没有任何人为设计的观察环境中对观察对象的行为、反应、感受、特征进行观察并描述性记录的一种方法。采用自然观察法,可以避免被观察者在参与研究时的情绪影响,一定程度上能够保证调研数据真实有效。不过,自然观察法不能体现事件的内在联系,不易再现观察结果。实验观察法是指在人为设计的环境中调研人员对观察对象进行观察的一种方法。实验观察法比自然观察法目的性更强,时间成本更少。人为设计环境可能是一间办公室、客厅、游戏室或者其他组织的模拟情景。

根据观察是否有统一设计、含有一定架构的观察项目和要求,观察法可分为结构化观察法和非结构化观察法。结构观察法是根据事先设计好的观察项目和要求对观察对象进行观察的一种方法。它要求事先对要观察的内容进行分类并加以标准化,明确研究假设,规定要观察的内容和记录方法,并统一制定观察表格,在卡片上明确列出各种观察范畴和分类,观察者只须在相应的表格内标记,而不做出自己的评价。在实际观察过程中,要严格按照设计要求进行观察,并做出详细的观察记录。结构观察法有些类似于问卷调查,对观测数据的整理、分析也近似于对问卷资料的处理分析,即可进行定量分析和相关分析,但它缺乏弹性,而且比较费时。非结构式观察法是没有先期具体设计要求的观察法。它一般只要求观察者有一个总的观察目的和要求,或一个大致的观察内容和范围,并没有很明确的研究假设和具体的观察内容与要求。

根据观察者是否参与观察对象所进行的活动,观察法可划分为参与观察法和非参与观察法。参与观察法是指观察者掩饰自己的身份和观察目的,融入被观察者的群体和环境,参与被观察群体的一切活动,用切身体会了解外部观察所了解不到的情况与信息的一种方法。非参与观察法是指观察者不参与观察对象的任何活动,而是以局外人身份客观记录观察者的一切活动的一种方法。非参与观察法的客观性较强,不干扰观察对象的行为或事件发生,也不会带入观察者因牵涉其中而自然形成的主观感受。但非参与观察法由于与被观察者保持距离,往往无法体验观察对象的真实感受,以及如购买文化产品时的细节,也可能在解释上产生误解和偏差。

根据观察时是否借助有关仪器设备,观察法可划分为直接观察法与间接观察法。直接观察法是指通过观察者的感官考察观察对象活动的方法。间接观察法是借助一定的仪器、设备考察观察对象活动的方法。

观察法应用的案例:来自"翠鸟"的灵感——500系列新干线列车

设计师同时也是一名杰出的专业调研人员。很多设计师将大自然的生物体(动植物、微生物、人类)和自然界物质(如日、月、风、云、山、川、雷、电等)的外部形态、运动轨迹等作为观察对象,然后通过专业处理方法将它们应用在作品设计之中,这种设计类别也称仿生设计。可以说,大自然是设计师作品创意的灵感库。下面介绍源自"翠鸟"的作品——500系列新干线列车。

20世纪80年代,当时的新干线火车头如图2-1所示。每当它离开隧道时,内声波会被压缩,直至爆裂,产生一个响亮的音爆。原因是列车车头是子弹型,会"推挤"前方空气。

图2-1　20世纪80年代新干线火车头

鸟类爱好者工程师中津英治(Eiji Nakatsu)观察发现,翠鸟拥有一个流线形的长长鸟嘴,其直径逐渐增加,以便让水流顺畅向后流动。翠鸟生活在河流湖泊附近高高的枝头上,经常俯冲入水捕鱼,它们的喙外形像刀子一样,从水面穿过时几乎不产生一点涟漪。根据翠鸟的鸟嘴,西日本铁路公司制造出了500系列列车,并于1997年投入使用,如图2-2所示。实践证明这种列车的车速比起原有设计提升了10%,而电力消耗降低了15%,噪声水平也有了显著下降。

图2-2　源自翠鸟鸟嘴的500系列列车车头

——摘自《源于鸟儿的灵感——10例"仿生设计"》,https://mp.weixin.qq.com/s?__biz=MzIwMzcyMTg1Ng==&mid=2247568819&idx=3&sn=cc2bdc3552d1402e8bae5e5fc2-da03e9&chksm=96c8905ca1bf194ada8b2dff567b5834da1b96e2aa1adc1c4263cd783737f090-a02ea938be0e&scene=27。

(二)观察法的优缺点及适用范围

观察法除有适应性强、简单易行、操作方便以及相对灵活等优点外,其最明显的优点是观察人员可以观察到观察对象实际在做什么而不是依赖他们所说的,即"眼见为实"。观察法的另一个优点是能够保持被观察者正常的活动,不打断或影响被观察者的自觉行为，使观察者所获得的信息比较真实。另外，观察法所获取的信息不会因为受观察对象回答意愿和回答能力的影响而产生偏差。比如，观察者想要了解文化消费者喜欢哪种造型、材质或颜色的创意商品，只需要将这些创意商品放在一起，观察这些商品对他们的吸引力比直接询问消费者喜欢哪类创意商品更有效。

观察法也有缺点，其主要表现在以下四点。

第一，观察是一个被动的过程，观察法无法控制环境。比如，要观察某个商场创意商品购买行为时会因为这个商场在较长时间内都没有购买行为发生而不得不延长观察时间。此外，文化消费者的购买行为会因为不同的商场而产生差异，有的购买行为频繁发生，有的却不经常发生。因而，观察法的运用往往受到时空因素的影响。

第二，观察法一般只能观察市场行为的表面现象而无法深入探索形成这种行为的原因，尤其是观察对象的态度无从知晓，而且观察法只能运用于公开的行为，对于人们私下里的行为无法实施观察，而这恰恰可能是人们行为的真正依据。另外，从纵向看，观察法得到的是被观察者当前的行为，但其并不能代表观察对象的选择不会发生变化。因此，用观察法获取的信息只能研究其行为现状。

第三，运用观察法所得到的样本数比较有限。依靠观察所得到的数据资料往往难以推论至总体。但如果提高观察样本数，其执行成本会大大提高。因此，观察法还受到执行成本和总体可靠性的困扰。

第四，观察法所获取信息的质量与观察人员个人能力有关。同样观察环境和观察对象，不同的观察人员同时对观察对象进行观察，其观察结果会存在一定的差异甚至差异较大。因此，采用观察法的调研公司对观察人员的培养和训练就显得十分重要，当没有成熟的、富有经验的观察人员在使用观察法了解创意消费市场现象时，其客观性方面会受到限制。

观察法的适用范围：第一，观察法是收集非语言行为的最有效方法，比较适用于不能表达、表达不准确或表达意愿不强烈的观察对象，例如，儿童、青少年购买卡通图书、观看电视节目等行为；第二，观察法能保持被观察者正常活动的延续，通过现场记录，能够随时发现不断变化的行为，它适用于需要了解被观察者当前行为选择的调查，特别是对被观察者突出的行为特征的记录尤其有效；第三，观察法调研所需要的信息必须是能观察到的或是从可观察到的行为中推断出来的，观察对象的行为必须是相对短期的、重复的、频繁的或者在某种程度上是可预测的。

（三）几种常用的观察方法

除借助机器设备，如交流流量计数器、脑电图仪、皮肤电反应设备、视线追踪器，收视率统计仪、阅读器、GPS测量设备、脑部动作编码设备及信息扫描定制化存储跟踪系统等进行观察外，下面介绍几种创意消费市场中常用的人员观察法。

1. 人种志调查

人种志调查是指观察人员在自然状态下对人们的行为进行观察，积极与被观察者开展讨论。运用人种志调查，观察人员可以记录以下内容：①正在发生的事件；②事件发生地点及时间；③事件发生的流程和发展的顺序；④事件当事人及各自行动和反应；⑤事件当事人所传达的内容。

2. 神秘购物者

从字面意思可以看出，神秘购物者是观察者通过扮演顾客收集商店的展示信息、顾客和店员间交流的信息，以及观察者与店员间交流的信息。根据观察深度和信息类型，神秘购物者有4种基本形式。

（1）神秘购物者以顾客角色拨打电话或在线按照预先设定的调查内容与工作人员进行交流。

（2）神秘购物者只需要以顾客角色观察规定场所并快速地购买指定产品，不需要过多或完全不需要和场所工作人员（店员）进行交流。

（3）神秘购物者去规定场所，根据预设调研的内容与场所工作人员（店员）进行交流，不需要购买任何东西。

（4）神秘购物者本身要有高超的沟通技巧，以及丰富的所要关注的产品信息，以顾客角色和预先设定的人员进行深入交流，以获取所需要的信息。例如，创意产品和服务的销售阶段同样会产生价值，但增值多少取决于店员对这一产品所嵌文化的解读是否正面增进顾客对产品文化价值主观判断。

3. 单向镜观察法

所谓单向镜观察法是通过单向镜观察场所中人们的行为。在这种方法下，被观察者一般不易察觉正在被观察，从而能够真实地表现出他们的行为。通常，在进行焦点小组座谈会期间，客户、研究人员等利益相关人员可以通过单向镜了解座谈会过程中发生的事情。

（四）观察法在创意消费市场的应用案例

成都市宽窄巷子紧邻武侯祠，是由宽巷子、窄巷子和井巷子平行排列组成的清代古街道，与大慈寺、文殊院一起被列为成都三大历史文化名城保护街区。改造后的宽窄巷子整体空间风貌延续了清代川西民居风格，体现了成都的"闲生活""慢生活"和"新生活"。设计者将三条步行街中间用通道连通，实现了人气和商业的良性互动。作为国家AA级旅游景区，2020年7月宽窄巷子步行街入选首批全国示范步行街名单，2022年1月入选为首批国家级旅游度假区。

经过多年的发展完善，宽窄巷子成为成都较具消费活力的街区之一。相关数据显示，2019年宽窄巷子游客量达到4163.7万人次，营业总额12.11亿元，同比分别增长32.8%和42.9%；2022年春节期间共接待游客19.99万人次[①]。

宽窄巷子超高的人气和浓厚的商业气息吸引了众多企业，某文化企业也不例外。为此，该文化企业向某调研公司咨询在宽窄巷子新开商店的可行性。调研公司在接受这一文化企业咨询委托后，制定了调研方案。调研方案的调查内容之一是了解宽窄巷子的商业业态现状、同类商店顾客特点及光顾情况，以及备选店址人流情况。为此，调研企业决定采用观察法获取上述信息。

---

① 杨艺茂，雷健. 首批全国示范步行街"花"落成都 "国字号"殊荣助力四川文商旅融合发展[N]. 四川日报，2020-08-12. http://wlt.sc.gov.cn/scwlt/hydt/2020/8/12/01f97e0a29cf472990d78e412173165f.shtml.

二、焦点小组座谈法

（一）焦点小组座谈法定义及特点

焦点小组座谈法是目前国内外应用比较广泛的定性调查方法之一。焦点小组座谈法又称小组座谈法，就是采用小型座谈会的形式，挑选一组具有同质性的文化消费者，在一间装有单面镜及录音录像设备的房间，由一个经过训练的主持人以一种无结构、自然的形式与他们进行交谈，从而获得对目标文化消费者经验、感受、态度等各方面的深入了解。

和传统一问一答式的简单访谈不同，焦点小组座谈法是在主持人主持下由多个文化消费者（即被访者）就特定的问题相互交流和讨论以充分了解所需要的信息。参加焦点小组的被访者往往社会文化背景、职业，或从业经验不一样，主持人一般要求他们基于自己经验和知识对某一问题主动表达自己的观点并展开激烈讨论，从而达到对这一问题全面而深入了解。因为是多人讨论，参与座谈的被访者互相之间积极互动会产生比同样数量的人做单独陈述提供更多的信息，并且有时会因为这种互动交流而产生一些新奇且有商业潜力的信息。焦点小组座谈会成功与否与主持人高度关联，因为参与者相互之间的讨论程度、效果及讨论方向均受主持人的影响。因此，合格的主持人需要在座谈会前准备充足，需要有熟练的主持技巧以及灵活驾驭会场的能力。

（二）焦点小组座谈法的优缺点

任何一种调研方法都有其优缺点，焦点小组座谈法也不例外。焦点小组座谈法的优点主要有以下三点。

第一，收集的资料更有意义。参会者之间的互动作用可以激发新的思考和想法。通过多人讨论可以不断提升座谈会的深度与广度，带给我们新启发，使座谈会收集的资料更有价值。

第二，可以进行科学监测。座谈会房间通常安装有单面镜及录音录像设备，项目利益相关者（如研究人员和客户）可以在单面镜后观察会场情况（如参会人员讨论过程中的肢体语言）。

第三，操作简便易行，资料可信度高。座谈会通常比其他方法更容易执行，并且所得的信息更容易理解，能够获得最迫切需要的信息及令人兴奋的信息。

焦点小组座谈法的缺点有以下四点。

第一，信息收集不全面。座谈会主要以访谈交流的形式进行，资料收集是否全面取决于参会者对所涉及话题的兴趣程度和了解程度。若忽略这一因素，可能导致主持人和研究人员会误以为掌握了全面情况而实际只收集了少量信息。

第二，参会者不配合。组织一场焦点小组座谈会需要花费大量时间，若参会者不配合主持人进行座谈，调查人员将浪费极大的时间成本。

第三，若主持人带有偏见，会带来结果的偏差。相较于其他调研方式，焦点小组座谈法更容易受到主持人的影响，若主持人带有偏见进行座谈主持，那么容易造成结果偏差。

第四，容易受参会者个性的影响。比如，假如参会者内向，会挖掘不到所想要的信息；参会者专横而主持人掌控能力有限会影响其他参会者发言。

(三)焦点小组座谈法在创意消费市场中的应用范围

焦点小组座谈法可以用于以下几种情况的创意消费市场调研:文化消费者对创意产品的认识、偏好及行为;获取顾客对老创意产品的新想法;获取对新创意产品(如概念、包装、文化元素组合)、新计划的印象;获取消费者对具体市场营销计划的初步反映;创意产品再定位;文化消费者的品牌态度;目标受众对创意产品广告创意的看法和态度,以及了解在广告中存在的潜在问题。

(四)焦点小组座谈法在创意消费市场的应用案例

安徽省阜南柳编兴于明末清初,是一种用黄冈本地杞柳条编织而成的实用型工艺品,2011年入选为国家质检总局地理标志产品。阜南柳编工艺品编织技术已入选为国家非物质文化遗产;阜南也被国家工艺美术协会授予"中国柳编之乡"称号。目前,阜南柳编已形成了百亿规模的产业集群,是阜南的支柱和主导产业,为阜南带来巨大的经济效益。截至2021年,阜南县共有324家柳木加工企业,其中规模以上的企业共有53家(产值超亿元企业有18家),柳木文化产业产值从2015年的61亿元增长至2021年的110亿元,占全县工业总产值的54.7%。[1]2019年,阜南柳木加工企业实现产值达90亿元。除此之外,阜南柳编还产生了广泛的社会效益。杞柳条是阜南柳编的最主要的原材料,2018年全县共有8万多亩杞柳,为当地农民带来3亿元的收入。以金源、天亿为代表的龙头柳编企业带动了3000贫困人口就业,直接帮助1.5万人脱贫。[2]

在阜南县委、县政府的大力支持下,阜南柳木产业不断发展壮大,市场竞争也更加激烈。阜南县某柳编企业想寻找新的目标市场,并为这个市场开发全新的产品。针对客户需求,某咨询公司认为除定量调研方法外,必要先通过焦点小组座谈法来挖掘消费者潜在的柳编产品需求。

三、深度访谈法

(一)深度访谈法的定义与分类

尽管观察法在创意消费市场调研中很重要,但这一方法往往无法获得文化消费者和文化从业人员的思想过程。因此需要借助深度访谈法来加以弥补这一缺憾。深度访谈法是一种无结构的、直接的、针对单个人的访问,通过访谈员与一个被访者进行深入交谈,从而揭示对某一问题的潜在动机、信念、态度和感情。深度访谈法适合了解复杂、抽象的问题,因为这类问题往往很难三言两语能够说清楚,只有通过自由交谈,才能全面而深入了解被访者对这类问题的见解。访谈内容包括诸如文化创意过程中的灵感来源及缘由,文化创意与技术融合的思考,创意消费产品和服务的发展态势,以及创意产品使用过程、使用感受、品牌印象等。

根据提问媒介的不同,深度访谈法可以划分为口头(语言)访问法和书面(文字)访

---

[1] 季思华等. 阜南县柳编产业行业协会"小协会"撑起乡村振兴大业. 今日阜阳网,2022-05-07. http://www.jinrji0558.wm/15855.heml.

[2] 廖福安. 阜南:传统小柳编 扶贫大产业. 滁州网,2019-05-08. http://www.chuzhou.cn/2019/0508/387724.shtml.

问法。口头（语言）访问法是访问员借助被访者能够理解的语言向被访者就某些问题进行深入交谈。书面（文字）访问法是访问员借助被访者能够理解的文字就某些问题与被访者进行深入问与答。

根据提问的方式，深度访谈法可以划分为直接访问法和间接访问法。直接访问法是访问员就某一问题面对面和被访者进行深入交谈。间接访问法是访问员通过电话、即时通讯软件或者中间人就某些问题和被访者进行深入交谈。

> **国内外常用即时通信软件**
>
> 微信是由腾讯公司 2011 年 1 月推出的一款即时通信服务免费应用程序，支持跨通信运营商、跨操作系统平台通过网络快速发送语音、视频、图片和文字。除即时通信外，微信还有其他功能，目前用户覆盖 200 多个国家和地区、超过 20 种语言。2020 年 3 月，微信及 WeChat 合并后月活跃账户数量达 11.65 亿。
>
> WhatsApp Messenger（简称"WhatsApp"）是一款用于智能手机之间通信的应用程序，流行于北美洲、南美洲和欧洲，类似于中国的微信，支持 iOS、Android、Windows 和 MacOS 平台。目前该软件覆盖全球 180 多个国家和地区，用户数量已经超过 20 亿。
>
> Facebook Messenger 是 Facebook 自主研发的即时聊天工具，现在用户数量排名全球第二。使用者可以看到用户动态，用户可以与对方连线对话、建立群组等。
>
> Viber 的主要市场在东欧和中东等地区，2020 年在亚太地区用户增长惊人。目前全球用户数量已经超过 11 亿。
>
> Line 是一款亚洲用户常用的即时聊天 App，由 NHN Japan 推出。其市场主要在日本、泰国、印度尼西亚等国家和地区。
>
> 除此之外，还有如腾讯会议、钉钉、Zoom、Teams 等视频会议软件通常应用于多人线上交流。

（二）深度访谈法的优缺点

深度访谈法的优点有如下三点。

第一，与焦点小组座谈法相比，深度访谈法能更深入地探索被访者的内心思想与看法。

第二，可将反应与被访者直接联系起来，而小组座谈会很难将反应与被访者直接联系起来。

第三，在深度访谈过程中，被访者和访问员可以更自由地交换信息，而在座谈会中有可能会因社会压力不自觉地要求形成小组一致的意见。

深度访谈的缺点有如下四点。

第一，深度访谈需要有熟悉掌握访问技巧的访问员，通常这类访问员费用很昂贵，也难以找到。

第二，深度访谈属于无结构化调查，其访谈质量十分容易受访问员自身素养和访问技巧的影响。

第三，深度访谈结果的数据常常难以分析和解释，研究人员往往需要掌握心理学、社会学等学科知识。

第四，深度访谈被访者较难预约，并且访谈时间和所花的经费较多，因此调查实践往往较少采用深度访谈法。

（三）深度访谈法在创意消费市场中的应用范围

深度访谈法主要用于探索性研究，常用于以下四种情形。

（1）试图详细探究创意市场消费者的想法。比如，文化消费者对于购买艺术品问题的看法。

（2）详细了解一些创意企业管理人员、创意阶层、文化消费者等群体的复杂行为。比如，对创意企业员工与非创意企业员工跳槽行为及其原因的比较调研。

（3）讨论一些保密的、敏感的话题，如个人收入、婚姻状况、网络敏感内容浏览等。

（4）访问创意消费市场中的竞争对手、创意阶层、收藏家、评论家、创意市场投资人或创意企业高层领导。比如，深度访谈出版商出书选题及营销手段等。

（四）深度访谈在创意消费市场的应用案例

甘肃省特色工艺品较多，主要有敦煌夜光杯、敦煌书画、敦煌彩塑、兰州刻葫芦、天水雕漆、庆阳香包、临夏砖雕、黄河卵石雕、庆阳剪纸等。其中，庆阳香包是甘肃较具市场规模的特色工艺品，目前有国家文化产业非遗示范基地两个。

庆阳香包又称"绌绌"，是甘肃庆阳一种民间民俗刺绣产品，是中国地理标志产品，庆阳香包绣制 2006 年入选第一批国家级非物质文化遗产名录。

明清时期，庆阳香包产品十分丰富，至今，香包刺绣在庆阳得到普及，目前广泛分布在 8 个县（区）。2013 年，庆阳市已形成了 100 多家生产企业、35 个基地、86 个营销公司；从业人员 15 万人但普遍年龄结构偏大；年生产能力 900 多万件，销售收入达 3 亿元[①]。正宁县是庆阳香包产业典型代表，2018 年全县香包刺绣企业 23 家，加工厂 6 个，民俗文化研究所 1 个；专业香包刺绣艺术人才 1400 人，其中艺术大师 74 人，刺绣能手 280 人；全县每年可生产 250 万套（件）香包，销售收入达 1.5 亿元[②]。

庆阳某县为了打造香包强县，做成庆阳市香包产业龙头，当地政府部门希望制定科学、针对性强的香包促进政策，为此特委托某咨询服务公司为其香包产业政策制定提供参考依据的调研方案。咨询公司接受委托后，拟通过深度访问法对该县香包产业链上的代表性香包企业负责人进行一对一深度访问，了解他们目前面临的困境及政策需求。

四、文案调查法

（一）文案调查法的概念及特点

文案调查法又称资料查阅寻找法、资料分析法或室内研究法。它是调查人员在充分了

[①] 吕建荣. 庆阳：小香包撑起大产业[EB/OL]. 甘肃日报. 2013-03-06. http://gs.cnr.cn/gsxw/tpxw/201303/t20130306_512089519.shtml.

[②] 刘效国. 正宁县发展特色民俗文化产业激发非遗活力[EB/OL]. 每日甘肃. 2023-08-14. https://baijiahao.baidu.com/s?id=1774164380571975082&wfr=spider&for=pc.

解调研目的后，围绕调研目的对公开发表的各种信息进行收集、整理、分析并撰写调研报告的市场调查方法。根据创意消费市场调查的实践经验，文案调查通常是调查的首选方式。几乎所有的创意消费市场调查都始于收集现有资料，只有当现有资料不能为调研问题的解决提供足够的证据时，才进行实地调查。因此，文案调查可以作为一种独立的调查方法加以采用。

与实地调查相比，文案调查法具有以下三个特点。

第一，文案调查是收集已经加工过的二手资料，而不是对原始资料的搜集。

第二，文案调查以收集文献性信息为主，它具体表现为收集各种文献资料，如网上公开发布的信息、书籍和杂志、企业内部档案等。文献资料特别是数字型文献资料，其数量急剧增加，分布十分广泛，内容重复交叉，质量良莠不齐，市场调查人员需要对这些资料进行"去伪存真"。

第三，文案调查所收集的资料包括动态和静态两个方面，市场调查更偏重于从动态角度，收集各种反映调查对象变化的历史与现实资料。

文案调查的功能和特点决定了调查人员在进行文案调查时，应该满足以下四个方面的要求。

第一，广泛性。市场调查人员应该要尽可能地利用各种信息渠道全面收集尽可能多的资料。一般而言，这些资料既有市场现状资料、市场趋势资料，也有历史资料，以及市场理论资料；既有宏观资料也有微观资料。

第二，针对性。市场调查人员应着重收集与调查主题紧密相关的资料，善于对一般性资料进行摘录、选择、整理和分析，从而获得具有参考价值的信息。

第三，时效性。市场调查人员要考虑所收集资料的时间能否保证调查的需要。随着知识更新速度加快，调查活动的节奏也越来越快，资料适用的时间在缩短。因此，只有反映最新市场情况的资料才是价值最高的资料。

第四，连续性。市场调查人员要注意所收集的资料在时间上是否连续。只有具有连续性的资料才便于动态比较，便于掌握事物发展变化的特点和规律。

（二）文案调查法的作用和局限性

文案调查法主要作用有以下三个方面。

（1）文案调查法作为一种独立的调查方法，市场调查人员可以随时根据调研需要，收集、整理和分析市场资料，从中发现市场问题并提出解决方案，为企业市场决策提供参考依据。

（2）和实地调查不同，文案调查不受时空限制。从时间上看，文案调查不仅可以掌握现实资料，也可获得实地调查所无法取得的历史资料。从空间上看，文案调查既能对内部资料进行收集，又能掌握大量的有关企业外部环境方面的资料。

（3）文案调查最重要的作用是为实地调查提供经验和大量背景资料。具体表现在以下四个方面。

第一，通过文案调查，可以初步了解调查对象的性质、范围、内容和重点等，并能提供实地调查无法或难以取得的各方面的宏观资料，便于进一步开展和组织实地调查。第二，文案调查所收集的资料可用来证实各种调查假设，即可通过对以往类似调查资料的研究来指导实地调查的设计，用文案调查资料与实地调查资料进行对比，鉴别和证明实地调查结果的准确性和可靠性。第三，利用文案资料并经实地调查，可以推算需要掌握的数据。第四，利用文案调查资料，可以帮助探讨现象发生的各种原因并进行说明。

文案调查法有一定的局限性，主要表现在以下四个方面。

（1）文案调查法所收集的资料主要是历史资料，其中过时资料比较多，对现实中正在发生变化的新情况、新问题难以得到及时的反映。

（2）文案调查所收集、整理的资料和调查目的往往不能很好地吻合，对解决问题不能完全适用，收集资料时易有遗漏。

（3）文案调查要求调查人员有较扎实的理论知识、较深的专业技能，否则在工作中将力不从心。

（4）由于文案调查所收集的文案的准确程度较难把握，有些资料由专业水平较高的人员采用科学的方法搜集和加工，准确度较高，而有的资料只是估算和推测的，准确度较低。因此，调查人员应对所获取的资料进行必要的甄选，对资料的来源加以说明。

（三）文献资料的来源与获取方法

文案调查是围绕调研目的收集现有资料。这些文献资料主要包括企业内部资料和企业外部资料。企业内部资料主要包括企业业务资料、统计资料、财务资料和企业积累的其他资料；企业外部资料主要包括网络上公开的他人经验和案例，出版社出版、书店出售、图书馆和私人收藏的书籍、报纸和杂志，行业协会和相关行业出版社公开发行的行业资料，以及各级政府主要部门和统计局公开和发行的经济社会统计资料等。

在文案调查中，本企业内部资料和客户企业内部资料的收集相对比较容易，而其他企业内部资料的收集相对比较困难，需要支付一定的费用。企业外部资料往往是公开的资料，这些资料有的可以通过检索工具免费直接获取，有的需要支付一定费用才可以订阅和下载。

文献资料搜索过程中常见的问题及解决方法

问题：确定不了搜索起点，延误了时间。

解决方法：当不知道最好的起点或者没有起点时，随便找一个起点，只要有心走，反正迟早所有的路都可以实现目标，所谓"条条大路通罗马"。

问题：不知道检索路径。

解决方法：做一个检索提纲、计划，或者不管什么东西拿着它去检索。

问题：自以为找到终点，实际上是错的。

解决方法：知道哪个终点是我们要找的，错的时候及时回头。

（四）文案调查法在创意消费市场中的应用案例

中国木雕艺术起源于新石器时期，秦汉两代木雕工艺趋于成熟，唐代木雕工艺日趋完美。明清时代木雕题材以生活风俗、神话故事为主，这期间涌现了大量有史可考的木雕名家、手工艺人及其作品，是我国古代木雕艺术的一个高峰。清末至民国期间，政府腐败、军阀混战、外强入侵，民不聊生，我国木雕艺术逐渐衰落。新中国成立后，在党和政府的关怀下，特别是近年来在实施各种促进民间工艺发展的政策支持下，我国木雕行业迎来了新的发展。由于各地民俗、文化和资源条件不同，木雕取材不一、工艺不同，我国木雕形成了各具千秋、具有鲜明地方特色的各个流派，这些流派大多数以地域来区分，如东阳木雕、乐清木雕、泉州木雕等。

某企业准备经营木雕原材料，需要了解我国各地区木雕市场现况及未来发展，为此委托某调研企业开展这一调查。由于该调研企业对中国木雕市场根本不了解，因此，在接受咨询后，调查人员先采用文案调查对我国各地区木雕市场进行全面了解，为下一步调研工作做充分准备。根据调研要求，调查人员列出了本次文案调查提纲，主要内容涉及木雕方面的基本常识、木雕的基本用途、我国木雕基本流派基本情况，目前主要的木雕原材料基地或供应商、近年来我国木雕市场供需基本情况等。

第三节 创意消费市场定量调研方法

定量调研和定性调研相辅相成，相互补充。定量调研在创意消费市场调研实践中被广泛运用，传统的"市场调查"主要是运用这种方法。所谓定量调研是指采用封闭式（结构性的）问卷对一定数量的代表性样本进行调查获取数据，然后对这些调查数据进行录入、整理和分析，并撰写报告的方法。问卷是定量调研依托的载体，在问卷设计的过程中，为了完善问卷的内容、措辞乃至结构，问卷设计人员通常要进行数次试访，但试访的结论不是用来推断总体的，试访属于定性研究。在实际进行定量调研时，一般采用电话调查法、街头拦截访问法、入户访问法、网络调查法、实验法等方法。

使用定量调查法进行数据资料收集主要有以下优点。第一，定量调查属于结构式调查，采用标准化问卷，所有被访者回答的问题都是一样的，而且顺序相同，对被访者提出疑问的答复也相同；封闭型问题的备选答案相同，被访者只需要从中做出选择。第二，因为定量调查是一个标准化问题，在调查时访问员与被访者的问答和记录变得简便，而且速度更快，调查的操作更加容易；并且计算机网络的发展让定量调查更加便捷，更节省成本。第三，定量调查易于制作图表和统计。大容量样本和结构式调查所收集的数据能够通过计算机迅速处理并制作成各种图表或进行统计分析。此外，网络调查的出现省略了数据输入环节，从而节省了大量的时间和劳动力。第四，当样本量足够大时，市场研究人员可以将被访者细分成不同的子群，然后对这些不同群体进行比较分析，判断这些群体之间的差异性，为文化企业差异化营销决策提供依据。

定量调研特别适用于大规模样本的采集。因此，同其他调查方法特别是定性调查相比，在进行大量数据资料收集的调查工作中，定量调查显得更为经济和有效。当然，定量调查也有不足之处，主要是调查成本较高、所花费的时间较长，以及不能探讨文化消费深层次的问题。

一、电话调查法

（一）电话调查法的概念及类型

电话调查是指访问员通过拨打电话将固定的调查问卷内容逐一询问被访者，了解被访者对问卷中问题的意见和想法并同步进行记录的调研方法。固定电话或者手机是电话调查的基础。因此，电话调查只有在固定电话及手机普及率高的地区才能有效开展。电话调查不需要调查者与被访者面对面进行交谈，属于非接触式交流，可以有效减少被访者与"陌生人"谈话的距离感，在更短的时间内可以收集到更加真实有效的信息。

电话调查法的类型有传统电话调查和计算机辅助电话调查。①传统的电话调查。传统电话调查使用的工具是普通的电话、普通的印刷问卷和普通的书写用笔。经过培训的访问员按照调查设计所规定的随机拨号方法，拨通电话，遵照问卷和培训的要求筛选潜在的调查对象，然后对合格的调查对象对照问卷逐题逐字提问并将答案记录下来。②计算机辅助电话调查。计算机辅助电话调查使用一份按计算机程序设计出来的问卷，用电话向被调查者进行访问，整个访问过程按计算机所设定的程序进行。经过培训的调查员头戴耳机式电话，坐在CRT（cathode ray tube）终端前，按照CRT屏幕上指示的程序进行工作。CRT代替了问卷、答案纸和铅笔。通过计算机拨打潜在被访者的联系号码，电话接通之后，调查员读出CRT屏幕上显示出的问题并直接将被调查者的回答录入计算机。

（二）电话调查法的优缺点

电话调查的优点主要有以下几点。第一，电话访问能够在较短的时间内快速获得市场调查所需要的数据资料，且具有时效性。对于一些急于收集到数据资料的调查者而言，采用电话调查方法效率最高。第二，电话调查费用较低，可以节省调查成本。与街访和实地调查等调查方式相比，电话调查只需要一部电话就可以进行，最大限度节省了差旅费及相关招待费用。第三，电话调查的调查问卷往往是结构化和标准化的问卷，访问员大多是按照事先准备好的标准问卷提问，对问题的顺序能够有很好的控制。因此，对被调查者回答的答案整理分析较为有利，获取数据资料的统一程度也较高。第四，调查过程比较容易控制。当电话调查时，电话调查质量督导可以随时监控被访者的访问质量。比如，督导可以及时纠正被访者访问规范性，以及访问员调查过程中的声调、语气及语速等。

电话访问的缺点主要有以下几点。第一，使用电话调查时，辨别真实性及记录准确性较差。因为被访者不在现场，很难对被访者回答问题的真实性做出准确判断。第二，电话调查往往采用纯口头交流的形式，不太可能把问题印成书面形式供被访者在答案中进行选择，这对调研双方都提出了更高的要求。被访者需要记住问题和回答的各个选项，访问者需要在充分保证调查质量的前提下将问题尽量简化，对问题回答的可选择项数量也需要加以限制。第三，因为电话调查不是面对面进行的，在没有事先邮寄的情况下，不可能向被调查者展示产品、包装或广告。这样会使得电话访问的效果受到影响。第四，电话访问询问的时间不能太长，因而对问题不能做深入的探讨，使得调查内容的深度不如人员访问。第五，被访者只限于有电话和能通电话者，因而电话访问的调查范围会受到限制，这在一定程度上影响了调查总体的完整性。第六，电话访问的拒绝访谈的比率比较高。接电话的被访者不合作往往经常发生。此外，有一些特殊情况也会使被访者拒绝访问。例如，访问电话是在被访者开会时候打过去的或者调查过程中被访者有重要的事情需要处理，而调查人员不可能提前预知，使得访问难以顺利进行。

二、入户访问法

(一) 入户访问法的概念及特征

入户访问是访问员在被访者家中或工作单位依照问卷对被访者进行访问。

入户访问法的基本特征如下。

第一,入户访问的问卷回答率比较高。入户访问是在较为舒适、安全、不受自然干扰,且被访者熟悉的环境中进行,通常一旦访问开始,被访者一般都会较有耐心地完成访问,很少发生中途拒绝或不予配合的情况。

第二,相对其他形式问卷而言,入户访问的问卷往往比较长,开放题相对较多,并且问卷问题间有较复杂的逻辑关系。

第三,入户访问易于质量控制。在入户访问中,访问员必须明确地记录被访者家庭或单位的地址,在被访者同意的情况下还可以当面记录联系方式。因此,当问卷复核员对访问问卷进行核实时,可以根据问卷上记录的详细地址找到被访者进行当面复核。

第四,当入户访问时,访问员可以借助一些访问辅助用品,如样品、照片、卡片、图形等实现选项较多或内容较复杂的访问,这在一般的电话访问、街头拦截访问或网络访问中是难以做到的。

第五,入户访问调查结果可以进行总体推断。入户访问是一种较好的多段随机抽样调查方法,用它的结果可以进行总体推断。相对而言,其他类型的访问方法,如网上调查、拦截访问等,访问员对于样本的抽取不能进行控制,因此这些方法得到的调查结果在推断市场总体方面就不具备较好的效果,或者说不能根据这些调查结果来推断调查总体的状况。

第六,相对其他访问方法,入户访问调查成本较高。入户访问的程序较为复杂,访问时间较长。入户访问包括各种交通费、被访者礼品费等,而在其他非入户访问中,这些费用会大大降低或者没有;访问员的劳务费用也相对较高。这些都在一定程度上使得调查成本提高。

第七,入户拒访率较高。一般来说,出于安全方面考虑,普通消费者都倾向于不接待不速之客的来访。特别是对中心大城市的居民进行入户访问时,有时访问员需要接触很多样本才能找到一个合格并愿意接受访问的样本。

(二) 入户访问在创意消费中的应用范围

入户访问方法适用范围主要包括以下两点。

第一,问卷比较长、开放题比较多,并且问卷逻辑复杂。比如,工艺美术品的购买行为问卷,访问时间可能达1个小时。

第二,入户访问的样本一般是普通文化消费者,否则可能会因为样本不符合要求而造成访问效率低下。常见的可以采用入户访问法进行的调查:与文化旅游相关的调查、大众媒体调查、影视产品消费调查、互联网使用行为调查等。

三、街头拦截访问法

(一) 街头拦截访问法及其类型

街头拦截访问是访问员在商店大堂或商业街上拦截被访者后现场或带到固定场所进

行问卷访问以获取数据的方法。街头拦截访问操作简便,成本不高,但有非随机抽样的缺点,且交谈时间不宜过长。[①]街头拦截访问法通常是在调查对象具有一定特殊性或总体抽样框难以建立的情况下采用的。

按照访问模式的不同,街头拦截访问可分为街头定点访问和街头流动访问。

(1)街头定点访问,也叫中心地调查或厅堂测试,是指市场调查人员事先租借好供访问专用的场所(通常为公共活动场所),根据调查研究的要求,可能还要摆放若干供被调查者观看或试用的产品,然后按照一定的程序和要求,在事先选定场所的附近拦截潜在被访者,征得其同意后带到专用的房间或厅堂内面对面进行问卷调查。这一方法的优势是被访者和访问员能够在不受外界干扰的情况下进行面对面调查,并且可以在调查过程中呈现实物,也可以人为设计场景进行因果性调查。

(2)街头流动访问,即访问员在事先选定的若干地点(如交通路口、购物中心出入口、展览会某个通道等),按一定程序和要求(如每隔几分钟拦截一位,或每隔几个行人拦截一位等)选取潜在被访者,在征得对方同意后,在现场使用事先设计好的问卷进行简短的调查。

(二)街头拦截访问法的优缺点

街头拦截访问除了具有入户访谈的主要优点之外,还具有入户访谈所不具有的优点。

第一,成本低。由于访问时间、地点比较集中,对调查对象的要求也没有那么严格,因而可以节省每个样本的访问费用。

第二,避免入户的困难。入户访问时访问员容易受到入门难的困扰,而拦截访问不存在这一问题。

第三,便于对访问员进行监控。在街头访问前,访问督导事先确定访问的时间和地点,访问员必须在指定的地点完成访问工作,所以访问督导可以在现场对不止一个访问员的工作加以监督。

街头拦截访问法的缺点主要有以下四点。

第一,不适合概率性的抽样调查,也很难得到好的、有代表性的样本。

第二,访问环境不像入户访问的环境那么舒适,被访者可能会感到不安、匆忙,或是出现访问员无法控制的一些其他的嘈杂状况。这些因素都会影响到调查所收集信息的质量。

第三,被访者的拒答率比较高,被访者中途可能会退出访问。

第四,较长的问卷、逻辑复杂的问卷、开放题较多的问卷或者不能公开询问的问题不适合用这一方法。

四、网络调查法

(一)网络调查法定义、特点及类型

网络调查是通过网络进行有系统、有计划、有组织地收集、记录、整理、分析市场信

[①] 陆雄文. 管理学大辞典[M]. 上海:上海辞书出版社,2013.

息，客观评价现在市场及潜在市场，为企业各项营销决策提供依据的市场调查方法。在互联网日益普及的背景下，网络调查已是调研企业经常采用的调查方法。网络调查可以在更为广泛的范围内、对更多的人进行数据收集。

网络市场调查的主要特点有以下五点。

第一，高效性。网上调查是开放的，任何网民都可以参与调查，调研企业通过统计分析软件初步自动处理后，可以马上查看阶段性的调查结果。

第二，组织简单、费用低廉。调研企业只需要将问卷发布在网络平台，不需要招聘和培训访问员、录入员，也不需要问卷录入和查错等环节。费用低，主要是设计费和数据处理费，每份问卷的访问执行费用几乎为零。

第三，客观性。实施网上调查，被访者是在完全自愿的原则下参与调查，调查的针对性更强，因此问卷填写信息可靠、调查结论客观。

第四，无时空的限制。网上市场调查是 24 小时全天候的调查，并且所有地区的网民都能够参与调查，从而突破了区域制约和时间制约。而若采用传统调查方法，其调查时间要根据被访者的时间而定，调查区域相对狭窄，往往是执行公司所在城市。

第五，可控制性。利用互联网进行网上调查收集信息，可以有效地对采集信息的质量实施系统的检验和控制。

目前，常用的网络调查方法有电子邮件问卷调查法、网上焦点座谈会法及在线问卷调查平台。

（1）电子邮件问卷调查法。调查人员采用 E-mail 发送问卷给被访者，由被访者自行填写问卷后回收。调查人员可以同时发送给多个接收者，无需耗费大量的人力进行问卷发送与回收，能够节约大量资金。需要注意的是，若没有事先和邮件接收者沟通，接收者可能直接忽视这类电子邮件，从而造成问卷回收率极低。另外，若电子信箱设置了拦截功能，这类邮件一般会作为垃圾邮件加以处理，从而根本不能到达对方邮箱。

（2）网上焦点座谈会法。网上焦点座谈会是对事先预约好的被访者发出邀请信，告知被访者的座谈会时间、网络聊天室账号及密码、讨论主题等，然后在主持人的引导下就相关议题进行讨论。网上座谈会和线下焦点座谈会本质上一样。目前较主流的视频会议客户端主要有腾讯会议、阿里钉钉、华为 welink、头条飞书、Cisco Webex Meetings、Zoom、vidyo 等。

（3）在线问卷调查平台。调查人员通过在线问卷调查平台发放和回收问卷。常见的平台有问卷星、问卷网、第一调查等。

（二）网络调查法优点与局限性

网络调查法的优点有以下五点。

（1）效率高。调查人员只需要将问卷直接放在网上，要求被访者在线答题，被访者只需轻点鼠标就可以表明自己的立场，轻而易举完成并很快提交问卷；被访者在填写并提交问卷的同时，就完成了问卷的录入，从而大大缩短了调查的周期，提高了工作效率，一般资料收集时间可由过去的几周甚至一个月缩短到几天。

（2）样本容量大。在同一时间内可以同时进行多人填写问卷并多人提交，且不会相互干扰，从而在同样的研究费用和时间情况下，可收集和处理更多的样本资料，增加样本代表性，这是传统的研究方法无法比拟的。

（3）成本低。网上调查每次只需根据客户的不同需求设计一套问卷及相应的程序，一次上传到网站上，不需要招聘并培训大量的访问员，节约了大量的访问员工资、差旅费和管理费等；若问卷是封闭型问题组成也不需要招聘编码人员和录入人员，节约了这两个环节的人工成本和管理费。因此，研究总成本比传统方法要低得多。

（4）调查质量高。网上调查通过设计程序可以对问卷进行严格的质量控制，随时检查被访者回答问题的逻辑性和完整性，并及时给予提示，所有被访者都是在完成全部问题并符合逻辑的前提下才能提交问卷，所以使用该方法得到的问卷质量比使用传统方法有明显提高。

（5）富有灵活性和趣味性。网上访问调查也有一定的灵活性，是否愿意接受调查完全取决于被访者的个人意愿，而且通过互联网出示给被访者的问卷的问题选项顺序是随机的，可以避免位置排列先后造成某选项被选概率偏高或偏低的误差。同时，网上调查还可以利用互联网的特点，充分发挥声音、图形、动画等表现形式的优越性和亲和力，使调查工作生动活泼，充满趣味性。

网上访问法的局限性主要表现在以下四个方面。

（1）调查对象只能是网民，没有上网条件的被访者将被排除在外。第 47 次《中国互联网络发展状况统计报告》及第七次全国人口普查公报数据显示，截至 2022 年 1 月，我国网民约占总人口的 68.5%，在上网人数还不足够多的情况下，被调查者只能是网民。

（2）调查者并非根据概率抽样原则主动找到被访者，而是被动等待有意愿的被访者来回答问题，这一抽样的非随机性会导致网民的代表性存在不准确性。

（3）网上匿名调查极有可能产生群体性偏差而导致调查数据无效，这主要受中国网民个人特征的影响。相关调查表明，截至 2020 年 12 月底，从网民年龄看，网民中 20～29 岁的为 17.8%，30～39 岁的为 20.5%，40～49 岁的为 18.8%，这三个年龄段的网民占了网民总数的 57.1%。从学历看，初、高中学历的网民为 60.9%，接近总网民数的 2/3。另外，月收入在 5000 元以下的网民为 70.7%，网民中 21%为学生群体，城镇网民为 68.7%。显然，若网上调查的被访者以上述个人特征的为主，而被访者条件超出这个范围，就极可能导致群体偏差。

（4）网上问卷不宜过长，否则被访者极可能中途放弃填写问卷；并且由于身份难以辨认，由此难以控制误差。

（三）网络调查完成率提升的技巧

如果要让网络问卷调查参与者完成问卷，应尽可能地让他们在答卷时感到愉悦。参与人员越投入其中，其回答越有用。为提升网络问卷完成率，需要让他们获得更好的体验[①]。

（1）问卷尽可能用口语化语言，避免过多使用"调研者"口吻。

（2）要坦诚，提前通知问卷调研结束时间。

（3）确保备选答案包含所有可能性，避免过度使用"其他"作为选项。

（4）让参与者在答卷时看到自己的进度。

---

① 小卡尔·麦克丹尼尔，罗杰·盖茨，李桂华，等译. 当代市场调研（原书第 8 版）[M]. 北京：机械工业出版社，2011：154.

（5）回答时间控制在 20 分钟以内。

（6）为使问卷更具视觉上的吸引力，尽可能使用图形作为答案选项。

（7）寻找新办法促进参与者与调研人员之间合作，可以适当提升现金奖励。

五、实验法

（一）实验法的概念、特征及类型

实验法是指在一定人工设计的条件下，按照事先设置的实验变量和预先设计的观察程序，对调查对象的活动加以观察、记录、分析和做出结论的方法。在市场调查中，实验法是指市场调查人员有目的、有意识地改变或控制一个或多个市场影响因素，观察市场现象在这些因素影响下的变动情况，以认识市场现象的本质特征和内在规律的调查方法。

实验法是唯一一种能够证明某变量（X）变化对另一变量（Y）能否产生预期性变化的潜在方法。但由于社会经济生活中，人们的行为 Y 的变化是由众多因素的变化引起的，因此我们需要高超的实验技巧控制其他因素情景下，通过改变所要研究的因素去观察人们行为变化。

与其他市场调查方法相比，实验法具有以下三个明显特征。

第一，实验法人为的因素较多，调查人员成为调查的主导而不仅仅是旁观者，调查人员的主观性思考要渗透于实验过程。例如，选用哪种实验方法和实验变量，这在一定程度上将决定调查的成果和结论的方向性。

第二，实验法主要用于分析验证，市场调查人员通过改变或控制一个或几个变量，然后观察其他变量是否会随之发生变化来确定变量之间的相互关系。在市场调查中，运用实验法是为了精确地验证哪些因素是触发调查对象行为的根本性原因。因此，强调程序的规范性、操作的严密性是其又一个特征。

第三，问卷或访谈是了解调查对象过去的行为，观察法是了解调查对象当前的行为，而实验法实际上是试图通过改变实验状况和条件以了解调查对象未来的"可能的行为"。实验法不是评判调查对象的现实行为，而是搜寻和衡量调查对象行为选择及迁移的内在因素。实验因素的变换应用实际上就是内在因素的辨别和筛选过程，它能够为市场主体选择刺激因素，进而为提升消费者的购买欲望提供明确的依据。

常用的实验法主要有以下四种类型。

1. 事前事后对比实验

事前事后对比实验是一种最简便的实验调查形式。采用这一方法的步骤是，实验前，我们先对市场中的实验对象的相关情况进行测量并收集必要的数据；然后，对市场中的实验对象进行现场实验，经过一段实验时间后，我们再测量以收集实验对象在实验过程中（或事后）的资料数据。通过对事前和事后数据的对比观察，了解实验的效果。

例如，某文化企业管理层认为目前文化产品 M 的包装太过陈旧影响了它的销售量，应该更换产品的包装，为此企业专门为它设计了新的包装。为检测新包装的效果以决定是否值得推广，该企业选择在商场 A、B、C 对产品 M 进行实验。实验人员先获取了产品 M 换包装的前一个月在商场 A、B、C 的销量（分别是 200 个、300 个、350 个，共计 850 个）；

之后又获取了产品换包装之后的一个月在商场 A、B、C 的销量（分别是 300 个、650 个和 450 个，共计 1400 个）。实验结果表明，改变包装后销量更大（增量为 550 个），这说明消费者对产品 M 的包装有所要求。但需要注意的是，产品 M 的销量受多种因素的影响，550 个的销售增量不一定全是改变包装引起的。

2. 控制组实验组对比实验

所谓控制组是指非实验单位（企业、市场），它是与实验组作对照比较的，又称对照组；实验组是指实验单位（企业、市场）。控制组同实验组对比实验，就是以实验单位的实验结果同非实验单位的情况进行比较而获取市场信息的一种实验调查方法。采用这种实验调查方法的优点在于实验组与控制组在同一时间内进行现场销售对比，不需要按时间顺序分为事前事后，这样可以排除由于实验时间不同而可能出现的外来变数影响。

3. 有控制组的事前事后对比实验

有控制组的事前事后对比实验是指控制组事前事后实验结果同实验组事前事后实验结果之间进行对比的一种实验调查方法。这种方法不同于单纯在同一个市场的事前事后对比实验，也不同于在同一时间的控制组同实验组的单纯事后对比实验。这一实验方法，是在同一时间周期内，在不同的企业、单位之间，选取控制组和实验组，并且对实验结果分别进行事前测量和事后测量，再进行事前事后对比。这一方法便实验的变数增多，有利于消除实验期间外来因素的影响，从而可以大大提高实验变数的准确性。

4. 随机对比实验

随机对比实验是指按随机抽样法选定实验单位所进行的实验调查。事前事后对比实验、控制组同实验组对比实验、有控制组的事前事后对比实验等三种方法，尽管它们的特点不同，但是在选择实验单位上都有一个共同点，即都是按照判断分析的方法选出的。在对调查对象的情况比较熟悉、实验单位数目不多的条件下，采取判断分析法选定实验单位，简便易行，也能够获得较好的调查效果。但是，当实验单位很多，市场情况十分复杂时，按主观的判断分析选定实验单位就比较困难。这时可以采用随机对比实验，即采用随机抽样法选定实验单位，使众多的实验单位都有被选中的可能性，从而保证实验结果的准确性。随机对比实验有多种形式，其做法与随机抽样相似，如单纯随机抽样、分层随机抽样、分群随机抽样等。采用何种形式选定实验单位，进行对比实验，必须从实际出发，根据具体条件和具体情况而定，以能够获得准确的实验效果为原则。

实验法举例：

情形：某文化企业想测试购买点陈列对文化产品销售的影响，公司考虑了两种真实实验设计。

1. 仅为后期测量控制组设计

基本设计：实验组为（R）、X、Q1。

控制组：（R）、Q2。

样本：对销售其商品的商店进行随机抽样，这些商店被随机分配给测试组和控制组，这些组被认为是相同的。

处理（X）：将购买点陈列置于实验组商店 1 个月。

测量（Q1，Q2）：在购买点陈列期间测试商店中公司品牌的实际销售量。

注释：因为商店随机分配到各组，因此测试组和控制组可视为相同。X 的处理影响的测量是 Q1，Q2。

2. 前后测量控制组设计

基本设计：实验组为（R）、M1、X、M2。

控制组：（R）、M3、M4。

样本：同上。

处理（X）：同上。

测量（M1—M4）：M1 和 M2 为实验组的前期测量和后期测量；M3 和 M4 是控制组的前期测量和后期测量。

注释：

（1）各组的随机性分配表明它们可视为相等。

（2）因为各组相等，因而它们受到的外来因素影响也相同，这一假设合理。

（3）对控制组前后测量之间的差异（M4—M3）提供了所有外来因素对两组影响的恰当估计值。在这些影响（M4—M3）的基础上，估计的处理影响是（M2—M1）—（M4—M3）。

——小卡尔·麦克丹尼尔，罗杰·盖茨.当代市场调研[M].李桂华，等译.北京：机械工业出版社，2011：205.

除了上述常用的实验方法以外，当开发新创意产品，选定创意产品的规格、款式、型号时，还使用一种小规模市场实验的方法。通过小规模市场实验、试销，听取购买客户和使用者的意见，了解他们的需求，从而获取市场信息。其基本步骤如下。第一，选定一个小规模的实验市场，它的条件、特性要与准备进入的市场有较强的相似性。第二，选定新产品或新设计的产品规格、款式、型号，在这个小规模市场上试验销售。第三，进行销售结果分析。根据结果决定是投产扩大规模，还是放弃新产品。这样，有助于提高决策的科学性，明确生产经营方向。

（二）实验法的优缺点

实验法的优点主要有以下四点。

第一，实验结果的客观性。通过实验取得的数据比较客观，有一定的可信度。

第二，实验方法具有主动性和可靠性。为了验证某种因素是否会产生某种结果时往往需要市场调查人员主动改变实验因素。

第三，实验法可以有控制地分析、观察某些市场现象之间是否存在着因果关系，以及相互影响程度。

第四，说服力较强。因为实验法是通过改变和控制某些因素而观察其发生的变化，这一结果可以排除因为其他因素而引致的问题。因此这一因果关系具有较强的说服力。

实验法的主要缺点有以下四点。

第一，实践中影响经济现象的因素很多，可能由于非实验因素不可控制，而在一定程度上影响着实验效果。因此，实验中要正确控制无关因素的影响，减少干扰，使实验接近真实状态。否则，将失去结果的可信度。

第二，实验法的运用时间较长并且费用较高。实验法所需的时间较长，并且由于实验中需要实际产品销售，因而费用也较高。

第三，需要寻找科学的实验场所。市场调查不能像自然科学一样在实验室中处理各种现象，而要在社会中寻找实验市场。

第四，实验过程不易控制，不易保密。

（三）实验法在创意消费市场中的应用范围

实验法是一种具有探索性、开拓性的调查方法，实验人员必须解放思想，有求实精神，敢于探索。实验调查法可以应用于创意商品品质改变、创意商品包装变换、创意商品价格的调整、推出新创意产品、创意商品广告形式内容变动、创意商品陈列变动等。

第四节 大数据的采集

一、大数据概述

大数据（big data）是高科技时代的产物。随着云时代的来临，特别是2012年以来，"大数据"一词越来越多地被人们提及，人们用它来描述和定义信息爆炸时代产生的海量数据，并命名与之相关的技术发展与创新。麦肯锡全球研究所将大数据定义为一种规模大到在获取、存储、管理、分析方面大大超出了传统数据库软件工具能力范围的数据集合。

某全球知名电子商务平台创办人曾在演讲中谈到，未来的时代将不是IT时代，而是DT的时代，DT就是数据科技，这表明大数据对企业发展来说举足轻重。

最早提出"大数据"时代到来的美国顶级咨询公司麦肯锡指出："数据，已经渗透到当今每一个行业和业务职能领域，成为重要的生产因素。人们对于海量数据的挖掘和运用，预示着新一波生产率增长和消费者盈余浪潮的到来。"

美国大数据研究机构Gartner Group指出，"大数据"是需要新处理模式才具备更强的决策力、洞察发现力和流程优化能力以适应海量、高增长率和多样化的信息资产。

大数据有以下四大显著特征。

（1）数据量大，大数据的起始计量单位至少是PB（1PB=1024TB）、EB（1 EB=1024PB）或ZB（1ZB=1024EB）。

（2）数据类型繁多，包括网络日志、音频、视频、图片、地理位置信息等等，多类型的数据对数据处理能力提出了更高的要求。

（3）数据价值密度相对较低。随着物联网的广泛应用，信息感知无处不在，信息海量，但价值密度较低。如何通过强大的机器算法更迅速地完成数据的价值"提纯"，是大数据时代亟待解决的难题。

（4）处理速度更快、时效性要求更高。这是大数据区分于传统数据挖掘最显著的特征。

> **创意消费大数据的商用工具**
>
> **Hiptype 电子书阅读分析工具**
>
> 通常，读者可以试读几乎所有的收费电子书的部分章节。但对出版商而言，他们更感兴趣的是：人们读到了哪里、读完后有没有购买，以及其他各种体验，从而卖出更多的电子书。
>
> 针对上述难题，Hiptype 公司开发了一套电子书阅读分析工具。Hiptype 自称为"面向电子书的 Google Analytics"，能够提供与电子书有关的丰富数据。它不仅能统计电子书的试读和购买次数，还能绘制出"读者图谱"，包括用户的年龄、收入和地理位置等。
>
> 此外，它还能告诉出版商读者在看完免费章节后是否进行了购买，有多少读者看完了整本书，以及读者平均看了多少页，读者最喜欢从哪个章节开始看，又在哪个章节半途而废等。
>
> **Cinematch 电影推荐系统**
>
> Netflix（NASDAQ: NFLX）美国奈飞公司，是一家会员订阅制的流媒体播放平台。Netflix 成功之处在于其强大的推荐系统 Cinematch。该系统将用户视频点播的基础数据如评分、播放、快进、时间、地点、终端等储存在数据库中后通过数据分析，计算出用户可能喜爱的影片，并为他提供定制化的推荐。为此他们开设了年度 Netflix 大奖（点击查看获奖算法），用百万美元悬赏，奖励能够将其电影推荐算法准确性提高至少 10%的人。

大数据为人们带来了三大观念上的转变。

（1）人们可以分析更多的数据，有时候甚至可以处理和某个特别现象相关的所有数据，而不是依赖于随机采样。

（2）对数据更高的精确性可使人们发现更多的细节。

（3）对数据的研究不再热衷于追求精确度、不再热衷于寻找因果关系，而是探寻事物之间的相关关系。

二、大数据采集方法

大数据采集常用的方法有数据库采集、系统日志采集、网络数据采集和感知设备数据采集。

（一）数据库采集

通常，企业会使用传统的关系型数据库 MySQL 和 Oracle 等来存储数据；随着大数据时代的到来，Redis、MongoDB 和 HBase 等 NoSQL 数据库也常用于数据的采集。

（二）系统日志采集

系统日志采集主要是收集企业业务平台日常产生的大量日志数据，供离线和在线的大数据分析系统使用。高可用性、高可靠性、可扩展性是日志收集系统所具有的基本特征。

（三）网络数据采集

网络数据采集是指通过网络爬虫或 API 等方式从网站上获取数据信息的过程。

网络爬虫是最常用的一种网络数据采集方式。网络爬虫又被称为网页蜘蛛，网络机器人，是一种按照一定规则，自动抓取万维网信息的程序或者脚本。另一些不常使用的名字还有蚂蚁、自动索引、模拟程序或者蠕虫。最常见的爬虫便是人们经常使用的搜索引擎，如百度、360 搜索等。此类爬虫统称为通用型爬虫，可以对所有的网页进行无条件采集。

API 又叫应用程序接口，是网站的管理者为了使用者方便而编写的一种程序接口。该类接口可以屏蔽网站底层复杂算法，仅仅通过简简单单调用即可实现对数据的请求功能。目前主流的社交媒体平台，如新浪微博、百度贴吧及 Facebook 等均提供 API 服务，可以在其官网开放平台上获取相关 DEMO。但是 API 技术毕竟受限于平台开发者，为了减小网站（平台）的负荷，一般平台均会对每天接口调用上限做限制。

（四）感知设备数据采集

感知设备数据采集是指通过传感器、摄像头和其他智能终端自动采集信号、图片或录像来获取数据。大数据智能感知系统需要实现对结构化、半结构化、非结构化的海量数据的智能化识别、定位、跟踪、接入、传输、信号转换、监控、初步处理和管理等，其关键技术包括针对大数据源的智能识别、感知、适配、传输、接入等。

三、数据采集工具及平台

常用的大数据采集工具及平台有 Chukwa、Elasticsearch、Flume、Scrapy 和 Scribe 等。

（一）Chukwa

Chukwa 是一个开源的、用于监控大型分布式系统的数据收集系统。它构建在 hadoop 的 hdfs 和 map/reduce 框架之上，继承了 hadoop 的可伸缩性和健壮性。另外，Chukwa 还包含了一个强大和灵活的工具集，可用于展示、监控和分析已收集的数据。

（二）Elasticsearch

Elasticsearch 是一个分布式、高扩展、高实时的搜索与数据分析引擎，可以用于搜索各种文档。它提供可扩展的搜索，具有接近实时的搜索，并支持多租户。Elasticsearch 是与名为 Logstash 的数据收集和日志解析引擎，以及名为 Kibana 的分析和可视化平台一起开发的。这三个产品被设计成一个集成解决方案即"Elastic Stack"（以前称为"ELK stack"）。

Elasticsearch 的实现原理是，首先用户将数据提交到 Elasticsearch 数据库中，再通过分词控制器去将对应的语句分词，将其权重和分词结果一并存入数据，当用户搜索数据时，再根据权重将结果排名，打分，再将返回结果呈现给用户。

（三）Flume

Flume 是 Cloudera 提供的一个高可用的、高可靠的、分布式的海量日志采集、聚合和传输的系统。Flume 支持在日志系统中定制各类数据发送方式，用于收集数据。

当前 Flume 有 Flume-og 和 Flume-ng 这两个版本：①Flume-og 采用了多 Master 的方式。为了保证配置数据的一致性，Flume 引入了 ZooKeeper，用于保存配置数据，ZooKeeper 本身可保证配置数据的一致性和高可用性。另外，在配置数据发生变化时，ZooKeeper 可以通知 Flume Master 节点，而 Flume Master 间使用 gossip 协议同步数据。②Flume-ng 最明显的改动就是取消了集中管理配置的 Master 和 Zookeeper，变为一个纯粹的传输工具。Flume-ng 另一个主要的不同点是读入数据和写出数据由不同的工作线程处理（称为 Runner）。

Flume 提供对数据进行简单处理，并具有协调各种数据接受方（可定制）的能力。Flume 提供了从 console（控制台）、RPC（Thrift-RPC）、text（文件）、tail（UNIX tail）、syslog（syslog 日志系统），支持 TCP 和 UDP 两种模式，exec（命令执行）等数据源上收集数据的能力。

（四）Scrapy

Scrapy 是适用于 Python 的一个快速、高层次的屏幕抓取和 Web 抓取框架，用于抓取 Web 站点并从页面中提取结构化的数据。

Scrapy 吸引人的地方在于它是一个框架，任何人都可以根据需求很方便地进行修改。Scrapy 提供了多种类型爬虫的基类，如 BaseSpider、sitemap 爬虫等，最新版本又提供了 Web2.0 爬虫的支持。

Scrapy 用途广泛，可以用于数据挖掘、监测和自动化测试。尽管 Scrapy 原本是通过设计进行网络抓取，但它也可以用于访问 API 来提取数据。

（五）Scribe

Scribe 是 Facebook 开源的日志收集系统，在 Facebook 内部已经得到了应用。它能够从不同数据源、不同机器上收集日志，然后将它们存储到一个中央存储系统（可以是 NFS，分布式文件系统等），以便进行集中统计分析处理。而当它采用 HDFS 作为中央系统时，可以进一步利用 Hadoop 进行数据处理。

复习思考题

1. 简述市场信息的类型及其获取方法。
2. 简述定性调研方法的基本类型及其范围。
3. 假如要对您家乡的文化产业现状进行调查，您认为采用哪些调查方法更合适些？为什么？
4. 设想一下，您准备访问一位知名的手工艺人李先生，主要想了解他创作作品的整个过程特别是创意产生的过程，您觉得选择什么调研方法会更合适一些，为什么？
5. 将本班分成 5 人一组的项目小组，每个小组选择一个不同的创意产品或服务的零售商店或展览厅。小组中 2 个成员准备 10~12 个要询问的问题，剩下的 3 个成员以神秘顾客身份进入零售商店或展览厅询问这些问题但不发生购物行为。询问结束后，每个小组结合他们的观察发现,向全班做总结汇报。

6. 请您尝试利用大数据采集工具持续收集国内近十年电影票房、导演和主要演员等相关数据。

7. 近年来,党和政府高度重视农村文化建设。"免费送戏下乡"就是一项全国各地方政府深入贯彻落实中共中央办公厅、国务院办公厅《关于进一步加强农村文化建设的意见》(中办发〔2005〕27号)精神的文化惠民的民生实事工程。它以满足人民群众需求为导向,极大地丰富了农民文化生活,传播了先进科学文化知识,宣传了党和国家的方针政策,培养了农民的健康文明生活方式,提高了广大农民群众的整体科学文化素质,促进和谐社会建设,对构建乡风文明的新农村具有重要意义。假如您家乡的政府部门要委托你利用所学知识调查这项文化惠民工程的实施效果,以便更有针对性建设这项利国利民的工程,你会采用哪些调查方法解决这一问题?

第三章　创意消费市场调研方案设计

学习目标
1. 了解创意消费市场调研方案的作用、基本类型。
2. 了解创意消费市场调研方案设计基本步骤。
3. 能够设计一份合格的创意消费市场调研方案。

开篇案例

我国戏剧历史悠久，除京剧外，还有众多地方戏，剧种繁多。据不完全统计，我国地方戏剧种类多达 360 多种，传统剧目更是有上万种。2021 年，我国京剧、昆曲及地方戏曲剧团 7963 个；从业人员 18.28 万人；国内演出场次为 67.44 万，国外演出场次为 0.12 万，其中农村演出场次为 49.23 万，国内演出观众人次为 33737.1 万，其中农村观众人次为 20824.26 万。然而从收入看，2021 年我国戏剧团全年收入为 10741121 千元，但财政补贴收入占比高达 80.35%[①]。

虽然目前我国各地戏剧团已经完成了转企改制，但财政补贴仍占我国剧团收入的一半多。因此，假如财政补贴逐渐减少，剧团在真正实行企业运营的情况下，要想在市场竞争中生存并持续发展，作为剧团管理人员很有必要了解当下观众的戏剧需求，以观众为导向开发并演出剧目，以及适当开发表演衍生文创产品。

某剧团是一家刚转制的采茶剧团，剧团除每年送戏下乡外，每个周三、周五和周日还在自己运营的剧院进行商业演出。因为这一地区有较浓厚的观戏氛围，因此剧团演出上座率比较高。为了提升剧团收入，剧团管理层希望开发演出衍生文创产品进行售卖。为了验证其是否可行，现拟委托第三方调研机构收集相关信息并形成演出衍生文创产品可行性调研报告。为了说服剧团将这个项目委托给你们公司，显然你们必须撰写一份符合剧团市场调研需求的调研方案。

那么，创意消费市场调研方案是什么？调研方案主要包括哪些内容？其设计基本流程是什么？如何评价一份调研方案？这些问题将会在本章进行讨论。

第一节　创意消费市场调研方案概述

一项完整的市场调研工作必定少不了出色的市场调研方案。在汉语词典中，"方案"一词被解释为完成某项工作的具体计划或为解决某一问题所制定的规划。调研方案的设计是整个调研工作的开始，对于调研工作的顺利开展十分重要。在创意消费市场调研方案的设计中，需要把已经确定的关于创意消费市场调研的问题转化成具体的调研内容，通过调

[①] 中华人民共和国文化和旅游部.中国文化文物和旅游统计年鉴 2022[M]. 北京:国家图书馆出版社,2022: 170-171.

研指标的方式表现出来。

一、调研方案设计的含义

调研方案设计是市场调研企业在深入了解客户调研需求的基础上，明确并根据调研目的和调研对象的性质，对调研工作总任务的各个方面进行整体设计，提出相应的调研实施方案，制定出合理的工作程序。市场调研企业只有对市场调研的各个环节进行统筹考虑和安排，才能保证调研工作有秩序、有步骤地顺利进行，减少调研误差，提高调研质量，从而达到调研目标。

创意消费市场调研的范围可大可小，但无论是大范围的调研，还是小规模的调研，都会涉及相互联系的各个方面和各个阶段。例如，对文化企业某一种类创意产品市场份额进行调研，就应将该企业这种产品的经营渠道、规格、款式、材质、质量、价格、服务、评价等方面作为一个整体，对各种相互区别又有密切联系的调研项目进行整体考虑，避免调研内容上出现重复和遗漏。

二、调研方案设计的作用

市场调研是一项复杂的、严肃的、技术性较强的工作。为了按时、高质地完成调研任务，就必须事先制订出一个科学、严密、可行的工作计划和组织措施，使所有参加调研工作的人员都依此执行。具体来讲，调研方案设计的作用有以下三点。

第一，调研方案设计是说服调研客户开展调研的敲门砖。调研方案是在充分理解调研客户调研需求的基础上撰写出来的即将开展的调研项目的整体想法，必须得到客户的认可，使客户相信实施这一调研方案可以满足其调研需求，否则无法展开后续调研。

第二，调研方案设计是市场调研从定性认识过渡到定量认识的开始阶段。虽然市场调研所搜集的许多资料都是定量资料，但是，任何调研工作都是先从对调研对象的定性认识开始的，没有定性认识，市场调研的组织者和实施者就不知道应该调研什么和怎样调研，也不知道要解决什么问题，以及如何解决问题。例如，要调研某创意企业在某地区的经营状况，市场调研的组织者和实施者就必须先对该企业经营活动过程的性质特点等有详细的了解，设计出相应的调研指标，以及搜集、整理调研资料的方法，然后再去实施该地区范围内的市场调研。

第三，调研方案设计在市场调研中起着统筹兼顾、统一协调的作用。现代市场调研可以说是一项复杂的系统工程，对于大规模的市场调研更是如此。市场调研组织者和实施者在调研中会遇到很多复杂的矛盾问题，其中许多问题是属于调研本身的问题，也有不少问题并非调研的技术性问题，而是与调研工作相关的其他问题。例如，按照抽样理论，抽样调查中样本量的确定可以根据允许误差程度大小计算出必要的抽样数目，但这个抽样数目是否可行，还要受到调研经费、调研时间等多方面条件的限制。因此，在市场调研中，一个好的调研方案设计起着统筹兼顾、统一协调的作用。

三、创意消费市场调研方案类型

根据调研性质，市场调研方案可以分为探索性调研、描述性调研和因果性调研三种类型。在实践中，设计哪一种调研方案类型取决于要实现的调研目标。

（一）探索性调研方案

探索性调研也叫试探性调研，是一种非正式的市场调研，是为了使调研问题更明确而进行的小规模调研活动。探索性研究的目的就是通过对一个问题（或情况）的探索和研究，以达到对这一问题的洞察和理解。通常，当研究者对开始进行的调研项目缺乏足够的了解时，探索性调研便有着重要的意义。这一调研类型主要用来发现问题，寻找机会，解决"可以做什么"的问题。因此，探索性调研很少采用设计调研问卷、大样本及概率抽样计划等研究方法，但这并不意味着探索性调研就不重要或很容易实施。当进行探索性研究时，要求研究人员要善于捕捉探索性研究所产生的新想法或者新线索，同时调研的重点应随着发现的新线索而做出必要的改变。在实践中，研究人员一般采用文案调查法、深度访谈法、观察法、焦点小组座谈会等方法来展开文献资料、抽象问题的具体化、新线索的发现，以及现象背后的动机等活动。

（二）描述性调研方案

描述性研究是一种正式的市场调研，是指在明确存在的调研问题后，为进一步研究问题的症结所在而进行事实资料的收集与整理，以了解有关这一问题的实际情况和影响因素的调研活动。进行描述性调研的假设是指调研人员对调研问题状况有非常多的了解，现在只是去验证这些具体的假设。

探索性调研和描述性调研的一个关键区别在于，描述性调研提前形成了具体的假设。这样，调研人员就非常清楚需要哪些信息。因此，描述性调研内容通常都是被提前设计和规划好的，它通常建立在大量有代表性的样本的基础上，它主要解决"是什么"的问题，比探索性调研更深入细致。描述性调研的方法主要是依托问卷采用电话调查法、入户访问法、街头拦截访问法、观察法获取数据。

（三）因果性调研方案

因果性研究也称为解释性调研，是指通过收集研究对象发展过程中的变化及其影响因素等资料，分析产生这些变化的原因与结果。因果性研究的目的是要获取有关起因和结果之间联系的证据，以便做出正确的决策。

因果性调研的内容主要涉及以下两个方面：第一，了解诸多影响因素中哪些变量是独立变量或自变量，哪些变量是因变量；第二，确定自变量与要预测的因变量间相互关系的性质。在实践中，决策者总是根据假设的因果关系不停地做出决策，这些假设可能不正确，必须通过正式的调研对它进行检验。因果关系调研的主要方法是实验法。

第二节　创意消费市场调研方案设计流程与基本内容

一、创意消费市场调研方案设计流程

设计一个完整的市场调研方案通常依次经过以下五个主要步骤，如图3-1所示。

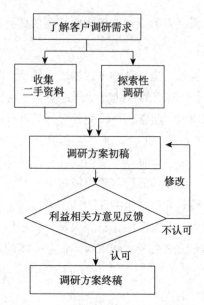

图 3-1 市场调研方案设计基本流程

步骤 1：了解客户调研需求。了解客户调研需求是撰写一份合格调研方案的基础和前提。方案撰写人员需要明确以下几点。

- 客户是否清楚知晓本次的调研目的与目标？在实践中，有的客户很清楚他们的调研目的是什么，要通过这次调研达到什么目标。但也有很多客户并不能很明确地阐述他们的调研目的和调研目标，此时，方案撰写人员需要和客户进行全面深入的交流，最终和客户达成这次调研目的和调研目标的共识，这样方案撰写人员才有可能撰写出令客户满意的调研方案。
- 本次调研是由谁提出来的，以及决策者是谁？在实践中，方案撰写人员需要知道本次调研项目是谁发起的，以及决策者是谁，从而评估本次调研项目签约的可行性程度。若调研项目发起人和决策者不是同一个人，调研需要得到决策者的同意，否则很可能会因为决策者不同意调研而使调研项目流产。
- 客户是否清楚本次调研报告的用途？调研报告用途越明确、具体，同等条件下，调研项目合同签约成功的可能性越大。
- 调研方案和调研报告的提交时间？在实践中，调研方案撰写人员要清楚知道调研方案提交的截止日期，否则会因为时间延误而错过机会。另外，调研方案人员也要明确调研报告终稿提交时间，才能在方案中对项目整个时间进度进行科学规划、合理调配可用资源，以及编制项目预算。

步骤 2：收集二手资料/探索性调研。在明确客户调研需求后，调研方案撰写人员需要围绕客户调研需求收集足够的二手资料并进行探索性调研，从而对即将展开的调研项目各个方面，如调研所用的营销理论、调研背景、当前市场发展态势、调研对象及场所、调研方法、调研成本组成、调研周期等特别是调研内容有一个较为详细的了解和认知，为下一步调研方案撰写做准备。

步骤 3：调研方案初稿撰写。根据客户的调研需求和调研目标，基于所收集的二手资料/探索性调研获取的资料进行研判,组织研究人员围绕客户的调研目的、调研目标及调研用途展开讨论,明确项目方案各个部分内容特别是调查哪些具体内容,之后由调研方案撰写人员在规定的时间内撰写合格的调研方案。

步骤4:利益相关方意见反馈。将调研方案提交给利益相关方,如方案撰写人员主管、研究经理/总监、企业财务人员、数据工程师、访问督导等,征求他们的意见,并将合理意见加以吸收修改调研方案,通过持续反馈并修改,形成调研方案终稿。

步骤5:调研方案终稿。在规定的时间将调研方案终稿提交给客户。

二、创意消费市场调研方案基本内容

调研方案基本内容由调研背景、调研目的、调研设计、调研内容、项目进度、项目预算,以及项目组成员等组成。

(一)调研背景

调研背景就是指市场调研的出发点,主要阐述是在什么环境下产生的调研项目,是新产生的问题还是过去就存在的未解决的问题。方案撰写人员需要厘清对调研项目的整体认识。例如,自己对本调研项目所处环境的解读;对本调研项目本身的一些看法和基本观点等。

一般情况下,此部分需要简明扼要阐述清楚以下三个问题。

(1)调研项目的市场大环境即是宏观环境,那些能够给企业带来市场营销机会和构成威胁的外部因素,主要包括自然环境、经济环境、人口环境、社会文化环境、科学技术环境和政治法律环境。

(2)市场调研工作客体所处的大环境。例如,当下行业态势、企业当前所处状态、社会公众对产品的态度,以及市场营销所处的状态等。

(3)目前需要解决的问题,以及展开本次调研的必要性和重要性。

(二)调研目的

明确调研目的是调研设计流程中的首要问题,是市场调研成功的关键。调研目的就是要明确通过调研要解决哪些问题,通过调研要取得什么样的资料及资料的用途。调研目的是判断调研方案设计是否科学合理,是否符合客户调研需求的标准。

只有明确了为什么要进行此次调研,才能确定本次调研的范围、内容和方法,否则就会列入一些无关紧要的调研内容,而漏掉一些重要的内容,无法满足调研的要求。

(三)调研设计

调研方案的设计是为了保证调研工作顺利进行的指导纲领,其主要内容有调研对象和调研单位、调研地点、调研方法等。

市场调研对象是根据调研目的确定的调研主体。调研单位是调研项目和指标的承担者或载体。调研对象所解决的是向谁调研的问题,调研单位所解决的是由谁来提供所需数据的问题。

调研地点是在哪里可以更方便快捷地接触并对调研单位进行调查。明确的调研地点可以节省项目执行成本,提高调研效率。

调研方法主要有观察法、焦点小组座谈法、深度访谈法、文案调查法等定性调研方法，以及电话调查法、入户访问法、街头拦截访问法、网络调查法、实验法等定量调研方法。当调研时，采用何种调研方法取决于调研对象和调研内容。为了准确、及时和全面地获取市场信息，可以采取多种调研方法相结合的方式。

（四）调研内容

调研内容是调查方案的重中之重。在调研方案的设计过程中，需要将已经确定的市场调研目的转变为具体的调研内容。调研内容是收集资料的依据，是为实现调研目的服务的，可根据市场调研的目的确定具体的调研内容。调研内容的基本要求包括以下三个方面。

（1）调研内容要全面、具体，条理清晰、简练，避免面面俱到、内容过多、过于烦琐，避免把与调研目的无关的内容列入其中。

（2）调研内容能够通过上述调研设计获得答案。

（3）调研内容之间尽可能相互关联，使取得的资料相互对照，以便了解现象发生变化的原因、条件和后果，检查答案的准确性。

（五）项目进度

项目进度的内容包括从方案设计到调研报告提交的各个工作阶段的开始时间和结束时间，以及各个阶段的责任人。设计项目进度的主要目的是使调研工作能够及时开展，按时按质完成项目。为保证调研报告时效性，在保证质量的前提下，项目各阶段的工作期限应适当缩短；各工作阶段的安排既要有紧张的节奏和合理的交叉，又要留足余地以应付可能发生的意外。

通常，一个市场调研项目主要有以下 10 个工作阶段：提交调研方案；合同签订；前期款项支付；问卷设计、测试、修改和定稿；调研前期准备；调研项目人员的挑选和培训；调研项目执行（如实施问卷调查）；编码及数据的计算机录入和统计分析；调研报告撰写；提交调研报告及口头汇报。

（六）项目预算

市场调研项目预算的多少通常应该根据调研的目的、调研的范围，以及调研的难易程度、调研的周期而定。在安排调研项目经费时，调研项目的组织者和实施者既要将所需的经费尽可能考虑得全面周到，同时也要尽可能将调研项目的预算使用在最恰当的调研活动中。

在具体分担各项调研活动的经费时，调研项目的组织者和实施者一般考虑以下方面的支出。

（1）调研方案的设计费与策划费。

（2）抽样调研费、座谈会费用、实验费用、观察费用。

（3）问卷设计费（包括测试费）、访问大纲/观察表设计费。

（4）问卷印刷、装订费。

（5）调研实施费用（包括调研人员劳务费、外地调研差旅费、被访者礼品费等）。

（6）数据录入费。

（7）数据分析费。

（8）调研报告撰写费。
（9）资料费、复印费等办公费用。
（10）管理费、税金等。

除了以上费用之外，一个完整、严格的调研项目经费预算还包括有关调研报告的架构、二手资料的收集，以及调研员的管理与培训等方面的费用支出。

（七）项目组成员

市场调研必须投入一定的资源，其中又以配备合适的项目成员最为重要。无论是从事市场调研的专职机构还是企业自主的市场调研，都需要配备调研领域的专业人员，但所配备的调研人员在职位设置及人员数量方面存在很大的差异。

市场调研人员的分工及有关职位设置一般可以分为调研总裁、调研总监、助理调研总监、项目经理、统计师、高级研究员、研究员、初级研究员、现场经理和现场督导等。

（1）调研总裁：全面负责公司的市场调研工作，是最高管理层成员，负责制定市场调研机构的总目标。

（2）调研总监：负责公司所有调研项目的制定与执行。

（3）助理调研总监：作为调研总监的行政助手，负责指导和监督其他调研人员的工作。

（4）项目经理：全面负责调研项目的设计、执行与管理。

（5）统计师：负责调研所需的实验设计、数据处理与分析。

（6）高级研究员：参与项目的制定并指导所承担项目的执行，常与初级分析师和其他人员一起进行制定调研设计和收集数据的工作，撰写最终调研报告。此外，还负责调研项目的进度和成本控制方面的工作。

（7）研究员：处理调研项目执行过程中的具体工作，负责问卷设计与测试，进行数据的初步分析。

（8）初级研究员：处理分配给自己的日常工作。例如，二手数据分析、问卷的编辑与编码以及简单的统计分析工作。

（9）现场经理：负责访问人员及其他现场工作人员的遴选、培训、监督和考核工作。

（10）现场督导：负责监督和指导有关的作业。比如实地资料收集、数据编辑和编码等，有时也参与编程和数据分析工作。

市场调研工作需要具有各种不同背景和技能的人员，由于有的职位需要管理从事其他方面工作的人员，所以往往要求其具有更多的知识和更高的能力，以便能很好地理解和解决所面临的问题。

第三节 创意消费市场调研方案设计基本要求与评价

一、创意消费市场调研方案设计基本要求

调研方案设计的基本要求：文字清楚，语句连贯，语义表达清楚，避免产生歧义；整体设计应该富有条理性、逻辑性和连贯性。

一般来讲，市场调研方案由标题、目录、研究背景、研究目的、研究内容、项目进度、

项目预算、项目组成员、注释及客户的特定要求这些部分组成，要能够反映本次市场调研工作的各个方面。各个部分的要求如下。

（1）调研方案的标题要简短、贴切、凝练、醒目，要具有概括性，让人一看就知道本次调研的重心。

（2）目录设计要符合逻辑顺序、要有条理。

（3）研究背景中简要表达出委托方和被委托方的背景，为什么要做这个市场调研。

（4）研究目的中逐条罗列出来本次调研想要达到的效果，想要怎么样解决目前问题等。

（5）研究内容同样也最好逐条罗列，简明扼要地概括出本次市场调研工作的主要内容。

（6）项目进度可以采用表格形式依据项目各个阶段起始时间先后顺序逐条列出；或者应用甘特图编制项目进度。

（7）当编制项目预算时需要对各个工作内容费用进行预算，有时要扼要地阐述该预算的理由。

（8）项目组成员部分一般可以采用项目组织架构图的形式清晰地展现出整个项目配备的人员及其相互之间的关系，之后分别简要介绍每个项目成员在本项目中承担的角色及职责，从业时间、过往参与的代表性项目特别是和本次调研密切相关的项目，业界评价等。

（9）方案之中不明确的地方应该添加注释。注释是在方案中对需要解释的词句加以说明，或是对调研方案中所引用的词句、观点注明来源出处。

（10）客户的特定要求。

二、创意消费市场调研方案评价

（一）调研方案评价的主要内容

当对复杂的文化经济现象进行调研时，所设计的调研方案通常不是唯一的，需要从多个调研方案中选取最优方案。同时，调研方案的设计也不是一次性完成的，而是需要经过必要的可行性研究，对方案进行修改。

可以从不同角度对调研方案质量进行评价，但在一般情况下，对调研方案进行评价应包括以下四个方面的内容。

（1）调研方案是否体现调研目的和要求。

（2）调研方案是否具有可操作性。

（3）调研方案是否科学和完整。

（4）调研方案是否能使调研质量高、效果好。

（二）调研方案评估的方法

对调研方案进行评估的方法很多，主要有逻辑分析法、经验判断法和试点调研法。

1. 逻辑分析法

逻辑分析法是利用事物的各种已知条件，根据事物之间内在的相互关系，对未知事物的结果进行推理判断的一种科学分析方法。逻辑分析法用于检查所设计的调研方案的部分内容是否符合逻辑和情理。例如，要调研某城市居民的文化消费结构，而设计的调研指标是城镇居民消费结构,按此设计所调研出的结果就无法满足调研的要求。其原因有二:一是城市居民包括城镇居民和农村居民,城市城镇居民只是城市居民中的一部分;二是文化消费结构包含于消费结构。又如,调查没有使用过小红书、快手等社交媒体消费者满意度等,都是有悖于情理的,也是缺乏实际意义的。逻辑分析法可对调研方案中的调研项目设计进行可行性研究,而无法对其他方面的设计进行判断。

2. 经验判断法

经验判断法是组织一些具有丰富调研经验的人员,对设计出的调研方案加以初步研究和判断,以说明方案的可行性。例如,对直播培训市场中的师资情况进行调研,就不宜用普查方式,而适合采用抽样调研;对于某一地方戏剧剧目创新情况进行调研,适宜采用深入访谈法。经验判断法能够节省人力和时间,在比较短的时间内做出结论。但是这种方法也有一定的局限性,主要是因为人的认识是有限的、有差异的,事物在不断地发生变化,各种主客观因素都会对人们判断的准确性产生影响。

3. 试点调研法

试点是整个调研方案可行性研究中的一个十分重要的步骤,对于大规模市场调研来讲尤为重要。试点的目的是使调研方案更加科学和完善,而不仅仅是收集资料。试点也是一种典型调研,是"解剖麻雀"。从认识的全过程看,试点是从认识到实践,再从实践到认识,兼备了认识过程的两个阶段。因此,试点具有实践性和创新性的显著特点。试点正是通过实践把客观现象反馈到认识主体,以便起到修改、补充、丰富、完善主体认识的作用。同时,通过试点,还可以为正式调研获取实践经验,并把人们对客观事物的了解推进到一个更高的阶段。

试点调研有两个任务。①对调研方案进行实地检验。调研方案的设计是否切合实际,还要通过试点进行实地检验。检查目标的制定是否恰当,调研指标设计是否正确,哪些需要增加,哪些需要减少,哪些说明和规定需要修改和补充。试点完成后,要分门别类地提出意见和建议,使制定的调研方案既科学合理,又解决实际问题。②作为实战前的演习,试点可以了解调研工作的安排是否合理,哪些是薄弱环节。

此外,试点调研应注意以下四个方面。①应建立一支精干有力的调研队伍。其成员应包括有关负责人、调研方案设计者和调研骨干,这是搞好试点工作的组织保证。②应选择适当的调研对象。要选择规模较小、代表性较强的试点单位。必要时可采取少数单位先试点,再扩大试点范围,最后全面铺开的做法。③应采取灵活的调研方式和方法。调研方式和方法可以多用几种,经过对比后,从中选择适合的方式和方法。④应做好试点的总结工作,即认真分析试点调研的结果,找出影响调研成败的主客观原因。不仅要善于发现问题,还要善于结合实际,来探求解决问题的方法,完善和充实原有的调研方案,使之更加科学和易于操作。

第四节 案例:W酒企业白酒文化资源产业化咨询项目方案

一、项目背景

随着一系列从紧的白酒产业政策的出台,白酒行业在经过"黄金十年"(2001—2012年)

的快速发展后,其市场环境已然发生变化,正在经历艰难的市场调整。在这一行业背景下,如何突破,以及怎样突破已成为众多白酒企业特别是高端白酒企业的当务之急。因此,对W酒企业而言,是消极被动面对,顺从白酒消费结构调整,仅仅改变营销策略固守"旧城池",还是积极主动迎接挑战,并利用自身"白酒文化资源"这一天然优势征战"新城池",进而使"新城池"与"旧城池"交相辉映,白酒文化消费与白酒产品消费相得益彰?答案显而易见!

二、项目意义

在白酒产业低迷的背景下,国家推进文化产业成为支柱性产业和四川省打造西部文化强省的政策背景,无疑为W酒企业向文化产业进军提供了千载难逢的机遇。

第一,有助于充分挖掘与利用W酒企业的文化资源,推动W酒企业文化资源向文化资本转换。

第二,有助于增强W酒企业的核心竞争力,特别是升级W酒企业酒类产品的文化价值。

第三,有助于优化集团业务组合,打造W酒企业新的企业增长点。

第四,有助于从国际视角重新审视和认识W酒企业文化资源,推动W酒企业的国际化发展。

但是,我们也应注意到,其他知名白酒类企业如泸州老窖、贵州茅台等同样在借力"白酒文化"发展其酒文化产业(其他酒类如葡萄酒、黄酒、啤酒等企业也是如此),它们势必成为我们的直接对手。因此,在未来激烈的竞争中,W酒企业公司要取得领导者地位必须明确其酒文化产业发展战略。

要设计出真正能够落地的酒文化产业发展战略,文化产业实践经验表明,当务之急是全面厘清酒文化资源现状,以及这些酒文化资源产业化的可行性,从而推动W酒企业从白酒生产企业向白酒文化企业转型发展。因此,科学、合理的酒文化资源产业化研究是文化产业发展规划的前提。

基于此,为推动W酒企业集团优化发展,促进文化旅游公司快速成长,有必要就W酒企业酒文化资源的开发和利用进行专题研究。

三、项目目的

文化资源是文化产业发展的源泉。文化资源的公共产品特性表明,文化资源可以为任何企业所使用。但经验又表明,并非每个企业都能够利用一切文化资源,企业只能利用可资本化的文化资源(文化资本)。这样,W酒企业白酒文化消费业务即白酒文化产业的有效推进之前有必要厘清白酒文化资源,以及W酒企业白酒文化资本的现状。为此,本项目将侧重W酒企业白酒文化资源产业化之前期调研,即W酒企业白酒文化资源产业化的可行性调研。

四、项目基本思路

××咨询服务公司将从白酒文化消费者,以及W酒企业角度分两步围绕W酒企业白酒文化资源产业化的可行性问题进行调研,见表3-1。①定性调研。主要采用座谈会法、观察法、文案调查法对白酒文化资源进行调研,目的在于系统梳理国内白酒文化资源、W酒企业白酒文化资本及白酒文化的市场需求。

②定量调研。在定性研究基础上，主要从白酒文化潜在消费者角度对白酒文化市场需求潜力进行调研，以及从W酒企业角度对其白酒文化产业化进行估算，为未来W酒企业白酒文化资源产业化的可行性提供更为精准的数据支撑。

表3-1 定性与定量调研设计

调研步骤	调研方法	对象	地区/场次/样本量
定性调研	座谈会法	白酒文化潜在消费者；W酒企业白酒文化消费业务部门人员	宜宾、内江、自贡、成都各1场
	观察法	国内典型主题文化消费案例国内白酒文化资源	北京、绍兴、青岛、武汉等地区酒类文化旅游地以及川、黔等白酒产地
	文案调查法	国内白酒文化资源相关资料	—
定量调研	问卷调查法	白酒文化潜在消费者	宜宾、内江、自贡、泸州、成都、重庆等地区
	问卷调查法	W酒企业白酒文化消费业务部门人员	核心人员参与

五、项目基本任务和工作内容

（一）基本任务

主要对W酒企业白酒文化资源进行系统研究，从而为W酒企业白酒文化资源产业化的可行性提供数据支撑。

（二）工作内容

（1）系统调研国内外酒文化资源及开发现状。

（2）集中调研W酒企业白酒文化资源及其开发现状，包括核心文化资源、紧密层文化资源和松散层文化资源。

（3）从文化价值角度深入分析W酒企业白酒文化资源的价值和市场认知，构建W酒企业酒文化资源的价值体系。

（4）构建W酒企业白酒文化资源产业化综合评价体系并进行定量评价，目的是从W酒企业角度测算其白酒文化资本的现状及潜力。

（5）调研探讨以某一主题文化资源为源泉的国内典型的文化消费项目（如张裕爱斐堡国际酒庄、上海迪士尼乐园等）并借鉴。

六、报告基本框架

基于上述工作内容，初步拟定本咨询报告的框架。本报告共由五部分组成，具体如下。

（一）国内外酒文化资源及开发现状分析

1. 国内酒文化资源及开发现状分析

国内酒文化资源及开发现状分析的主要内容包括：川、黔等白酒文化资源及开发现状；黄酒文化资源及开发现状（如浙江绍兴）；果酒文化资源及开发现状（如张裕、湖北木兰庄园）；啤酒文化资源及开发现状（如青岛）等。

2. 国外酒文化资源及开发现状分析

国外酒文化资源及开发现状分析的主要内容包括：国外酒文化资源现状；国外酒文化资源开发现状；国外典型区域酒文化资源及开发现状（如法国、澳大利亚）。

3. 国内典型酒文化产业项目探析

初步选定浙江绍兴黄酒、张裕爱斐堡国际酒庄、湖北木兰庄园、青岛纯生啤酒旅游项目等进行调研，之后总结经验和教训以供W酒企业酒文化消费项目借鉴。

（二）W酒企业白酒文化资源及其开发现状分析

1. W酒企业白酒文化资源分析

W酒企业白酒文化资源分析的主要内容包括：W酒企业的核心文化资源、紧密层文化资源和松散层文化资源。

2. W酒企业白酒文化资源开发现状分析

W酒企业白酒文化资源开发现状分析的主要内容包括：W酒企业的核心文化资源、紧密层文化资源和松散层文化资源的开发现状。

（三）W酒企业白酒文化资源的市场认知和价值评价分析

1. W酒企业白酒文化资源的市场认知

W酒企业白酒文化的市场认知的主要内容包括：从消费者角度分析W酒企业的核心文化资源、紧密层文化资源和松散层文化资源的市场认知，如知名度、美誉度、认同度等。

2. W酒企业白酒文化资源的价值评价

结合专家观点和消费者观点，围绕文化价值体系，对W酒企业的核心文化资源、紧密层文化资源和松散层文化资源进行价值评价。

（四）W酒企业白酒文化资源产业化评价

1. W酒企业白酒文化资源产业化评价体系构建

以我们的理论研究成果和项目经验为基础，综合专家观点，从文化资本角度，构建白酒文化资源产业化综合测评体系。

2. W酒企业白酒文化资源产业化的评价与分析

以白酒文化资源产业化测评体系为基础，基于文化资源向文化资本的转换，对W酒企业白酒文化资源产业化进行具体测评，分析和讨论W酒企业白酒文化资源产业化的可行性和拓展空间。

（五）建议

在上述调研的基础上，根据W酒企业白酒文化资源产业化的战略选择与实施路径提出合理的建议。

七、项目进度

咨询服务进度初步安排如下（具体时间由双方协商而定）。

第一阶段（从签订合同起1个月内）：完成定性调查和研究，形成系列书面资料。

第二阶段（从签订合同起2个月内）：完成定量调查和研究，形成系列调研报告。

第三阶段（从签订合同起 4 个月内）：总结提升，形成《W酒企业白酒文化资源产业化调研报告》。

八、项目团队

项目负责人：李忠先生，从事市场研究行业 6 年，熟悉不同公司的各种调研规范，对市场调研的运作有着丰富的经验，曾负责多个文化项目整体策划，在文化消费市场研究上有独到的见解。

项目总监：范森先生，本公司研究部经理，从事市场研究行业 10 年，曾先后在国内多家知名市场研究企业任研究部经理、拓展部经理、总经理助理，擅长各种行业的市场研究及培训，积累了丰富的服务行业发展规划的实操经验。

访问督导：郑晓丽女士（各地督导待定），5 年市场调查经验，熟悉市场调查的各种流程和调查方法，亲历过多个大型市场研究项目，擅长处理各种调查过程中的突发事件，曾荣获公司年度最佳督导奖 1 次。

统计师：罗飞先生，2 年市场研究经验，熟悉市场研究的各种流程和调查方法，熟练的计算机应用能力，为数据处理工作提供了良好的基础，工作认真细致，有丰富的项目数据处理经验。

研究员：华仁先生，7 年市场研究经验，熟悉各类市场调研载体的设计，有丰富的定性和定量调研报告撰写经验，曾荣获公司年度最佳研究员奖 2 次。

九、项目预算

本项目预算明细如表 3-2 所示。

表 3-2　项目预算明细表

序号	经费开支科目	经费预算		金额/万元
1	资料费	购买国内外资料		__
2	调研差旅费	四川和贵州等白酒产地，以及北京和上海等主题文化消费项目调研		__
3	问卷设计	消费者问卷　1 份		__
		W 酒企问卷　1 份		
4	数据收集	消费者：__元/份×1200 份		__
		W 酒企：__元		
5	数据处理			__
6	座谈会大纲	消费者座谈会　1 份		__
		W 酒企座谈会　1 份		
7	座谈会	消费者：__万元/场×4 场		__
		W 酒企：__万元/场		
8	科技绩效	工作绩效奖励 30%		__
9	印刷费	资料打印费、印刷耗材费等		__
10	管理费	按相关规定执行 5%		__
11	税费	按相关规定		__
12	其他	专家咨询费用		__
13	合计			

十、付款方式

1. 签订合同之日起一周内预付70%的项目费用。
2. 项目完成后一个星期内付清其余30%的费用。

复习思考题

1. 简答调研方案设计的作用。
2. 简述调研方案的基本内容。
3. 简述创意消费市场调研方案设计的基本要求与评价。
4. 我国东北地区有丰富的冰雪文化资源，各省均制定了系列支持本省冰雪文化旅游产业的政策，加上浓厚的冰雪文化消费氛围，极大地推动了这一地区冰雪文化旅游产业的快速发展。相关统计表明，东北地区滑雪场2018年有205家，占全国28.3%，其中黑龙江最多为124家，吉林和辽宁分别为43家和38家；2018年滑雪人次为478万人次（比上一年增加16.0%），占全国24.3%，其中黑龙江、吉林和辽宁分别为221万人次、184万人次和73万人次。《中国冰雪旅游发展报告（2020）》数据表明，黑龙江、吉林、辽宁冰雪休闲旅游人数实现年均15%左右的快速增长。2018—2019年冰雪季，黑龙江省共接待游客2044万余人次，按2018—2019年冰雪季我国冰雪旅游人均消费1734元计算，黑龙江省冰雪旅游消费收入就达354.43亿元。吉林省共接待游客8431.84万人次，实现旅游收入1698.08亿元，同比分别增长了16.08%和19.43%。辽宁省滑雪人次126万，参与冰上运动人次40万以上。黑龙江省某冰雪休闲旅游公司负责人近年来发现所经营的冰雪休闲度假村游客似乎在减少，因而想委托A咨询服务有限公司帮他们出谋划策。

问题：

（1）假如你是该咨询公司的一名刚入职的研究人员，为更好地设计高质量的调研方案，在设计调研方案前你应该做一些什么准备工作？若此时要用到调研方法，你会采用哪些调研方法，其用途是什么？

（2）请利用所学知识撰写一份符合客户调研需求的调研方案。

第四章 问卷设计

学习目标

1. 了解问卷的基本概念。
2. 熟悉问卷设计的基本步骤和问卷结构。
3. 了解问卷评估标准并能够评估问卷。
4. 能够设计一份合格的问卷。
5. 能够进行量表信度和效度分析。

开篇案例

李女士是一家国学馆的负责人,有十多年的从业经验。在和人们接触过程中,她发现越来越多的人喜欢读《大学》《中庸》《论语》《孟子》《诗经》等经典国学作品;由于古诗词在全国中小学语文课程中所占比重逐年增加,文言文在高考的比重也较高且呈增加态势,很多细心的家长希望孩子能够在平时积累国学知识。针对这种情况,考虑到绝大多数人很难坚持诵读国学,并且国学也需要解读,李女士打算利用每周六晚间组织对国学感兴趣的家长和孩子在国学馆进行熟读和品鉴国学活动。活动为半公益性质,采取会员制,初始会费100元/年,参加一次另缴10元。活动时间为每周六19:00—21:00;前1小时诵读国学,中间20分钟为休息时间并提供点心,后40分钟品鉴国学,品鉴主持人打算聘请这一领域的知名人士;要求至少一名家长和孩子共同参加活动,借此增进亲密的亲子关系。因为这种活动需要一定成本,所以,虽然这是一种看起来很好的创意,但是否可以"落地",李女士心里没有绝对把握。为此,李女士听从一位在咨询公司从业的朋友建议,自己通过设计问卷获取相关数据作为这一创意是否具有可行性的决策依据之一。

通过问卷获取所需的客观信息作为决策的依据是一种很好的想法,但其关键在于设计出一份符合调研目标的问卷,否则,最后可能会发现从问卷中获取的大多数数据都是多余的,这也是很多初学者常常遇到的。对于没有经验的问卷设计者,问卷设计过程及所设计的问卷可能会存在以下一些困惑或问题。

(1)不知道要设计多少个问题,总希望多多益善。
(2)不知道问卷的答案从哪里来,如何设计问题的答案。
(3)问卷所使用的文字让被访者产生误解。
(4)问卷问题带有诱导性词语。
(5)问卷有的问题看似一个,其实包含了两个问题,但答案只有一个。
(6)不知道如何设计问题答案,答案设计不科学,从而没有获取所需要的信息。
(7)问题排序不恰当。
……

除此之外,问卷的设计流程,以及如何判断一份问卷是否合格等,都将在本章进行讨论。

第一节　问卷概述

一、问卷的定义和目的

问卷是根据调查目的的需要而编制的一组问题的有序排列。问卷本身有时包含不同类型的量表，但又不等同于量表。调查问卷为市场研究提供事实依据。问卷上的信息是市场研究工作的基础，脱离了问卷中的信息而得出的研究结论是空洞的、没有事实依据的假设；问卷是联系被访者和市场研究的唯一工具；问卷是信息的唯一载体，没有了问卷也就失去了访问的成果。

在市场调研工作中，调查问卷的设计要贴合调研工作的主题。其中具体调查问卷设计应该达到以下四个目的。①问卷要从被访者那里获得可靠和有效（无偏和准确）的信息，这是调查问卷的主要功能。②问卷结构应当具有严密的逻辑以保证流畅地获得所需信息。为了获得与研究主题相匹配的信息，问卷的结构应该科学合理、富有逻辑，从而有利于结果数据的收集工作。③问卷需要一个标准格式，这个格式可以流畅地指导被访者/访问员在被调查期间能够准确记录自己/被访者的事实和意见。④问卷为数据处理和数据保护提供便利。问卷能够保护数据的原真性，必须谨慎地记录被访者的回答，对这些问卷进行备份，以便日后使用。

二、问卷的分类

根据问卷所采用的调查方法，可以将问卷分为街头访问问卷、邮寄问卷、电话问卷、入户访问问卷及网络调查问卷。街头访问问卷是采用街头访问调查方法由访问员面对面访问被访者以获取所需要的数据的问卷。邮寄问卷是将问卷邮寄给潜在被访者，由被访者自填问卷并在截止日期前回寄给调研企业的问卷。邮寄问卷需要较为详细的填写说明。电话问卷是由访问员通过打电话的方式对潜在被访者进行访问以获取数据的问卷。入户访问问卷是由访问员进入潜在被访者所在场所（一般为住处或办公场所）对被访者进行访问以获取数据的问卷。网络调查问卷是互联网时代经常使用的一种问卷，是目前主流的问卷类型，由被访者自己在网络平台（国内主要有问卷星、问卷网）上填写系列问题后提交问卷。上述各类问卷的特点如表4-1所示。

根据问卷形式和被访者回答问题的自由程度，可以将问卷分为开放问卷和封闭问卷。在封闭问卷中，若问卷当中的题目是全封闭问题，被访者只能从问卷设计者提供的答案中进行选择；若问卷当中的题目是半封闭问题，被访者可以从现有答案中选择，也可以回答不一样的答案。在开放问卷中，问卷设计者完全不提供问题的答案，由被访者根据自己的真实想法自由组织语言回答。当需要详细的信息时，一般采用开放问题，其位置取决于问卷各问题之间本身逻辑结构。开放问题通常用于通过深访、焦点小组座谈会的方式以获取定性数据，用于探索性调研。事实上，深访、焦点小组座谈会所要用到的访问大纲就是典型的开放问卷，里面的问题都是由被访者或参会人员回答。

表 4-1 不同调查方法的问卷特点

特　　点	街头访问问卷	邮寄问卷	电话问卷	入户访问问卷	网络调查问卷
访问环境	私密性差；环境嘈杂	私密性差	私密性好	私密性好；安静	私密性好
是否容易监督	是	否	是	否	否
灵活性	非常好	差	非常好	非常好	差
问卷复杂性	简单到复杂	简单到中等	简单	复杂	简单到复杂
与被访者融洽	高	很低	中	高	很低
访问员偏差	高	无	中	比较高	无
可视工具使用	好	较差	比较差	好	非常好
敏感性问题	一般	差	差	一般	非常好
问卷时长	短到长（一般上限为120分钟）	短到中等（最多30分钟）	短到中等（最多30分钟）	较长	短到中等（最多30分钟）
数据获取速度	立刻	较慢	立刻	立刻	较快（2~4周）
回答率	一般（30%~60%为合理）	差（15%~50%为合理）	好（50%~70%为合理）	差（15%~50%为合理）	变化（10%~50%为合理）
成本	高	稍高	低	很高	很低
使用封闭问题	一般	非常好	非常好	一般	非常好
使用开放问题	非常好	一般	差	非常好	很差

资料来源：尤克赛尔·伊金斯. 问卷设计[M]. 于洪彦, 译. 上海：格致出版社, 2018: 15.

在高度结构化的问卷中，大多数问题是封闭式的，但不排除开放问题的设计。当实际调研时，设计的问卷往往可能包含一个或多个开放问题。

访问大纲案例：A公司年画经营调研提纲

尊敬的×××：
您好！

我们是×××公司研究人员，目前正在对贵地年画企业经营情况进行调研，主要是用于××××，非常荣幸得到您的支持。

以下是我们此次调研的提纲。

（1）贵公司的发展历程简介。

（2）贵公司的主要年画产品类型及其定位。

（3）贵公司在创作时选用某些人物、景物、故事等作为年画创作素材的参考依据有哪些？是否会考虑消费者的文化背景和对产品的文化认同呢？如果会，主要从哪些渠道获取这些信息？

（4）贵公司在进行年画产品创新时主要受哪些因素的影响？最受哪个因素的影响？

（5）贵公司年画产品的生产流程和关键环节。

（6）贵公司在制作年画产品时用了哪些工艺生产技术？

（7）在确定年画产品的价格时主要考虑了哪些因素？考虑过年画所体现的文化价值吗？

（8）贵公司在生产年画产品时如何了解和细分年画产品的消费市场呢？

（9）贵公司的作品是通过哪些渠道销售出去？主要往哪些地方销售？

（10）购买年画作品的消费者有哪些？

（11）作为文化企业家，您在年画产品的价值链中承担的角色是什么？面临的主要冲突有哪些？

（12）请您谈一下与贵公司年画合作的上下游环节及其企业情况。比如，在生产"年画特色骨质瓷杯、盘"产品、年画晴雨伞、手绘年画布艺台布靠垫、手绘年画休闲体恤、手绘年画休闲包，以及手绘木制台式梳妆镜、刺绣年画时，具体的情况如何。

（13）贵公司年画产品的核心竞争力和盈利模式是什么？

（14）贵公司的主打产品有哪些？除了这些产品之外，还有哪些或正在策划的年画产品？

（15）是否介意介绍一下贵公司的人员基本情况，创作人员有多少个？他们的文化背景怎样？创作人员的文化背景对年画创作有哪些影响？

（16）本地环境对贵公司发展带来了哪些积极影响和不利制约，目前发展面临的主要挑战；政府对贵公司有哪些政策支持？

（17）请介绍一款贵公司的经典产品。

（18）请您介绍一下您个人的成长经历。

谢谢您的支持！

第二节　问卷的结构化和设计流程

一、问卷的基本结构

问卷基本结构依次由问卷封面、自我介绍或说明、配额部分说明、甄别部分、正文、背景资料和结束语构成。

（一）问卷封面

街头访问问卷、电话访问问卷、入户访问问卷一般都会设计一个封面，封面中的内容一般不跨页。问卷封面的内容主要包括问卷标题、访问问卷号、录入问卷号、审核人员签字、复核人员签字、抄码人员签字、编码人员签字、问卷录入人员签字、被访者信息（如姓名、性别、联系地址、联系方式）、访问员信息〔主要有抽样员姓名、抽样员编号、访问员姓名、访问员编号、访问开始时间、访问结束时间、访问时长、自我介绍或说明、隐私保护声明（若有必要）、配额栏（若有必要）〕及其他的信息，如例4-1所示。

例 4-1：问卷封面

本次调查属于自愿性调查		20210202 项目（街访问卷）	访问问卷号	
			录入问卷号	

一审	二审	复核	抄码	编码	一录	二录

被访者信息

被访者姓名		性别		区/县	
具体地址			邮政编码		
被访者手机号码					

访问员信息

抽样员姓名		抽样员编号	
访问员姓名		访问员编号	
访问开始时间	____时____分	访问日期	年　月　日
访问结束时间	____时____分	访问时长	____时____分

女士/先生：

　　您好！我是_____公司的访问员，我们正在进行一个关于文化消费行为的研究，我们将对您的回答绝对保密，希望能够得到支持和配合，这个访问大约需要 45 分钟。请问我可以和您谈一谈吗？

配额栏：

S6/S9 购买者属性	
资深人士（S6）	1
家庭用户（S9）	2

（二）自我介绍或说明

　　自我介绍或说明一般放在封面，是问卷对调研情况的说明部分（介绍）。一般包括：问候语、调研主题、调研组织、访问者身份、调研用途、访问请求，以及其他信息（如承诺对调研的保密性），如例 4-2 所示。

例 4-2：问卷自我介绍或说明

女士/先生：

　　您好！我是_____的访问员，我们正在进行一个文化产品开发的研究，以便更好地为您提供服务。我们将对您的回答绝对保密，希望能够得到您的支持和配合，这个访问大约需要 50 分钟。请问我可以和您谈一谈吗？

（三）配额部分说明

　　若调研方案对样本量有配额要求，则在调查中需要进行配额抽样调查，此时问卷需要增加配额部分，供现场督导及时掌握配额数量是否达到样本量的最低要求。为方便查阅，配额部分说明一般放在问卷封面，如例 4-3 所示。

例 4-3：配额，某调研方案要求学生、资深人士、家庭用户各 30 份

> 配额栏：
> 学生 ………………………………………………………1
> 资深人士 …………………………………………………2
> 家庭用户 …………………………………………………3

（四）甄别部分

甄别也称为过滤，它是对潜在的被访者进行过滤，筛选掉不需要的部分，以便获得满足调查条件的目标被访者并对他们进行调查。甄别的目的是确保被访者合格，能够作为该市场调查项目的代表，从而符合调查研究的需要。通过甄别，可以筛选掉与调查事项有直接关系的人，以达到避嫌和安全的目的；可以确定哪些人是合格的被调查者，哪些人不是。甄别部分依据调研方案的被访者条件而设计，如例 4-4 所示。

例 4-4：甄别部分
Q1. 请问您或您的家人、亲戚有没有在以下地方工作或从事以下工作的？（复选）

市场研究公司/广告公司	1	
媒体机构（电台/电视台/报纸/杂志）	2	终止访问
社情民意调查机构、咨询公司	3	
以上都没有	4	继续访问

（五）正文部分

正文部分是调查问卷的核心内容，主要由问题和答案组成。问题可以以封闭题、半封闭题及开放题的形式呈现（开放题无须提供答案）。其设计依据是调研方案的研究内容。

（六）背景资料部分

被访者背景资料题目通常放在问卷的最后，主要是有关被访者的一些个人特征，如性别、年龄、受教育程度、婚姻状况、个人收入等。被访者放在问卷的最后是因为这些问题对有些被访者来说是敏感性问题，若放在问卷最前面很可能造成问卷的响应率低。研究者可以根据背景资料对被访者进行分类比较分析。

（七）结束语

访问结束后，访问员要对被访者表示感谢。结束语可以写一些感谢的话语，如"感谢您接受我的访问，祝您生活愉快！工作顺利！"

二、问卷结构化的基本原则和方法

通常，问卷的题目呈现一定的逻辑，因此要将问卷各个问题按一定的逻辑关系进行排列，即将它结构化。问卷结构化的基本原则如下。①当问卷结构化时需要适应被访者的习惯而不是研究员或调研报告的写作顺序。基于此，要将限制性问题放在最前面，之后是一些适应性问题，这类问题被访者很容易回答；然后是过渡性问题，它们和调研目的有关，需要被访者稍加思索才能回答；随后是难于回答及复杂的问题，这类问题被访者需要思考后才能回答，往往是开放性问题；最后是分类和个人特征问题，被访者可能会拒绝回答这类问

题，但不会影响数据的有用性。②要适应访问员访问或被访者自填问卷的习惯，向后跳问。

可以通过画问题流程图来结构化问卷。流程图可以帮助问卷撰写人员清晰整个问卷的结构和逻辑关系，能够帮助撰写人员检查问题之间的逻辑性。

三、问卷结构化的主要逻辑

问卷结构化后的各问题之间的主要逻辑类型有续问、跳问、追问和先后顺序。

续问是被访者在回答本问题某个或某些答案选项后继续回答下一题，回答其他选项后终止访问或者跳问至其他问题，如例 4-5 所示。

例 4-5：

Q1. 在过去三个月内，请问您有没有参加过任何形式的市场研究呢？（单选）

有	1	终止访问
没有	2	继续访问

Q2. 请问您最近有没有购买博物馆文创产品的打算呢？（单选）

我目前正在各网络购物平台中选购	1	
我今天刚购买了博物馆文创产品	2	继续访问
我未来一个月内准备购买	3	
我可能会在一个月后购买	4	
今天以前我已购买了博物馆文创产品	5	终止访问
没有购买博物馆文创产品的打算	6	

在例 4-5 中，根据提示，若被访者在回答 Q1 时选"没有"，则继续访问，即访问下一题（Q2）；若选"有"，则终止访问。同样，若被访者在回答 Q2 时只要选了数字为"1、2、3"的答案任一选项，则继续访问，否则将"终止访问"。

跳问是被访者在回答本问题某个或某些答案选项后不是继续回答下一题，而是跳问至其他问题，如例 4-6 所示。

例 4-6：

Q11 请问有没有一些网络购物平台是您最不想逛的呢？（单选）

有	1	Q11a 请问您最不想去的网络购物平台是哪个？请记：_____
没有	2	跳问 Q13
不知道/不清楚	3	

Q12 请问您最不想去_____网络购物平台（读出 Q11a 的答案）的原因是什么呢？（复选）

质量没有保证	1
可供选择的品牌少	2
价格贵	3
平台信誉差	4
有的商户信誉差	5
配货物流慢	6
售后服务不好	7
其他（请记录_____）	8

例 4-6 中,根据提示,当被访者回答 Q11 时若选择答案"没有、不知道/不清楚"任一项,则跳问至 Q13,中间隔了 Q12,Q12 适用于当回答问题 Q11 时选择"有"选项的被访者。

追问是在被访者回答了某问题后访问员继续询问还有没有要补充的内容或答案选项,如例 4-6 和例 4-7 所示。

例 4-7:

Q1. 请问您知道在过去半年中,成都影院进行过哪些促销活动吗?还有呢?还有呢?请将您知道的尽可能详细地告诉我,您的描述越详细对我们的帮助越大。

_____

_____

_____

例 4-7 中,访问员要追问两次,即在被访者回答后,访问员再问"还有呢",这是第一次追问。被访者回答完毕后,访问员再第二次追问"还有呢"。访问员要把追问的回答分别填入第 2 条和第 3 条横线处,若追问时被访者回答"无"就记为"无"。

例 4-6 中,根据提示,被访者回答 Q11 时若选"有"时,访问员要追问"Q11a 请问您最不想去的网络购物平台是哪个?"

先后顺序是在问卷中相邻的问题不能随意调换,否则会破坏它们之间的内在逻辑。例 4-6 中,Q11a 和 Q12 不能调换位置,被访者回答完 Q11a 后访问员才能继续询问 Q12。

四、问卷的设计流程

问卷设计的基本流程依次是:问卷设计准备、问卷初稿设计、征求客户意见、问卷修改、试访、定稿、客户确认,以及问卷排版,如图 4-1 所示。

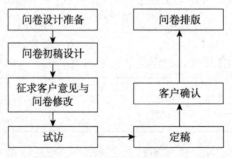

图 4-1　问卷设计的基本流程

步骤一:问卷设计准备。根据调研方案特别是调研内容以确定一些主题,通过对目标被访者进行深访或焦点小组座谈会,以及检索有关的文库,来获取所需要的信息,如现存问题、答案、量表等。

步骤二:问卷初稿设计。这一阶段主要是对调研方案中的研究内容问题化,研究内容问题化的本质是将营销或专业的语言用口语化的形式进行提问。比如,文化产品寿命、文化品牌知名度等专业术语需要转化成被访者能够理解的问题;之后将所有问题结构化,即按被访者及访问员的习惯而不是按研究报告的写作顺序安排问题的先后顺序;随后确定单道题目类型及设计答案；完成后由问卷设计人员对整体问卷进行测试以检查问卷的题目的必要性、调研内容是否全反映在问题上，并确定问卷的结构和题目，完成问卷初稿。

步骤三：征求客户意见与问卷修改。将设计好的问卷提交给客户，结合客户意见对问卷进行修改，直至客户满意。

步骤四：试访。选取符合条件的 20~50 名被访者进行调查，着重关注以下方面：确认哪些属于被访者无法回答的问题，以及被访者回答无差别的问题并对其进行删除；问题让被访者很难回答应对其进行修改；问卷的可读性和通顺性；被访者对问卷的可理解性；问卷的错别字；问题之间的逻辑是否明确，问题或答案的表述是否存在歧义，若 20%~40% 的被访者觉得有歧义，那么该表述就是一个严重的缺陷；问卷的可操作性和操作时间；问卷是否存在泄露客户信息，问卷的陷阱题目设计是否恰当；等等。

步骤五：定稿，结合试访中发现的问题对问卷进行修改直至符合问卷质量要求，若客户没有其他修改意见，则可以对问卷进行定稿。

问卷就像一种产品的生产线，访问员就像工人一样操作该生产线，生产出产品（收集的信息）。问卷的质量直接影响着产品（收集的信息）的好坏。因此，定稿问卷应该是能保证每一个被访者见到和听到的是一样的句子和问题，每个访问员的访问过程都是一样的，不会有歧义性；问题有必要，必须包含调研目标所需的全部信息；问卷不能太长；用可以理解的语言和适当的智力水平与被访者沟通，并得到回答；易于管理，访问员方便记录；方便编码和数据录入。

步骤六：客户确认。将问卷定稿递交给客户，获得客户签字认可。

步骤七：问卷排版。将客户确认的定稿问卷进行最后排版。

问卷排版的基本要求如下。

- ✓ 问卷要显得正规。
- ✓ 对自填问卷外观要精心设计以便吸引目标被访者回答。因此，要针对目标被访者的喜好设计问卷外观甚至问题答案。
- ✓ 避免杂乱。
- ✓ 可以用不同颜色印刷不同群体的问卷。这一点很重要，特别是当一个项目要同时对不同的群体或不同的调查方法使用不同的问卷时，可以避免混淆造成无效访问。
- ✓ 说明字体明显突出。
- ✓ 每个问题都要有题号。
- ✓ 开放题的空间要足够。
- ✓ 问题与答案尽可能放在同一页，同一题的答案不能断开放在两页。
- ✓ 每个答案都要有清楚的指示其记录位置，封闭题的每一个答案都要有对应的唯一编码，包括"其他""不清楚/不知道"等也要留好编号。

第三节 问卷问题及答案设计

一、问题的类型

根据问题回答的格式可将问题分为封闭问题和开放问题。

封闭问题的答案是有选择项。进一步地，若问题的答案选项是完整的，则为完全封闭题；若问题的答案选项是不完整的，可以添加的，或者答案是有限制，可预计的，则为半封闭题。

开放问题是指题目没有给定答案，全部由被访者用自己的语言回答，而不只是在访问员提供的、有限答案之中做出选择。

封闭题和开放题的优点和缺点如表 4-2 所示。

表 4-2　封闭题和开放题的优点和缺点

	封　闭　题	开　放　题
优点	□ 研究人员容易使用，被访者容易回答 □ 处理答案更加容易 □ 用于描述性研究和假设检验 □ 访问时被访者能够知道答案，而不是回忆从而能够清楚理解问题的含义 □ 答案能够事先编码，为数据收集和分析做好准备 □ 当回答选项事先确定时，可以进行答案的比较	□ 受访者可以用他们自己的语言来回答 □ 不用列出所有可能的答案 □ 在探索性研究中很有效 □ 研究者在所知很少的新领域进行探索非常有用 □ 可为封闭题找出答案 □ 用于回答选项不易获得的情况 □ 用于需要使用原始答案的报告
缺点	□ 受访者不能自由地回答问题 □ 提供的答案也许会诱导被访者 □ 构建轻松愉悦的访问气氛比较困难 □ 如果回答选项不合适会使被访者不快 □ 开发一个互相排斥的选项答案更加困难	□ 实施调研需要花费很多时间 □ 分析答案需要事后编码、因而需要花费很多时间 □ 分析比较困难 □ 被访者可能回答非常简短 □ 当被访者不允许录音或录音不太合适时，会出现记录合法性问题

资料来源：尤克赛尔·伊金斯. 问卷设计[M]. 于洪彦，译. 上海：格致出版社，2018：39.

案例：问题种类

[完全封闭题]

Q1. 请问您今年以来有没有去影院看过电影？（单选）

　　　　有……………………………1

　　　　没有…………………………2

[半封闭题]

Q2. 请问您认为什么样的影院是理想的影院呢？（多选，追问）

　　　　交通方便……………………1

　　　　影院停车位足………………2

　　　　足够的自助购票取票机……3

　　　　自助购货/取货机……………4

　　　　荧幕大………………………5

　　　　座椅舒服……………………6

　　　　服务人员热情且专业………7

　　　　其他（请记录）……………X

[开放题]

Q3. 除电影放映外，您希望影院可以为观影者提供哪些服务？请您从各个方面详细谈一谈。还有吗？即使是很小很小的服务也请您告诉我，您的答案越详细，对我们的帮助就越大。

根据所要获得的信息不同可以将问题分为行为问题、事实或知识问题、态度问题和分组问题[①]。

行为问题是为了获取个人或企业所做或所拥有的事实性信息，力图再现文化消费者如何感觉和如何行动。行为问题可以包括很多与文化消费行为有关的主题，如文化消费行为发生频率、发生时间、发生场所等。行为问题的答案依赖于被访者对某一具体文化消费行为的记忆。在编制行为问题时需要遵循三个原则：第一，问题要具体并且要有确切的可以记忆的时间。例如，在过去三个月内，您在影院看过几次电影？第二，询问的问题应当是被访者个人的文化消费行为问题，除非研究对象是儿童或组织。第三，若要询问一些敏感问题或个人信息，应采用间接方式。

事实或知识问题可以用于确定文化消费者关于某一特殊主体或主题的知识和认知信息，也可以是个人对其他人的信息。比如，当了解文化消费者的受教育水平、文化消费品内嵌文化元素或文化产品创新绩效时，可以采用这一类型问题。事实或知识问题可以采用数值度量或非数值度量，如图像、图形，或者其他实物作为辅助[②]。

态度是人们对他们所处理的客观现象的一种基本信念，有正向和负向之分。可以通过态度问题所获取的信息来揭示某一具体主题的信念、动机和行为意向。比如，在对游戏满意度评价、文化企业品牌评价、旅游景区总体评价等主题都可以用态度问题获取被访者信息。态度是人类行为的先行指标，相对于直接观察和评价文化消费者实际行为而言，通过态度问题更有助于深度理解文化消费者的行为。

分组问题主要用于获取个人或组织的人口统计特征的信息。一般来说，问卷需要设置分组问题，以便检验研究中的被访者或企业的分布情况，监督市场调查样本特征；通过与研究总体情况相比较以发现研究样本的有效性，以及对不同群体被访者（如男性和女性文化消费群体）的回答情况进行比较分析。根据调查实践，除非分组问题用于甄别被访者，一般这类问题最好放在问卷的末尾而不是开头（Oppenheim，1992），其原因在于这些问题很多是被访者不愿意回答，开始询问这些问题会造成拒访率增加。问卷中，常用的分组问题主要有性别、年龄、婚姻状况、收入、教育程度、民族、职业、家庭人口、民族、信仰等人口统计特征，以及行业类型、企业规模、市场份额、企业类型、公司所在地、企业收入等组织特征。

举例：

Q1. 您的性别：
○男　○女

Q2. 您的年龄：
○16～24岁

---

① Hague, P.. Questionnaire design[M]. London: Kogan Page, 1993.
② Sudman, S. and Bradburn, N.M.. Asking questions: a practical guide to questionnaire design[M]. London: Jossey-Bass, 1982.

○25~35 岁
○36~44 岁
○45~54 岁
○55~64 岁
○65 岁及以上
[注：年龄之所以从 16 岁为起点，是因为小于这个年龄的人不能作为被访者。]
或者是
Q2. 您的生日：☐☐☐☐年 ☐☐月 ☐☐日

Q3. 您的最高学历：
○初中及以下
○高中/职业中学/技校/中专
○大专
○本科
○研究生

Q4. 您目前的婚姻状况：
○未婚
○已婚
○离异
○分居
○丧偶
○其他（请记录：_____）

Q5. 2022 年，您的家庭所有成员的税前年就业收入和其他来源的税前收入大概是多少？_____万元

二、好问题的设计

好的问题是能够让被访者提供真实的、精确回答的问题[①]。一般而言，问题要尽可能简短，除此之外，好的问题一般要满足以下条件。

（1）好的问题不是"双重性"问题。所谓"双重性"问题是其形式上是一个问题但实际上是由两个问题组成，这样会让被访者不能准确地回答问题。例如，您觉得这个景区的交通便利和服务周到吗？这个问题实际上是一个"双重性"问题，即一个是景区"交通便利"的问题，另一个是景区"服务周到"的问题，需要将它拆解成两个独立的问题，这样才能获得准确的回答。

（2）好问题要聚焦并且清晰。例如，假如要调查被访者对某地区影院的具体选择，问法一是"您更喜欢哪家影院"，问法二是"您最可能选择哪家影院观看 3D 电影"，后一种问法更好。

（3）好问题所采用的词汇对被访者而言是通俗易懂的、熟悉的，一般忌用专业术语和

---

① 诺曼·布拉德伯恩，希摩·萨德曼，布莱恩·万辛克.问卷设计手册[M]. 重庆：重庆大学出版社，2018.

行话，若非要用则需要对其进行定义以便让被访者准确无误地理解。

（4）好的问题中没有模棱两可的意思或含糊的词语。以下这些词一般不用，如通常、经常、偶尔、许多、有点、很少、很多、几乎、大多数、绝大多数、少量、少许、很大比例、相当多、数目可观的、几个等。

（5）好问题不能有引导性的意思。例如，"难道您不认为影片《功夫》好看吗？"这个问题会引导被访者回答"好看"。

（6）好问题不具有偏见。例如，"为了国产影片更好的发展，您支持影院多放映国产影片吗？"这一问题具有偏见性，绝大多数被访者会选择"支持"，从而不能反映被访者真实想法。

（7）好问题应适用于所有调查对象。例如，"您最喜欢玩哪种类型的游戏？"这一问题显然并不适合所有被访者，因为并非所有人都玩游戏。

（8）好问题不受社会期许效应的影响。这类问题会引发被访者选择社会期许的答案。例如，"您赞同在线免费听歌曲吗？"这一问题极有可能都回答"赞同"。

（9）好问题的回答不需要被访者过度从记忆中提取信息，否则被访者的回答效度难以保证。例如，"在找自己第一份工作时您一共投了几份简历"就不是一个很好的问题，因为被访者在回答这一问题时需要大量的回忆信息，若时间久显然不能准确回忆起来。

（10）慎重设计敏感或令人尴尬的问题。人们一般不愿意在公共场合讨论私人事情或者回答被社会不接受的态度或行为，如性行为、偷盗、不诚信、违反伦理、违反法律等相关问题。面对这些问题，被访者要么拒绝回答，要么给出不真实想法或者社会期望的答案。当涉及敏感问题时，设计人员需要对这些问题进行改编或者将它们放在问卷末尾。若是面对面访问，访问员需要和被访者建立融洽的关系，这样可能使被访者不会拒绝回答或者避免给出不真实的想法。

三、答案的设计

问题设计出来后，若是封闭题，需要设计问题的答案。问卷的答案源于三个方面。

（1）基本生活常识。例如，在设计问题"请问您这次来影院观影时是乘坐哪种交通工具"的答案时，只要留意生活中可以乘坐哪些交通工具出行，就很快可以设计出这个问题常见的可能性答案，即"公交车、出租车、共享自行车/电动车、开车、步行，其他"，若被访者生活在有地铁的城市，需要加入"地铁"这一答案。

（2）专业常识转化为普通人可以接受的解释。

（3）前期探索性研究、资料汇总的总结提炼。

设计问题的答案时需要考虑以下三个方面的因素。

（1）被访者可能回答的数量。答案数量并非越多越好。若答案太多，后面的答案可能会被被访者忽视。因此，若答案太多，列出最常见的一些答案即可，其他可能答案可以让被访者自己回答。若是电话访问问卷，太多答案会让被访者听到后面答案可能忘记前面的答案，根据人的记忆规律，电话访问的问卷答案一般不超过7个。

（2）操作的难度。如果难度太大，可能会因为被访者随意回答而失去意义，或者被访者会拒绝回答。

（3）答案的测量尺度类型。测量尺度的质量和统计方法的选择范围从名义尺度、顺序尺度、等距尺度到等比尺度依次增加，从而使研究人员从中可以找到更有意义的答案。

答案设计的基本要求。①答案选项互相排斥且是有意义的。问卷的答案所表述的意思不能重叠，不能够基于不同的分类标准，否则答案选项所表达的信息不是互斥。例如：问题"您上个月的总收入是多少，我说的总收入是指包括工资、红利等在内的一切收入"的答案是（A）无收入；（B）2000元以下；（C）2000~3000元；（D）3000~4000元；（E）4000元以上。答案（C）和（D）就不是互斥的，因为两个答案都包括了3000元。此时，若被访者月总收入恰好是3000元，则会感到无所适从。答案要有意义，否则获取的信息也就没有任何意义，不能为调研目的服务。②答案要完整。封闭题答案选项要完整，若答案选项不能穷举，则可以列出常见的答案选项，最后加上答案选项"其他（请记录_____）"。需要注意的是，若被访者回答"其他（请记录_____）"答案选项，访问员应要求被访者给出具体答案，但被访者往往为了省事，很可能就不选该选项了。③答案不能答非所问。这一困境在回答开放题目时更容易出现，复核人员需要仔细复核被访者回答的内容。为此，在面对面访问或电话访问的培训时要特别提醒访问员注意这一问题从而避免出现这种情况。另外，有时封闭题也可能会出这种情况。④答案要有变化。若一个问题的答案没有变化，我们从中获取的信息就很少。例如，问题"您认为这本网络小说怎么样？（单选）"的答案选项是：（A）这是我看过最差的小说；（B）这部小说介于最差和最好之间；（C）这是我看过的最好的小说。由于绝大多数被访者都会选择（B），因此所得结果只能提供很少的信息。另外，设计答案选项时要能够灵敏地反映被访者之间的差异也取决于问题本身。比如，"您是否反对游乐场收取门票"这一问题其答案差异不大。⑤封闭题答案要预选赋码，从而提高问卷录入效率，编码一般采用数字。⑥答案选择规则要明确，即是单选、复选、不定项选择，还是限项。

四、测量尺度

被访者回答问题而形成的数据取决于测量尺度类型。测量尺度类型分为四种：名义尺度、顺序尺度、等距尺度和等比尺度。它们的测量能力依次增加，采用的统计分析方法种类依次增多。

（一）名义尺度

名义尺度是根据被访者性质差异而做出的辨别和区分，即答案的编码只是为了简单而方便地将调查对象分成不同的类别，不存在比较关系，没有大小、优劣之分，答案的编码本身没有任何含义。例如，"您最近一次是在哪里购买地方特色工艺品的（单选题）？"其答案选项有："□淘宝/天猫□京东□团购平台□官方网站□官方实体店□微商□旅游景区内商店□其他（请填写_____）"。我们将前7个答案分别编码为1、2、3、4、5、6、7，其他编码为8。这8个数值没有任何意义，我们只是为了简单而方便地将被访者分配在互不重叠的组。需要注意的是，在这类尺度中，各个答案选项相互排斥，相互之间不重叠。问卷撰写人员一般要尽可能列出所有被访者可能给出的答案。名义尺度所获取的数据只能提供频数分析、频率分析、求众数和部分相关分析等。

（二）顺序尺度

顺序尺度是测量被访者对类别之间不同程度的次序关系。顺序尺度可以事先确定标准，应用于那些纯粹用来对客体进行排序或对陈述进行排序的问题，如绩效、距离、竞争、规模、偏好、重要性等进行排序。举例如下。

请您对所列的地方特色文化产品或服务的喜欢程度进行排序(越喜欢的排在越前面)：[排序题，请在中括号内依次填入数字]*

[　]地方特色工艺品

[　]地方特色表演艺术

[　]地方文化旅游

[　]地方特色节庆

[　]特色文化展览

顺序尺度不仅能够区分被访者，还能够用等级顺序来区分被访者。因此，和名义尺度相比，顺序尺度答案能够提供更为详细的信息。顺序尺度所获取的数据有高低优劣之分，但不能随意排列、不能做加减乘除，可以采用中位数或加权平均数求平均值。

（三）等距尺度

等距尺度具有数量和等距的特征，但没有绝对零点。例如，温度计上每个温度都是相等的距离，但温度计没有绝对零点，因为尽管冰点是零，但不能说温度计上的零点根本没有热度。等距尺度所获取的数据除可以采用名义尺度和顺序尺度所获取数据的统计分析方法外，还可以做加减运算，但不能做乘除运算，此外还可以计算标准差、进行方差分析和回归分析等。

例如：

请对下列陈述的同意或不同意程度给出您的评分，在相应数字上画"○"。

	非常不同意	不同意	中立	同意	非常同意
我们企业的文化创意氛围浓厚	1	2	3	4	5
我们企业员工富有创新精神	1	2	3	4	5

（四）等比尺度

等比尺度是四个尺度中最能获取信息的尺度，它克服了等距尺度没有抽象零点的缺点，其零点是一个有意义的绝对零点。例如，若被访者的上月收入为 0 元，则表示该被访者没有收入。若被访者甲的上月收入是 5000 元，被访者乙的上月收入是 10000 元，说明被访者乙的收入比被访者甲的收入高，且是甲收入的 2 倍。等比尺度获取的数据可以使用各类统计分析方法，其测量能力最高。

需要注意的是，有的问题只能用名义尺度，如性别。而另一些问题可以用任意一种测量尺度答案选项来收集数据。例如，收入可以用名义尺度（低、高）、顺序尺度（低、中、高）、等距尺度（如增加 10%）或等比尺度（具体的收入数据）来收集数据。一般来说，在设计答案时，尽可能采用测量能力高的尺度来收集数据。

五、评分尺度

若被访者在一组连续的选项上表达他们的想法和意见,可以使用评分尺度解决这一问题。最常用的评分尺度是李克特量表、语义差异量表、斯坦普尔量表、固定总量量表和配对比较量表等。

(一)李克特量表

李克特量表是被访者对某一陈述表达同意程度的量表。李克特量表是一种等距尺度。原因在于每个答案选项的间隔距离相等。在实践中,一般采用5点量表或7点量表让被访者对某项陈述进行评分,数字越大,表示被访者越同意这种说法。

例:请根据您真实的想法对以下描述做出评判,在对应的选项上画"〇"。其中,1=完全不同意,5=完全同意,数字越大表示您越同意这个说法。

	非常不同意	不同意	中立	同意	非常同意
我会向亲朋好友推荐这部影片	1	2	3	4	5
我会给这部影片正面评价	1	2	3	4	5

(二)语义差异量表

语义差异量表是用于探索一个客体(如文化企业、文化产品、品牌、个人、想法、地点或事件)在被访者心目中的形象。该量表由两极形容词作为两端,中间的答案连续排列。要编制语义差异量表,需要选择一系列双向形容词或属性,如"好与差""安全与风险""便宜与昂贵"等。

例:请在下面各项中打钩,以描述您对该影片的印象。

平淡无奇	□□□□□□□□	引人入胜
无趣	□□□□□□□□	有趣

(三)斯坦普尔量表

斯坦普尔量表是语义差异量表的变体,可以同时测量文化消费者对客体(如品牌、个人的行为或想法)态度的方向和程度。该量表没有绝对的零点和两极形容词,而是将形容词放在量表的中间,然后在这个形容词的两边以一定范围(如-5~+5)依次排列数值答案。斯坦普尔量表通常用垂直的形式表示,正向得分越高,表示对客体的形容词越好。

例:请对下面描述故宫博物院淘宝旗舰店的这些形容词和短语表达您的意见。短语的正向数值表示描述商店的准确程度。若您认为这个词描述这个商店越准确则选择越大的正值,反之选负值。

+5	+5	+5
+4	+4	+4
+3	+3	+3
+2	+2	+2
+1	+1	+1

续表

产品多样	发货快	客服热情
-1	-1	-1
-2	-2	-2
-3	-3	-3
-4	-4	-4
-5	-5	-5

（四）固定总量量表

固定总量量表用于被访者将固定值（一般为10或100）在某个客体两个或两个以上属性间进行分配，以反映被访者对这些属性的相对偏好。

例：对您所选择的文化旅游景区来讲，请将100分在下面所列的景区属性上进行分配，以表明您认为它的各个属性的重要性。

交　通_____
门票价格_____
住　宿_____
服　务_____
景区环境_____
景　色_____

（五）配对比较量表

配对比较量表要求被访者按照一定的要求从一组的两个客体中选出其中一个。配对比较量表让被访者更容易选择，毕竟一组中客体越多越难选择；克服了顺序误差的问题。为避免被访者厌烦，被测客体的数量要尽可能地少。

第四节　问卷量表信度和效度分析

如果问卷涉及量表，预测试和正式问卷获取的数据使用前均需要进行信度分析和效度分析。预测试是指在初步设计问卷之后，收集小部分样本（通常50~100个），并且进行信度预测试和效度预测试，以提前发现量表中存在的问题并进行相应修改，得到正式问卷。非量表问卷因为是现状和事实情况调查，不需要进行信度分析和效度分析。

一、信度分析

信度是反映量表测量结果的一致性或稳定性指标。测量信度越高表示测量的结果越可信。

理论上，信度测量主要有以下四个衡量指标及方法。

（1）Cronbach α 系数：是最为常见的信度测量方法（SPSS AU 默认为此信度系数）。它用于检验问题之间的内在一致性情况，也就是多个题目是否测量了相同的内容或概念。

（2）折半信度：折半信度就是将所有量表题项分为两半，计算两部分各自的信度以及相关系数，进而估计整个量表的信度。判断标准可参考Cronbach α系数的衡量标准。此类分析方法较为少见。

（3）复本信度：复本信度是同样一组样本，一次性回答两份问卷。比如，同样一组学生连续做两份同样难度水平的试卷。然后通过计算两份样本相关系数，从而进行信度质量衡量，由于实际操作过程中有诸多客观条件限制，此类分析方法较为少见。

（4）重测信度：重测信度指同样的样本，在不同的时间点回答同样一份问卷，继而计算两份数据的相关系数，并且通过相关系数去衡量信度质量。重测信度可以评估时间差异带来的误差，但实际操作中有诸多不便，因而此类分析使用较少。

可以采用SPSS软件进行信度分析，获得Cronbach α系数。在SPSS输出的数据报告中会出现以下三个术语。① α系数（即Cronbach α系数，克隆巴赫系数，内部一致性系数），它是量表整体信度水平，其值一般大于0.7即可，有时达到0.6以上即可；若达到0.9，则比较理想。②项删除后的克隆巴赫系数，它是删除某题项后的信度系数，一般用于预测试。③校正的项总计相关性（CITC值），表示题项之间的相关关系。该统计指标一般用于预测试，通常其值应大于0.4。此时说明某题项与另外的题项之间有较高的相关性。

信度分析在SPSS中的操作步骤如下。

第1步：选择"分析"→选择"度量"→选择"可靠性分析"。

第2步：在弹出的"可靠性分析"对话框中将分析变量所包含的所有题项移入"项目"列表框，设置"统计量"选项（预测试时）→单击"确定"按钮。

如果是预测试，除输出总项数（假如是N项）的克隆巴赫系数外，还可以输出删除某一特定项后的总项数（此时为$N-1$项）的克隆巴赫系数，即"项删除后的克隆巴赫系数"和"CITC值"。

操作完成后，在SPSS数据报告中，要关注以下两个表格。

（1）"可靠性统计量"表格。若表格中的整体α系数值若大于0.7，则说明信度水平高。

（2）"项总计统计量"表格。在本表中，若题项相对应的"校正项的总计相关性"的数值若低于0.4或者"项已删除的α系数"高于整体α系数，那么可以考虑修正或删除该题项。

若问卷量表包含多个变量的测量题项，需要重复以上步骤，以分别检验这些变量量表的信度水平。

二、效度分析

效度即有效性，是衡量综合评价体系能否准确反映评价目的和要求，或者是指测量工具或手段能够准确测出所需测量的事物的程度。通常会关注以下效度类别。

（一）内容效度

内容效度是指一个测量能均匀测到所要测量内容领域的程度。内容效度分析可采用逻辑分析，可以聘请富有经验的实务人员或理论专家至少两人参与其中。分析前要提供相关构念（变量）的理论架构或向度，告知该工具的测量模型，即标准参照（强调构念的精熟度）或常模参照（强调题目的变异量）并清楚说明评审的三个要素，即题目的代表性（内容领域能充分反映概念的所有向度）；题目叙述的清晰性（题目的遣词用字明确、读者易懂）；题目内容领域的完整性（全部题目能反映所有的领域内涵）。

（二）区别效度

区别效度是指变量所代表的潜在特质与其他变量所代表的潜在特质间低度相关或有明显差异。除使用检验较烦琐的多质多法矩阵外，评估区别效度的方法还有以下 4 种（Ping，2005）。

（1）相关法。根据经验法则，若两个变量间的相关系数小于 0.7，则可视为具有区别性。

（2）因子分析。通过探索性因素分析，检查各变量内的指标是否出现跨因子的现象，即不仅每一测量题项要显著地落在单一因素上，还希望该因素载荷值大于 0.6，而且在其他因素上的每一测量题项的因素载荷值小于 0.3。

（3）AVE 方法（average variance extracted）。若各变量的平均方差萃取量（AVE）的平方根均大于这些变量间的相关系数，则认为这些变量间具有区别效度。AVE 的计算公式为：$AVE = \dfrac{\sum \lambda_i^2 \mathrm{Var}(X)}{\sum \lambda_i^2 \mathrm{Var}(X) + \sum \mathrm{Var}(e_i)}$。式中，$\lambda_i$ 指未标准化路径系数；$\mathrm{Var}(X)$ 指方差；$\mathrm{Var}(e_i)$ 指测量题项 i 的误差方差。

（4）SEM（structural equation model）途径。这一方法分析需要在 Amos 软件上操作。在 Amos 的操作中，求两个变量区别效度就是利用单群组生成两个模型，分别为未限制模型（潜在变量间的共变关系不加以限制，潜在变量间的共变参数为自由估计参数）和限制模型（潜在变量间的共变关系限制为 1，潜在变量的共变参数为固定参数），接着进行两个模型的卡方值差异比较，若卡方值差异量越大且达到显著性水平（$p < 0.05$），表示两个模型间有显著的不同，未限制模型的卡方值越小则表示潜在特质间相关性越低，其区别效度越高；相反，未限制模型的卡方值越大则表示潜在特质间相关性越高，其区别效度越低。卡方值差异量检验结果，若是限制模型与非限制模型之间卡方值差异量达到 0.05 显著水平，则说明这两组间具有较高的区别效度。

（三）收敛效度

收敛效度是指测量相同潜在特质的题项或测验会落在同一个因素构面上，且题项或测验间所测得的测量值之间具有高度的相关。各量表的收敛效度的评价标准主要是判别所有题项因子载荷是否介于 0.5～0.95 之间，且在 0.05 水平上是否通过了显著性检验，组合信度（CR）是否在 0.6 以上，以及平均方差萃取量（AVE）是否大于 0.5。

（四）建构效度

建构效度反映的是模型的好坏，常用模型配适度来判别。模型配适度越好，模型矩阵与样本矩阵的差值越小。根据 Jackson 等人所发表的文章可知，过去投稿的论文中常用的模型适配度指标主要包括以下几种：χ^2/df、平均误差近似值（RMSEA）、模型拟合度指数（GFI）、调整拟合度指数（AGFI）、比较拟合指数（CFI）、增值模型配适度（IFI）、塔克-刘易斯指数（TLI）等。

三、信度与效度之间的关系

测量量表要有信度才可能有效度,但高信度不一定有效度,但没有信度的量表一定没有效度。想象一下,我们在射击馆射箭。

情景1:我们射出的箭到处都是,有的落在目标靶各个环中,有的脱靶。这种情景相当于我们的测量量表既没有信度也没有效度。

情景2:我们射出的箭全脱离了目标靶心,但碰巧的是都射在旁边的靶心上。这种情景相当于量表具有很高的信度但不具备效度。

情景3:我们射出的箭全部命中了目标靶心,这是我们设计量表所追求的标准,此时相当于量表具有高信度和效度。

第五节 问卷案例

绵阳文化资源和特色文化产品调查

_____女士/先生:

您好,我是_____大学的研究生,现在正在做一个关于绵阳文化资源和特色文化产品方面的调查,我将对您的回答绝对保密,希望能够得到您的支持与配合,这个访问大约需要15分钟。请问我可以和您谈一谈吗?

[出示卡片1]

Q1. 请问您最常居住的地方是:(我所指的最常居住地是指一周至少居住五天的地方)

涪城区、游仙区	1	
江油市	2	
三台县	3	
安县	4	跳问 Q4
梓潼县	5	
平武县	6	
北川县	7	
盐亭县	8	
四川省内其他地区(请记录_____)	9	访问地点不在绵阳区域内,续问 Q2
四川省外其他地区(请记录_____)	0	访问地点在绵阳区域内,跳问 Q3

Q2. 请问您是否去过绵阳?(单选)

去过	1	
没去过	2	跳问 Q4

[出示卡片 2]

Q3. 请问您去（来）绵阳的原因是什么？（单选）

旅游	1
出差	2
走亲戚	3
读书	4
回老家	5
其他（请记录_____）	Y

Q4. 您外出旅游时是否会购买当地的产品？（单选）

会	1	
不会	2	跳问 Q6

[出示卡片 3]

Q5. 请问您购买过当地哪类产品？（可多选）

特色食品	1	与旅游景点密切相关的产品	4
民间手工艺品	2	与当地文化有关的产品	5
旅游纪念品（机器制作）	3	其他类型特色产品（请记录_____）	0

[出示卡片 4]

Q6. 绵阳有很多传说故事或神话，请问这些传说/神话您听说过吗（可多选）？

Q7. 在您所说的这些传说故事/神话中，您最喜欢的是哪一个？（单选）

传说故事/神话	Q6	Q7
大禹传说	1	1
羌戈大战传说	2	2
药王谷传说	3	3
卧龙洞传说	4	4
琵琶仙传说	5	5
姊妹桥传说	6	6
斩龙传说	7	7
龙生九子传说	8	8
哪吒闹海	9	9
鲁班开山	10	10
李调元父子传说	11	11
建文帝入川	12	12
其他	Y 请记录_____	Y 请记录_____
不知道/不清楚/没有/无	X（跳问 Q9）	X

[出示卡片 5]

Q8. 假设市场上有很多与____（访问员读出 Q7 答案）有关的产品，请问您想购买或想看的有哪些（Q8-1）？最想购买/看的呢（Q8-2）？还有呢（Q8-3）？

相 关 产 品	Q8-1 购买/想看（可多选）	Q8-2 最想购买/看（单选）	Q8-3 第二提及（单选）
手工艺品	1	1	1
旅游纪念品（机器制作）	2	2	2
雕塑	3	3	3
绘画	4	4	4
真人电影	5	5	5
动画电影	6	6	6
真人电视剧	7	7	7
动画电视剧	8	8	8
川剧	9	9	9
小品	10	10	10
杂技	11	11	11
音乐	12	12	12
游戏	13	13	13
图书	14	14	14
日常用品	15	15	15
其他	Y 请记录_____	Y 请记录_____	Y 请记录_____
不知道/不清楚/无	X	X	X

[出示卡片6]

Q9. 说到唐代诗人李白，您首先想到的是_____（Q9-1）（限写一个），其次是_____（Q9-2）（限写一个）。

与李白相关的东西	第一提及 Q9-1	第二提及 Q9-2
李白故居	1	1
李白纪念馆	2	2
江油	3	3
传奇故事	4	4
李白饮酒	5	5
李白的诗	6	6
李白的豪放洒脱样子	7	7
其他	Y 请记录_____	Y 请记录_____
不知道/不清楚	X	X

[出示卡片7]

Q10. 假设市场上有很多与李白有关的产品，请问您想购买或想看的有哪些（Q10-1）？最想购买/看的呢（Q10-2）？还有呢（Q10-3）？

相关产品	Q10-1 想购买/看（可多选）	Q10-2 最想购买/看（单选）	Q10-3 第二提及（单选）
手工艺品	1	1	1
旅游纪念品（机器制作）	2	2	2
雕塑	3	3	3
绘画	4	4	4
真人电影	5	5	5
动画电影	6	6	6
真人电视剧	7	7	7
动画电视剧	8	8	8
川剧	9	9	9
小品	10	10	10
杂技	11	11	11
音乐	12	12	12
游戏	13	13	13
图书	14	14	14
日常用品	15	15	15
与李白有关的景点	16	16	16
其他	Y 请记录_____	Y 请记录_____	Y 请记录_____
不知道/不清楚/无	X	X	X

[出示卡片8]

Q11. 说到文昌菩萨/文昌（帝君），您首先想到的是_____（Q11-1）（限写一个），其次是_____（Q11-2）（限写一个）。

与文昌菩萨/文昌（帝君）相关的东西	第一提及 Q11-1	第二提及 Q11-2
梓潼	1	1
西昌邛海传说	2	2
七曲山风景区	3	3
七曲山庙会/文昌庙会	4	4
祭祀活动	5	5
大新花灯表演	6	6
洞经音乐	7	7
打道筒/渔鼓/竹琴	8	8
梓潼阳戏/完阳戏/提老爷/唱花戏	9	9
文昌帝君（张亚子）传说	10	10
去庙里保佑学业成功	11	11
去庙里祈福	12	12
文昌祖庭年画	13	13
其他	Y 请记录_____	Y 请记录_____
不知道/不清楚	X	X

[出示卡片9]

Q12. 假设市场上有很多与文昌菩萨有关的产品,您想购买/看的有哪些(Q12-1)?最想购买/看的呢(Q12-2)?还有呢(Q12-3)?

相 关 产 品	Q12-1 想购买/看（可多选）	Q12-2 最想购买/看（单选）	Q12-3 第二提及（单选）
手工艺品	1	1	1
旅游纪念品（机器制作）	2	2	2
雕塑	3	3	3
绘画	4	4	4
真人电影	5	5	5
动画电影	6	6	6
真人电视剧	7	7	7
动画电视剧	8	8	8
川剧	9	9	9
小品	10	10	10
杂技	11	11	11
音乐	12	12	12
游戏	13	13	13
图书	14	14	14
日常用品	15	15	15
与文昌菩萨有关的景点	16	16	16
其他	Y 请记录_____	Y 请记录_____	Y 请记录_____
不知道/不清楚/无	X	X	X

[出示卡片10]

Q13. 说到大禹,您首先想到的是_____(Q13-1)(限写一个),其次是_____(Q13-2)(限写一个)。

与大禹相关的东西	第一提及 Q13-1	第二提及 Q13-2
绵阳北川	1	1
阿坝州汶川县	2	2
成都都江堰市	3	3
山西夏县	4	4
河南禹县	5	5
浙江会稽山禹陵	6	6
大禹纪念馆	7	7
大禹治水传说	8	8
大禹旅游纪念品	10	10
其他	Y 请记录_____	Y 请记录_____
不知道/不清楚	X	X

[出示卡片 11]

Q14. 假设市场上有很多与大禹有关的产品,您想购买或想看的有哪些(Q14-1)?最想购买/看的呢(Q14-2)?还有呢(Q14-3)?

相 关 产 品	Q14-1 想购买/看(可多选)	Q14-2 最想购买/看(单选)	Q14-3 第二提及(单选)
手工艺品	1	1	1
旅游纪念品(机器制作)	2	2	2
雕塑	3	3	3
绘画	4	4	4
真人电影	5	5	5
动画电影	6	6	6
真人电视剧	7	7	7
动画电视剧	8	8	8
川剧	9	9	9
小品	10	10	10
杂技	11	11	11
音乐	12	12	12
游戏	13	13	13
图书	14	14	14
日常用品	15	15	15
与大禹有关的景点	16	16	16
其他	Y 请记录_____	Y 请记录_____	Y 请记录_____
不知道/不清楚/无	X	X	X

[出示卡片 12]

Q15. 说到嫘祖,您首先想到的是_____(Q15-1)(限写一个),其次是_____(Q15-2)(限写一个)。

与嫘祖相关的东西	第一提及 Q15-1	第二提及 Q15-2
盐亭(县)	1	1
黄帝	2	2
公祭大典	3	3
嫘祖文化纪念馆	4	4
嫘祖传说	5	5
蚕神	6	6
先蚕节祭祀典礼	7	7
其他	Y 请记录_____	Y 请记录_____
不知道/不清楚	X	X

[出示卡片 13]

Q16. 假设市场上有很多与嫘祖有关的产品,您想购买或想看的有哪些(Q16-1)?最想购买/看的呢(Q16-2)?还有呢(Q16-3)?

相关产品	Q16-1 想购买/看（可多选）	Q16-2 最想购买/看（单选）	Q16-3 第二提及（单选）
手工艺品	1	1	1
旅游纪念品（机器制作）	2	2	2
雕塑	3	3	3
绘画	4	4	4
真人电影	5	5	5
动画电影	6	6	6
真人电视剧	7	7	7
动画电视剧	8	8	8
川剧	9	9	9
小品	10	10	10
杂技	11	11	11
音乐	12	12	12
游戏	13	13	13
图书	14	14	14
日常用品	15	15	15
与嫘祖相关的产品	16	16	16
其他	Y 请记录_____	Y 请记录_____	Y 请记录_____
不知道/不清楚/无	X	X	X

[出示卡片 14]

Q17. 说到绵阳三国蜀汉方面的东西，您首先想到的是_____（Q17-1）（限写一个），其次是_____（Q17-2）（限写一个）。

与三国蜀汉相关的东西	第一提及 Q17-1	第二提及 Q17-2
庞统祠墓	1	1
蒋琬祠墓	2	2
富乐山风景区	3	3
三国人物故事	4	4
刘备	6	6
诸葛亮	7	7
武侯祠	8	8
其他	Y 请记录_____	Y 请记录_____
不知道/不清楚	X	X

[出示卡片 15]

Q18. 假设市场上有很多与三国蜀汉有关的产品，您想购买/想看的有哪些（Q18-1）？最想购买/看的呢（Q18-2）？还有呢（Q18-3）？

相关产品	Q18-1 想购买/看（可多选）	Q18-2 最想购买/看（单选）	Q18-3 第二提及（单选）
手工艺品	1	1	1
旅游纪念品（机器制作）	2	2	2
雕塑	3	3	3
绘画	4	4	4
真人电影	5	5	5
动画电影	6	6	6
真人电视剧	7	7	7
动画电视剧	8	8	8
川剧	9	9	9
小品	10	10	10
杂技	11	11	11
音乐	12	12	12
游戏	13	13	13
图书	14	14	14
日常用品	15	15	15
与三国蜀汉相关的景点	16	16	16
其他	Y 请记录_____	Y 请记录_____	Y 请记录_____
不知道/不清楚/无	X	X	X

[出示卡片 16]

Q19. 说到绵阳的科技文化资源，您首先想到的是____（Q19-1）（限写一个），其次是____（Q19-2）（限一个）。

科技文化资源	第一提及 Q19-1	第二提及 Q19-2
两弹人物（邓稼先，王淦昌等）	1	1
两弹人物故事	2	2
科学家故事	3	3
两弹城/科学城/九院	4	4
中华科学家公园	5	5
长虹科技馆	6	6
绵阳科技馆	7	7
其他	Y 请记录_____	Y 请记录_____
不知道/不清楚	X	X

[出示卡片 17]

Q20. 假设市场上有很多与绵阳科技文化有关的产品，您想购买/看的有哪些（Q20-1）？最想购买/看的呢（Q20-2）？还有呢（Q20-3）？

相关产品	Q20-1 想购买/看（可多选）	Q20-2 最想购买/看（单选）	Q20-3 第二提及（单选）
手工艺品	1	1	1
旅游纪念品（机器制作）	2	2	2
雕塑	3	3	3
绘画	4	4	4
真人电影	5	5	5
动画电影	6	6	6
真人电视剧	7	7	7
动画电视剧	8	8	8
川剧	9	9	9
小品	10	10	10
杂技	11	11	11
音乐	12	12	12
游戏	13	13	13
图书	14	14	14
日常用品	15	15	15
与科技文化相关的景点	16	16	16
其他	Y 请记录_____	Y 请记录_____	Y 请记录_____
不知道/不清楚/无	X	X	X

[出示卡片 18]

Q21. 说到白马藏族，您首先想到的是_____（Q21-1）（限写一个），其次是_____（Q21-2）（限写一个）。

白马藏族文化资源	第一提及 Q21-1	第二提及 Q21-2
白马歌会	1	1
白马民歌	2	2
白马舞蹈（圆圆舞、曹盖舞、猫猫舞、大刀舞）	3	3
白马服饰	4	4
白马建筑	5	5
其他	Y 请记录_____	Y 请记录_____
不知道/不清楚	X	X

[出示卡片 19]

Q22. 假设市场上有很多与白马藏族有关的产品，您想购买/想看的有哪些（Q22-1）？最想购买/看的呢（Q22-2）？还有呢（Q22-3）？

相关产品	Q22-1 想购买/看（可多选）	Q22-2 最想购买/看（单选）	Q22-3 第二提及（单选）
民间手工艺品	1	1	1
旅游纪念品（机器制作）	2	2	2
雕塑	3	3	3
绘画	4	4	4

续表

相 关 产 品	Q22-1 想购买/看（可多选）	Q22-2 最想购买/看（单选）	Q22-3 第二提及（单选）
真人电影	5	5	5
动画电影	6	6	6
真人电视剧	7	7	7
动画电视剧	8	8	8
川剧	9	9	9
小品	10	10	10
杂技	11	11	11
音乐	12	12	12
游戏	13	13	13
图书	14	14	14
日常用品	15	15	15
白马藏族村落	16	16	16
白马藏族民俗	17	17	17
其他	Y 请记录_____	Y 请记录_____	Y 请记录_____
不知道/不清楚/无	X	X	X

[出示卡片 20]

Q23. 说到羌族，您首先想到的是_____（Q23-1）（限写一个），其次是_____（Q23-2）（限写一个）。

羌族文化资源	第一提及 Q23-1	第二提及 Q23-2
九黄山猿王洞景区	1	1
羌绣	2	2
水磨漆艺	3	3
羌族传统服饰	4	4
羌族建筑	5	5
羌族民间舞蹈	6	6
羌族民歌	7	7
北川羌族民俗博物馆	8	8
羌族农历新年	9	9
羌戈大战传说	10	10
其他	Y 请记录_____	Y 请记录_____
不知道/不清楚	X	X

[出示卡片 21]

Q24. 假设市场上有很多与羌族文化有关的产品，您想购买/看的有哪些（Q24-1）？最想购买/看的呢（Q24-2）？还有呢（Q24-3）？

相 关 产 品	Q24-1 想购买/看（可多选）	Q24-2 最想购买/看（单选）	Q24-3 第二提及（单选）
民间手工艺品	1	1	1
旅游纪念品（机器制作）	2	2	2
雕塑	3	3	3
绘画	4	4	4
真人电影	5	5	5
动画电影	6	6	6
真人电视剧	7	7	7
动画电视剧	8	8	8
川剧	9	9	9
小品	10	10	10
杂技	11	11	11
音乐	12	12	12
游戏	13	13	13
图书	14	14	14
日常用品	15	15	15
原生态羌族村落	16	16	16
羌族民俗	17	17	17
其他	Y 请记录_____	Y 请记录_____	Y 请记录_____
不知道/不清楚/无	X	X	X

Q25. 您是否购买过羌绣产品？（单选）

有	1
没有	2

Q26. 请问您____（访问员读出 Q25 答案）购买羌绣产品的原因是什么？还有呢？

_____

Q27. 请问您是否购买过水磨漆艺产品？（单选）

有	1
没有	2

Q28. 请问您____（访问员读出 Q27 答案）购买水磨漆艺产品的原因是什么？还有呢？

_____

[出示卡片 22]

Q29. 说到在绵阳出生或生活过的一些历史知名人物，您首先想到的是_____（Q29-1）（限写一个），其次是_____（Q29-2）（限写一个）。

与绵阳相关的历史名人		第一提及 Q29-1	第二提及 Q29-2
	李调元	1	1
	杜甫	2	2
	涪翁	3	3
	欧阳修	4	4
	沙汀	5	5
	文同	6	6
	司马相如	7	7
	苏轼	8	8
	海灯	9	9
	李毅	10	10
	其他	Y 请记录_____	Y 请记录_____
	不知道/不清楚	X	X

[出示卡片23]

Q30. ［访问员注意：本题为排序题］如果企业生产与这些文化资源有关的产品，您最想企业开发哪种文化资源？第二呢？第三呢？……请您排一下序。

李白	文昌菩萨	大禹	嫘祖	三国蜀汉	科技文化	羌族文化	白马藏族文化	李调元

最后，我想问您几个有关您和您家庭的问题，供资料分析用，希望您不要介意。

B1. 记录被访者性别：（单选）

男	1
女	2

[出示卡片24]

B2. 请问您的教育程度是：（单选）

初中或以下	1
高中/中专/职中/技校	2
大专	3
本科	4
硕士及以上	5
拒绝回答	9

[出示卡片25]

B3. 请问您的职业是：（单选）

个体户/私营业主	1
公司/工厂雇员	2
国家机关工作人员	3
大学院校/研究所工作人员	4
学生	5
家庭主妇	7
其他（请注明）_____	Y

[出示卡片26]

B4. 请问卡片上的哪一类最能代表您个人在过去一年内的平均月收入呢？我这里说的收入包括工资、奖金、补贴、分红等所有收入。（单选）

B5. 请问卡片上哪项最能代表您的家庭月总收入？这里所说的收入包括工资、奖金、补贴、分红等所有收入。（单选）

家庭月总收入	B4	B5
无收入	1	1
2000元以下	2	2
2000～2999元	3	3
3000～3999元	4	4
4000～4999元	5	5
5000～5999元	6	6
6000～6999元	7	7
7000～7999元	8	8
8000～8999元	9	9
9000元或以上	10	10
拒绝回答	X	X

B6. 请问您的实际年龄几岁？记录：_____岁。

复习思考题

1. 试比较不同调查方法问卷的异同。
2. 简述开放题和封闭题的优缺点。
3. 好问题的条件是什么？
4. 试论述信度分析和效度分析。
5. 尝试基于本书第三章复习思考题第4题你所设计的合格调研方案设计一份合格的街头定点街访问卷。

第五章　创意消费市场调研信息获取

学习目标

1. 了解常用的抽样方法。
2. 熟练应用常用的抽样方法。
3. 了解常用的网络问卷调查平台。
4. 了解并熟练应用街头拦截访问法进行问卷调查。

开篇案例

创意市集，又称时尚市场，起源于英国伦敦，最初是由一些年轻设计师、无名艺术家及热爱DIY的手工艺者所组成的作品交流集会，后逐渐发展成全世界民间创意作品买卖的聚集地。"创意市集"一词已成为一个国家或地区展现民间创意能力和创意价值审判的重要活动场所。创意市集最显著的特点是，不管你的职业是什么，只要你有创意作品就有机会在创意市集中展现和销售你的作品，把你的创意作品换成货币，从而实现中国创意产业之父厉无畏所说的"把创意做成生意，让智慧变成实惠"。[①]

近年来，我国中央和各地方政府都出台了系列政策支持和鼓励"夜经济"的发展。很多城市陆续出现了众多"创意市集"，它们已成为这些城市"夜经济"发展中的一道亮丽风景。创意市集的繁荣和发展需要众多热爱创意且想把创意转化成价值的创意阶层，也需要足够多的消费者。当然，这离不开创意市集管理人员高品质的服务。正因如此，位于某创意产业园区的民间工艺创意市集管理人员为提升其服务质量从而吸引更多的创意阶层和消费者，他们委托某市场调查执行公司进行市场调查，希望所选样本可以很好地代表众多民间工艺创意市集参与者的行为。

在调研成果汇报咨询会议上，项目委托方管理人员明先生、郑先生和肖女士提出了项目执行过程中的一些技术性问题，荣先生作为本次调查执行的项目总督导对这些问题进行了一一回应。

明先生对这次调查结果提出了质疑，原因是他和他的朋友没有接到这次参与调查的电话邀约或面对面的访问。

荣先生回应：样本来自两个方面：①手机号码完全是随机选取的，号码池由本城市四位号段（手机号码中间四位）手机号码构成，从而确保所有本城市的人们都有同等机会被选中；②调查人员在上个月每周六晚在创意市集举办时间段内，对在创意市集场所和周边

[①] 转引自无名. 把小创意做成大生意：创意市集的内涵与外延. https://www.baidu.com/link?url=sF5G_Im2wE8yKpPml_mX4Sc_jD3CbMdNdcr7j7sqvhsxuRyLT6_Ey8nBgfBVQcgCGVjboh9zrgGA-X-DiAtfPA0j2fX HrSzTLNFwXPtM9n_&wd=&eqid=c6df55510011657500000000664bc9113.

公共场所内的人员进行了随机访问。因为潜在被访者人数很多，没有被选中是很正常的事情，但若你或你的朋友上个月到过创意市集或周边公共场所，被选中的概率会很大。

郑先生提出：执行公司只调查了这么少的人，怎么能保证抽样结果的准确性？

荣先生回应：这完全有概率和统计学的相关原理支撑。就如同我们检测花炮之乡湖南浏阳、醴陵和江西上栗、万载这四个地区某一花炮企业花炮产品安全与质量如飞离地面高度是否合格，质检人员并不需要将该企业的花炮全部点燃，而只是需要随机抽取很少的样本就足够是一个道理。

肖女士提出：若以后还做创意市集方面的调查，是否可以选择性地打电话给她的搞创意的朋友。

荣先生回应：我们的调查必须是随机的，一旦我们把一些特定的人列入调查的样本，就会搞砸我们的调查结果。

除上述问题外，委托方还提出了在其他一些执行过程的其他技术性问题。他们关注的技术性问题将在本章进行阐述。

第一节 抽样技术

一、抽样的概念

总体是指符合研究人员兴趣并与所调查问题相关的个体（如人口、产品、企业）构成的特定群体。调查目标总体中每个个体的信息则称之为"普查"。普查会花费大量的时间和费用。因此，利用街头拦截访问、电话访问、网络调查、入户访问或邮寄访问等询问调研方法完成问卷以获取所需要的信息（数据）时通常会采用抽样调查。所谓抽样是指从一个较大的群组（总体）的一个子集（样本）中获得信息的过程。抽样的目的是从被抽取样本中得到的研究结果来估计和推断较大的总体特性。抽样是在市场调查时普遍采用的一种经济有效的工作方法和研究方法。抽样框则是一份总体单位的名单，样本单位从中抽取。

二、抽样误差与非抽样误差

统计误差是反映统计数据质量的重要指标。统计误差越大，准确性越低，统计数据质量越差；统计误差越小，准确性越高，统计数据质量越好。根据统计数据误差产生的原因，统计误差可分为抽样误差和非抽样误差[①]。

（一）抽样误差

抽样误差是当采用随机原则从总体中抽取部分个体组成样本研究总体时，样本估计值与总体真值之间的差异。抽样误差是由样本抽取随机性导致的，而不是调查错误的结果。只要采用抽样调查，抽样误差就不可避免。和其他市场调查一样，创意消费市场抽样调查的抽样误差一般应控制在5%以内，才能保证调查结果的可靠性。

调查方差是抽样误差的具体形式。以简单随机抽样为例，若从某个包含200户（总体

---

① 资料来源于 http://zjzd.stats.gov.cn/tz/dczs/tjbw/202212/t20221207_106638.shtml 和 小卡尔·麦克丹尼尔，罗杰·盖茨.当代市场调研[M]. 李桂华等，译. 北京：机械工业出版社，2011: 120-122.

记为 N）的村委会中采用不重复简单随机抽取 10 户（样本量记为 n）家庭估计该村家庭户均人口规模为 4.3 人，10 个样本家庭人口规模的方差（s^2）为 2.23 人。则该抽样调查的平均误差为

$$v(\bar{\theta}) = \frac{1-f}{n}s^2 = \frac{1-10/200}{10} \times 2.23 = 0.21（人）$$

（二）非抽样误差

非抽样误差是相对于抽样误差而言的，指除了抽样随机性以外，由于其他多种原因共同引起的调查结果与总体真值之间的差异。非抽样误差主要包括样本设计误差和测量误差。

1. 样本设计误差

样本设计误差是指因样本设计或抽样程序中的问题而产生的误差，包括抽样框误差、调查对象范围误差和抽选误差。

抽样框误差是由于使用了不完整或不准确的抽样框而产生的。例如，将某高校 2023 届毕业生手机号码作为抽样框，但由于部分学生手机号码的缺失或更改，导致无法将这部分学生列入抽样框中，但若这部分学生在某些重要方面存在系统化差异，那么只把有用的手机号码学生作为抽样框将使统计结果产生误差。

调查对象范围误差是由于研究对象总体或样本选择不正确的界定而引起的。比如，某调研方案中将收入 8000 元或以上的人界定为研究总体，但后来发现应该将收入 5000 元或以上的人作为总体。那么，如果那些未被包括进去的人在某些属性上存在系统化差异，统计结果将出现误差。

抽选误差是因不完整、不恰当的抽样程序或未恰当地执行正确的抽样程序而产生的。例如，以第八届深圳国际 IP 授权产业博览会参会企业参展负责人为样本框，但在访问时因某些企业门庭若市而认为这些企业参展负责人不会同意接受访谈而绕开了这些企业。假如这些企业和其他企业存在系统化差异，这种误差将会产生。

2. 测量误差

测量误差是指因寻找的信息（真实值）与测量过程实际获得的信息之间的差异而产生的误差，主要包括替代信息误差、访问员误差、测量工具误差、处理过程误差、拒访误差和回答误差。

替代信息误差是因实际所需的信息与访问员所收集的信息之间的差异而产生的。这种误差与调研设计的主要问题特别是不恰当定义问题有关。

访问员误差是因访问员有意识或无意识地影响被访者，从而使得被访者给出不真实或不准确的答案而产生的。访问员的着装、说话语气、口音、面部表情、肢体语言等都可能会影响或部分影响被访者的回答。此外，访问员故意欺骗，如伪造访问记录等更会产生这类误差。

测量工具误差（也称问卷偏差）是因测量工具或问卷方面的问题而产生的误差。比如，问卷出现了诱导性问题、双重问题、让被访者难以理解的专业性词汇、歧义性问题，等等。

处理过程误差主要是录入人员在录入调查信息时发生错误而产生的误差。为避免这种

情况发生，通常可由两个录入人员分别录入问卷。

拒访误差是因回答者与拒访者在某一方面存在系统化差异而产生的。显然，回答率越高，拒访的影响会越小。拒访误差发生的四种情况如下：①在特定时间无法联系到被访者；②联系到了被访者，但由于某种原因暂时他/她不能接受访问；③联系到了被访者，他/她愿意接受访问但中途退出访问；④联系到了被访者但他/她拒绝了访问。

回答误差是因被访者故意做出不真实回答或不能给出准确答案而引起的。

非抽样误差是各种误差因素综合作用的结果，一般可通过事后重复调查进行推算，以绝对误差或相对误差的偏差形式予以表现。当总体参数真值为 θ，统计调查值为 $\hat{\theta}$ 时，则绝对误差为 $\hat{\theta}-\theta$，相对误差是 $\frac{\hat{\theta}-\theta}{\theta}$。例如，人口普查中某普查小区调查登记的人口是1005人，在事后质量抽查中被抽中为复查点，经过重新调查登记核对，最终确定该普查小区人口为1000人。那么，该小区普查登记的人口统计数据的绝对误差是五人，相对误差是5‰。

因为上述两种误差的存在，使得通过调查获得的样本参数只能接近但不能完全等同于总体参数的样本指标。例如，估算某地区文化消费平均支出，由于不能调查这个地区每个人的文化消费支出，只能通过抽查一定数量的样本并根据样本得到文化消费平均支出（$\bar{X}$）而推算这个地区文化消费平均支出。样本文化消费平均支出与这个地区真实的文化消费平均支出（μ）的关系是：$\bar{X}=\mu+\varepsilon_1+\varepsilon_2$。其中，$\varepsilon_1$ 和 ε_2 分别代表抽样误差和非抽样误差。

对于抽样调查，重点是控制抽样误差，主要措施有以下两点。

（1）设计科学合理的抽样方法。全国大型抽样调查的抽样方法通常是简单随机抽样、分层抽样、整群抽样、系统抽样、多阶段抽样等多种方法的组合，确保从总体中抽取出有代表性的样本。

（2）适当增加样本量。在其他条件相同的情况下，样本量越大，抽样误差越小。不过，在确定样本量时，需要把调查成本考虑在内。

三、抽样方法

抽样方法有两大类：概率抽样和非概率抽样。

（一）概率抽样

概率抽样是指目标总体的每个抽样单位（即在目标总体中实际可用的个体）都有同等可能被选中的机会。在概率抽样中，调研人员要确保每个抽样单位无偏差，以及抽选的样本可代表既定目标总体。

概率抽样又可以进一步分成简单随机抽样、系统随机抽样、分层随机抽样及整群抽样。

1. 简单随机抽样

所谓简单随机抽样就是每个抽样单位被选中的概率相等且已知。简单随机抽样适合总体容量较小且抽样单位名录准确完整的情况。简单随机抽样的优点是：利用这种方法得到的调查结果可以在指定的误差范围内推断既定目标总体；能够得到对总体特征的无偏估计；能够确保每个抽样单位被抽中的机会相同且已知。其主要缺点在于难以获得目标总体中抽样单位准确完整的名录。

简单随机抽样又可进一步分成重复抽样和不重复抽样。在重复抽样中，每次抽中的单位仍放回总体，样本中的单位可能不止一次被抽中。在不重复抽样中，抽中的单位不再放回总体，样本中的单位只能抽中一次。市场调查采用不重复抽样。

简单随机抽样的具体做法有：直接抽选法、抽签法、随机数表法。①直接抽选法，即从总体中直接随机抽选样本。②抽签法是先将总体中的所有抽样单位进行编号（号码可以从 1 到 N），并把号码写在形状、大小相同的号签上，号签可以用小球、卡片、纸条等制作，然后将这些号签放在同一个箱子里，进行均匀搅拌。抽签时，每次从中抽出 1 个号签，连续抽取 X 次，就得到一个容量为 X 的样本。对抽样个体编号时，也可以利用已有的编号。例如，从全班学生中抽取样本时，可以利用学生的学号、座位号等。抽签法简便易行，当总体的个体数不多时，适宜采用这种方法。③随机数表法，即利用随机数表作为工具进行抽样。随机数表又称乱数表，是将 $1\sim N$ 的 N 个数字随机排列成表，以备查用。其特点是，无论横行、竖行或隔行都均无规律。因此，利用此表进行抽样，可保证随机原则的实现，并简化抽样工作。

2. 系统随机抽样

系统随机抽样也称等距抽样，先对目标总体的全部抽样单位按照一定顺序排列，采用简单随机抽样抽取第一个样本单元（或称为随机起点），再顺序抽取其余的样本单元。

抽样单元排序可按无关标志和有关标志进行操作。

（1）无关标志排序，即总体的抽样单位排列的顺序和所要研究的标志是无关的。比如，调查学生的文化消费水平，可按拼音排列的学生名单进行抽样。

（2）有关标志排序，即总体的抽样单位排列的顺序与所要研究的标志是有直接关系的。例如，过去一年中国影片票房在抽样调查时，可按照当年票房由低到高或由高到低的顺序进行抽样。这种按有关标志排队的等距抽样又称有序系统抽样，它能使标志值高低不同的单位均有可能选入样本，从而提高样本的代表性，减小抽样误差。一般认为有序系统抽样比等比例分层抽样能使样本更均匀地分布在总体中，抽样误差也更小。

在对总体的抽样单位进行排序后，再利用以下方法进行随机抽样。

（1）随机起点等距抽样。即在总体分成 k 段（$k=N/n$）的前提下，首先从第一段的 $1\sim k$ 号总体抽样单位中随机抽选一个样本单位，然后每隔 k 个单位抽取一个样本单位，直到抽足 n 个单位。这 n 个单位就构成了一个随机起点的等距样本。这种方法能够保证各个总体单位具有相同的概率被抽到，但是，如果随机起点单位处于每一段的低端或高端，就会导致往后的单位都会处于相应段的低端或高端，从而使抽样出现偏低或偏高的系统误差。

（2）半距起点等距随机抽样。这种方法又称为中点法抽取样本，它是在总体的第一段，以 $1,2,\cdots,k$ 号的中间项为起点，然后再每隔 k 个单位抽取一个样本单位，直到抽足 n 个样本单位。当总体是按有关标志的大小顺序排列时，采用中点法抽取样本，可提高整个样本对总体的代表性。

（3）随机起点对称等距抽样。这种方法是在总体第一段随机抽到第 i 个单位，而在第二段抽取第 $2k-f+1$ 的单位，在第三段抽取第 $2k+f$ 的单位，而在第四段抽取第 $4k-f+1$ 的单位……以此交替对称进行。可概括为：在总体奇数段抽取第 $jk+i$ 单位（$j=0,2,4,\cdots$）；

在总体偶数段抽取第 $jk-i+1$ 单位（$j=2,4,\cdots$）。这种抽样方法能使处于低端的样本单位与另一段处于高端的样本单位相互搭配，从而抵消或避免抽样中的系统误差。

（4）循环等距抽样。当 N 为有限总体而且不能被 n 所整除，亦即 k 不是一个整数时，可将总体各单位按顺序排成首尾相接的循环圆形，用 N/n 确定抽样间隔 k，k 可以取最接近的整数，然后在 $1\sim N$ 号中抽取一个整数作为随机起点 i，再沿圆圈按顺时针方向每隔 k 个单位抽取一个样本单位，直至抽满 n 个样本单位。例如，总体 $N=32$，样本量 $n=5$，则取 $k=6$，设随机起点 $i=4$，则应抽取的样本单位编号依次是 4，10，16，22，28。

在确保样本名录可获得性的前提下，系统随机抽样实施的便捷性使这一方法更有吸引力和更经济。但系统随机抽样最大的缺点是数据中所隐含的规律性可能会导致偏差产生。另外，抽样人员必须知道目标总体中抽样单位的数量。

3. 分层随机抽样

分层随机抽样，也叫类型抽样，就是将目标总体按某种属性特征（如按性别、年龄等）分成若干个不同的同质子群（即层），然后从各层中随机抽取样本，这些样本单位构成目标总体的样本，如图 5-1 所示。

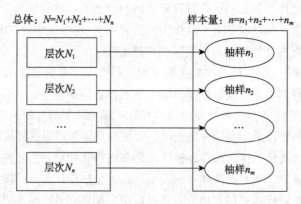

图 5-1 分层随机抽样

分层随机抽样的特点是：通过划类分层增大了各类型单位间的共同性，容易抽出具有代表性的调查样本。该方法适用于总体情况复杂，各抽样单位之间差异较大，抽样单位较多的情况。

分层随机抽样的难点在于各层样本数的确定方法，主要有以下三种方法。

（1）比例分层抽样法：各层样本数与该层总体数的比值相等。例如，样本大小 $n=50$，总体 $N=500$，则 $n/N=0.1$ 即为样本比例，每层均按这个比例确定该层样本数。

（2）奈曼法：各层应抽的样本数与该层总体数及其标准差的积成正比。

（3）非比例分层抽样法：从每层抽取的样本数量并不依赖于该层在目标总体中所占比例大小，而是依据该层在研究中的相对重要性来确定样本数量。

分层随机抽样的优点有：①能够确保样本的代表性；②可以研究每一层的样本，也可以比较各层；③能更准确地估计目标总体，并且误差更小。其最大的缺点是分层会产生偏差。此外，若分层所带来的结果没有任何意义，会造成时间和经费的浪费。

> 举例：
>
> 假设某中学有 100 个班级，每个班级都有 40 名学生，共有 4000 名学生。现在要抽取 400 名学生作为样本进行调查。采用分层随机抽样，可以从这 100 个班级随机抽取 4 名学生，这 400 名学生就构成了调查样本。

4. 整群抽样

整群抽样类似分层抽样，两者不同之处在于，整群抽样是将抽样单位分为相互独立且完备的子集，即群。在群确定后，在既定的群内可以采用不同的抽样方法。当某个总体是由若干个有着自然界限和区分的子群（或类别、层次）组成，且不同子群相互之间差异很大但每个子群内部的差异不大时，则适合于分层随机抽样；反之，当不同子群之间差别不大，而每个子群内部的异质性比较大时，适合于采用整群抽样的方法。例如，地区抽样是比较常用的整群抽样，它是按地理特征如城市、街道、社区等来划分的。

整群抽样的优点是其性价比较高，且实施较便捷，其一个问题是群内部的同质性，因为同质性越高，样本估计的准确性越差。另一个问题就是分群的依据是否合适，当目标总体保持不变时，抽样单位在各群之间的划分会因为分群依据不同而发生变化。

> 举例：
>
> 假设某中学有 100 个班级，每个班级都有 40 名学生，共有 4000 名学生。现在要抽取 400 名学生作为样本进行调查。采用整群抽样，可以从中随机抽取 10 个班级，这 10 个班级共 400 名学生就构成了调查样本。

（二）非概率抽样

非概率抽样是指从总体中非随机地选择特定的样本单位。非概率抽样的优点是：非概率抽样比概率抽样费用低；非概率抽样的实施时间比概率抽样少；合理运用非概率抽样可以产生极具代表性的、合理的抽样结果。其缺点是：调研人员不知道抽中的单位所具有的代表性程度；不能估算出抽样误差；其抽样的结果不能也不应该推及总体。

非概率抽样可以划分为便利抽样、配额抽样、判断抽样和滚雪球抽样四种方式。

1. 便利抽样

便利抽样是在调查过程中由调查员基于便利因素而自行确定样本的抽样行为。例如，在商场、步行街等人流量比较大的场所实施调查时，经常使用这种抽样方法。便利抽样很难评价样本的代表性，其获取的数据对既定的目标总体不具有推广性。

2. 配额抽样

配额抽样也称"定额抽样"，是根据人口统计特征（如性别、年龄、受教育水平、收入等）、特定态度（如满意/不满意）或者特定行为（轻度文化消费者/重度文化消费者）的预定配额选择目标调查对象的抽样方法。配额调查的目的是确保所期望的总体子群具有代表性。

配额抽样的主要优点是样本所包含的子群符合调研人员的预期比例，降低了现场访问人员的选择偏差；其缺点是研究的成功与否取决于研究人员的主观决策，并且同样面临样本是否具有代表性这一问题。

3. 判断抽样

判断抽样是指研究人员依据自己判断，挑选那些最适于该项研究目的的人来调查。比如，如果研究人员想了解文化消费者的需求是否改变，应该访问有经验的销售代表而不是文化消费者。

判断抽样多应用于总体小而内部差异大的情况，以及在总体边界无法确定或因研究者的时间与人力、物力有限时采用。

判断抽样结果受研究人员的倾向性影响大，一旦主观判断存在偏差，则很容易引起抽样偏差；如果研究人员的判断正确，则这种方法生成的样本会比便利抽样样本更具有代表性。同样，判断抽样的结果不能直接对总体进行推断。

4. 滚雪球抽样

滚雪球抽样是通过找到一组被访者，让其帮助调查人员找到更多的人来参与调查的抽样方法。通常，调查人员需要从所认识的人当中去访问几个符合调研条件的被访者，并依靠他们去寻找其他合格的人，然后访问这些人，之后又让这些人去找其他人以访问更多的人。如此往复，持续增加访问人数，直至达到所需的样本数。滚雪球抽样适应于群体容量小、难以接触的人（如高端文化产品消费者、电影爱好者、明星粉丝、网红等）的研究。在定性研究中，也时常会利用这种方法进行深度访谈或者寻找焦点小组座谈会候选人。

滚雪球抽样有很大的选择性偏见风险，因为大多数被引荐的个体与推荐他们的个体具有共同的特征，对目标总体的推断有限。

第二节　样本容量的确定

一、概率抽样的样本容量

利用概率抽样方法时，影响样本容量大小的因素主要包括以下三点。

（1）总体方差。测量总体分布的分散程度。方差变化越大，所需要的样本容量越大。

（2）估计的置信水平。置信是指真值的估计值落在所选择的精度范围内的可能性。期望的置信水平越高，所需要的样本容量越大。通常，会选择90%或者95%的置信水平，特别是后者。

（3）估计目标总体所需要的精度。所谓精度是指样本估计所能够接受的误差量。所需要样本量的精度越高，期望的误差越小，所需要的样本容量越大。

样本容量的确定可以通过统计理论推导的公式计算或者根据经验法则来确定，但不管哪种方法，样本容量大小要能够保证样本的精度和一致性。

当要估计总体均值时，样本容量的计算公式为

$$n = (Z^2)\left(\frac{\sigma_\mu^2}{\varepsilon^2}\right)$$

其中，Z 为标准误差的置信水平；σ_μ 为根据先验信息得到的总体标准差 σ 的估计值；ε 为可接受的误差容忍水平（以百分点的形式表示）。

当要估计总体比例时，样本容量的计算公式为

$$n = (Z^2)\left(\frac{P \times Q}{\varepsilon^2}\right)$$

其中，Z 为标准误差的置信水平；P 为根据直觉或先验信息对具有期望特征的预期总体比例的估计；$Q = -[1-P]$；ε 为可接受的误差容忍水平（以百分点的形式表示）。

在文化消费者调研中，若目标总体容量低于 500，可以考虑普查。根据相关理论，若要满足 95% 的置信水平和 ±5% 的抽样误差，样本容量至少要 384 个。表 5-1 呈现了样本容量与总体、置信水平与抽样误差相对应的关系。可以根据该表确定所需要的样本容量。

表 5-1 所需样本量

样本数量	置信度 = 95% 误差范围				置信度 = 99% 误差范围			
	5.0%	3.5%	2.5%	1.0%	5.0%	3.5%	2.5%	1.0%
10	10	10	10	10	10	10	10	10
20	19	20	20	20	19	20	20	20
30	28	29	29	30	29	29	30	30
50	44	47	48	50	47	48	49	50
75	63	69	72	74	67	71	73	75
100	80	89	94	99	87	93	96	99
150	108	126	137	148	122	135	142	149
200	132	160	177	196	154	174	186	198
250	152	190	215	244	182	211	229	246
300	169	217	251	291	207	246	270	295
400	196	265	318	384	250	309	348	391
500	217	306	377	475	285	365	421	485
600	234	340	432	565	315	416	490	579
700	248	370	481	653	341	462	554	672
800	260	396	526	739	363	503	615	763
1000	278	440	606	906	399	575	727	943
1200	291	474	674	1067	427	636	827	1119
1500	306	515	759	1297	460	712	959	1376
2000	322	563	869	1655	498	808	1141	1785
2500	333	597	952	1984	524	879	1288	2173
3500	346	641	1068	2565	558	977	1510	2890
5000	357	678	1176	3288	586	1066	1734	3842
7500	365	710	1275	4211	610	1147	1960	5165

续表

样本数量	置信度=95% 误差范围				置信度=99% 误差范围			
	5.0%	3.5%	2.5%	1.0%	5.0%	3.5%	2.5%	1.0%
10000	370	727	1332	4899	622	1193	2098	6239
25000	378	760	1448	6939	646	1285	2399	9972
50000	381	772	1491	8056	655	1318	2520	12455
75000	382	776	1506	8514	658	1330	2563	13583
100000	383	778	1513	8762	659	1336	2585	14227
250000	383	782	1527	9248	662	1347	2626	15555
500000	384	783	1532	9423	663	1350	2640	16055
1000000	384	783	1534	9512	663	1352	2647	16317
2500000	384	784	1536	9567	663	1353	2651	16478
10000000	384	784	1536	9594	663	1354	2653	16560
100000000	384	784	1537	9603	663	1354	2654	16584
300000000	384	784	1537	9603	663	1354	2654	16586

资料来源：http://www.research-advisors.com/tools/SampleSize.htm.

诚然，样本容量越大，其抽样误差越小。样本容量大小和账务密切相关，随着样本容量的增加，其抽样成本呈线性递增（因为通常问卷单价固定），但抽样误差以样本容量增速的平方根的速度递减。

在实际市场调查过程中，很多客户会根据经验法则要求样本容量为200、400、500或其他特定量。但作为研究人员，若客户要求的容量不能满足调研目标，有责任建议客户增加样本容量。比如，在做不同性别间电影剧情类型喜好的比较分析时，男性和女性样本容量必须均达到统计分析的最低要求，否则数据报告的结果仅供参考，没有统计上的意义。

二、非概率抽样的样本容量

非概率抽样的样本容量不能通过公式来确定，一般根据过往的研究、行业标准或可用的资源数量由研究人员主观、直觉判断。无论采用哪一种方法，抽样结果均不能被用于对真实总体参数进行的统计推断。

在调查实践过程中，样本容量的确定往往会考虑预算，并参照过往同类研究的样本容量。有研究人员认为，子群的容量要100个，也有人认为50个就可以，还有些人认为若做统计分析，最小子群容量达到30个即可。

第三节 抽样设计步骤

设计一个合理的抽样方案能够确保调研人员按时按质完成数据收集。设计一个规范的抽样方案包括以下步骤：确定目标总体、选择数据收集方法、选择抽样框、选择合适的抽样方法、确定样本容量、制定执行步骤，以及实施操作计划。

第1步：确定目标总体。

为了获得准确、可靠的数据以满足研究的需要，调研人员的首要任务是确定被访者人群。调研人员要以调研目的和研究问题为指导确定目标的总体特征。通常情况下，为了确保目标总体包括哪些人，重要的是将不符合目标总体人群特征的人排除在外。在调查中，经常在问卷开始部分就可以设计甄别问题以达到这一目的。下面给出了一系列简单的甄别问题。

尊敬的女士/先生：

您好！我是_____（调研机构名称）的访问员。我们正在进行个人手机游戏消费情况的调查。本次调查为匿名调查，我可以问您几个问题吗？

第一部分 甄别部分

[出示卡片1]
Q1. 请问您或您的家人、亲戚有没有在以下地方工作？（多选）
市场研究公司/广告公司..........................1　　终止访问
媒体机构（电台/电视台/报纸/杂志）.........2　　终止访问
游戏研发公司/游戏代理公司....................3　　终止访问
以上都没有...9　　继续访问

Q2. 在过去3个月，您接受过关于任何产品或广告的访问吗？（单选）
是......1　　终止访问
否......2　　继续访问

Q3. 过去1个月内，您是否玩过游戏吗？（单选）
是......1　　继续访问
否......2　　终止访问

[出示卡片2]
Q4. 过去1个月内，您玩过下列哪些类型的游戏？（可多选）
手机游戏.........1
电脑游戏.........2
电视游戏.........3
街机游戏.........4
其他游戏.........5
[访问员注意：如果选1，则继续访问，若没有选1，则终止访问]

第2步：选择数据收集方法。

选择数据收集方法是根据调研目的、数据要求选择从总体中收集数据的方法，如深访、街头访问、电话访问、观察法等。

第3步：选择抽样框。

所谓抽样框，是指总体的数据目录或抽样单位的名单，从中可以抽出样本单位。理想的情况是，有一份完整而准确的名单，但实际上似乎不太可能。抽样框中的名单要有样本单位的联系方式。抽样名录的来源多种多样，如企业内部数据库消费者名录（现在网上购物必须有购买者的手机号码），随机数字拨号，商店/网店/企业会员名单，等等。

第4步：选择合适的抽样方法。

调研人员根据研究目的、经费预算、时间限制、对目标总体的了解，研究问题的性质，以及统计分析需要选择概率抽样还是非概率抽样。需要注意的是，和非概率抽样相比，概率抽样能够提供更加准确的信息，并且可以推广至总体。

第5步：确定样本容量。

在选择合适的抽样方法后，接下来要确定合适的样本容量（关于样本容量见本章第二节）。需要注意的是，样本容量的大小取决于经费预算、估计中要达到的置信水平、允许的误差水平、时间限制，以及客户的特定要求等。另外，为了能够进行统计分析，必须掌握有效样本数量。

第6步：制定执行步骤。

为了保证调查顺利实施，研究人员要撰写调查实施细则，使现场督导和访问员知道自己在何处何时应该做什么、遇到问题时如何处理，以及相应的奖惩措施等。

第7步：实施操作计划。

实施操作计划即根据调查实施细则从被访者那里获得所需要的信息。

第四节 定性数据获取方法的执行

一、观察法的执行

当利用观察法获取数据时，其执行依次经过制订观察计划、实施观察和整理记录材料三个基本步骤。

第1步：制订观察计划。制订观察计划是实施观察的第一步，包括明确观察的目的和要求；选择合适的观察对象以保证其符合信息收集的个体身份；确定具体的观察手段，例如，对人的观察或对物的观察，或者仅仅观察交易行为，使用机器观察还是仅靠观察者本人观察，使用结构式观察还是非结构式观察，如果是结构式观察还需要制作观察清单或表格；选定观察的时间、地点和观察的大致范围；落实观察所需要的设备和经费。

第2步：实施观察。观察的正式实施包括进入现场、观察预定内容、记录及退出现场等几个方面。进入现场一般要征得有关方面同意，商妥各自的要求和注意事项，以及出现突发事件时的应对措施。进入现场还必须注意可能会出现的阻力。比如，有的商场认为，观察会影响商场的生意而予以谢绝。要顺利进入现场，最好通过权威部门的授权或通过熟人介绍，观察人员要明确解释调查目的、方法及保密措施。

在观察过程中应该注意尽可能消除观察对象的戒备心理，不会让对方感到威胁，尽可能不影响被观察者的行为，最好是不让别人感觉到观察者的存在。当退出现场时，应该注意与对方打招呼，如果可能，应奉赠一份观察记录。

当进行观察时，观察人员要注意看、听、问、思、记等相互配合，以获取最佳观察结果。

看：观察人员务必要仔细观看与观察目的有关的行为反应和各种现象。

听：观察人员要学会倾听。凡是现场发现的声音都要听，尤其是观察对象的声音。

问：当进行参与式观察时，观察人员可以面对面询问观察对象与观察目的相关的问题。

思：从现场开始获取信息那一刻起观察人员就要思考，并随着观察资料的累积而逐步形成自己的初步看法。

记：除借助辅助设备获取观察信息外，观察人员有必要在现场客观、真实、全面地按观察对象的行为发生的时间顺序记录现场看到的一切（有观察表时，观察人员要熟悉观察表并及时将观察信息按要求填入观察表的相应栏目），以及观察人员自己当时的想法。

第3步：整理记录材料，为下一步的数据分析做准备。整理记录材料是观察的重要内容，现场记录往往是琐碎和不连贯的，需要事后进行整理，发现内在的联系。记录技术包括同步记录、事后追记，以及卡片记录等形式，可以根据观察的类型选择合适的记录技术。值得注意的是，观察人员最好能够学会用各种符号或图形来记录，这在某些不方便的场合尤其需要。

二、焦点小组座谈法的执行

利用焦点小组座谈会获取数据，依次经过项目准备阶段、座谈会执行阶段和整理笔录阶段。详细执行步骤如图5-2所示。

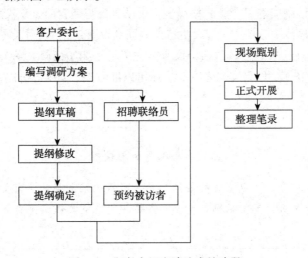

图5-2　焦点小组座谈法实施步骤

第一阶段：项目准备。

自与客户签订合同之日起就要进行焦点座谈会的准备工作。

一般而言，焦点小组座谈法参与人数较多（一般6~12人，6~8人较适宜），时间有限（一般1~2 h），做好会前准备对会议顺利进行从而能获取有用的信息极其重要。项目准备阶段主要有以下工作，即设计座谈会提纲、选择主持人、组织参会人员及其他相关事项。

（1）设计座谈会提纲。基于调研方案的要求，座谈会提纲撰写人员（一般为项目研究员）要明确会议主题，设计详细的座谈会提纲初稿。之后，研究人员根据客户的要求及主持人的意见对提纲各个话题进行必要的修改直至最终让客户满意,从而形成座谈会提纲定稿。座谈会提纲定稿后,客户、研究人员和主持人各一份。

(2)选择会议主持人。主持人的选择是座谈会能否成功的关键。好的主持人能够合理进行小组分配,调动会议气氛,有序推进会议进程,精准收集有用信息。会议主持人的基本要求如下:提前分析了解顾客及参与者需求,并做好笔记;善于引导话题走向,充分完成会议提纲所定目标;在会议进行时,要灵活应对各种情况,充分倾听参与者讨论的内容,并理解参与者的要求;善于总结,精准把握参与者的核心思想。

(3)组织参会人员。现场执行公司首先要招聘一定数量的联络人员,之后由联络人员预约参会人员(被访者)。参会人员的质量决定着收集资料的质量。参会人员应该对会议各个议题感兴趣,或有过与会议议题相关的生活经验,参会人员要善于发现自己的需求并善于表达。参会人员人数太少难以调动会议氛围,达不到充分讨论的目的;人数太多则不利于组织,还会大量延长会议时间,导致参与人员情绪不高。若有相互认识的参会人员,应把他们分到不同的小组,从而有效避免影响个人判断的事情发生。

(4)其他相关事项。这些事项主要包括确定会议现场笔录员;确定会议场地和会议时间;准备会议所需要的工具。①确定会议现场笔录员。笔录员主要是记录主持人、参会人员的谈话,会后将录音整理成文字。②场地的确定与时间的控制。焦点座谈会对场地有特殊要求,需要在一个装有单面镜及录音录像设备的房间进行,方便场外人员对参与者进行实时观察。场地应该既安静又令人轻松愉快,有助于参与者自由、积极发表言论。会议时间的确定应该由顾客、研究员、参与者、主持人共同商议决定,会议时长尽量控制在 1~2 h。③准备会议所需工具,这些工具包括会议所需的资料(如座谈会大纲)、表格、卡片、饮用水、录音/录像设备等,如果参与者有要求还可以准备茶、咖啡等可以让参与者心情愉悦的饮料。

招募参会人员的小技巧

挖掘合格参会人员:从更宽泛的条件开始,慢慢收缩到座谈会需要的条件。

吸引更多参会人员:多重激励,或者怎样将相同数量的钱变得更多;采用中奖方式进行奖励。

第二阶段:座谈会执行。

客户确认座谈会访问大纲后,项目按计划进入执行阶段。首先,会议联络员对每一个备选参会人员进行电话约请和对参会人员进行电话甄别,之后联络员向符合要求的参会人员通知最终参会人员的参会时间、会议地点及附近公交站/地铁站、会议持续时间,以及解答参会人员提出的问题,并对这些备选的参会人员进行最终确认后邀请对方准时参加。其次,现场甄别。联络员对到场的参会人员再次进行甄别,从而保证参会人员符合项目要求和参会人员基本要求。最后,组织符合要求的到场参会人员进行座谈会。

会议期间,会议全程由主持人负责,笔录人员按要求做好笔录,以及全程开启录音/录像设备。主持人应营造令人轻松愉快的会议氛围,为每个参会人员充分表达自己的想法创造条件。主持人应准确把控会议每一个议题,引领参与者围绕会议议题进行相关讨论,同时及时协调并处理,如冷场或讨论内容偏题等突发情况。

焦点小组座谈会场所的布置

焦点小组座谈会一般使用圆桌或椭圆形桌子进行座谈;桌子上会准备一些水果、零食、饮料等让参与人员轻松展开讨论。

座谈会会议室有电视机、白板、辅助材料等,这些物品一般在主持人附近;访谈室装有单面镜,将隔壁的观察室隔开;并且安装了录音和录像设备以便将访谈过程中的对话传到观察室,并录音和录像。

每个参会人员的座位上有自己的名字以便主持人、笔录员等更好地记忆和记录。焦点小组主持人(A)和参会人员(B1~B6)的座位分布如图5-3所示。

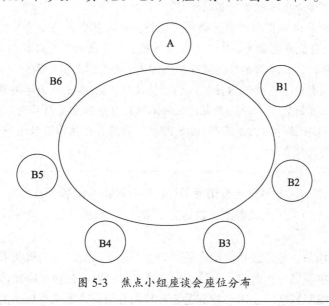

图5-3 焦点小组座谈会座位分布

第三阶段:整理笔录。

会议结束后,笔录人员应立即将座谈会的内容整理成笔录。研究人员在获得笔录后,应检查会议记录是否完整,获取会议记录与录音录像等相关材料,为下一步撰写定性研究报告做准备。

三、深度访谈的执行

利用深度访谈获取数据时,其执行的基本步骤依次是访谈准备、访谈和成果共享。

步骤1:访谈准备阶段。

访谈准备阶段主要包括以下事项。

(1)根据深度访谈方案撰写访谈大纲,根据客户意见对访谈大纲进行修改,达到客户要求后形成访谈大纲定稿。大纲的基本要求:大纲要符合人们的记忆习惯,面对面访问更是如此;大纲中问题的答案是可以获知或者不需要通过复杂手段获知的信息;大纲中的问题可以直接一些但提问的方式可以婉转一些；在不能直接回答的地方，采用婉转的提问方式；大纲应该越清晰、越明确越好；在可以注明数量的地方尽量标明数量要求，要用可以记忆的数量方式进行标明；等等。

访问大纲中两类问题的利与弊

访问大纲由不同的问题构成，有开放式问题和封闭式问题之分。

开放式问题是访问员提出问题由被访者自由回答。这类问题优点主要有：①了解被访者认为的工作重点；②表明被访者的观点/判断标准；③给被访者更多的成就感；④给被访者组织答案的自由；⑤提供更广泛、更深入的答案；⑥可能引出意料之外（而宝贵）的信息；⑦鼓励被访者畅所欲言；⑧有助于了解被访者对议题深度的认知。其缺点主要有：①耗费时间和精力；②难以控制访谈节奏；③难以记录或整理答案；④更难核查结果；⑤被访者很难把握回答的深度。

封闭式问题是访问员在提出问题的同时给出备选答案，被访者从中选择一个或多个答案。这类问题优点主要有：①节省时间和精力；②最大限度地控制访谈节奏；③在你知道自己想要什么具体信息时的最佳提问方式；④更容易整理和归类；⑤帮助缺乏经验的访谈者；⑥有助于重新组织访谈结构；⑦鼓励内向/不爱直截了当说话的被访者阐明自己的观点；⑧用更少的时间完成更多的工作；⑨在不需要解释时的最佳提问方式。其缺点主要有：①所获得的信息有限；②被访者无法对自己的回答做进一步解释或说明；③较难辨别出虚假信息。

（2）根据深度访谈方案确定被访者条件、确认被访者配额（若有）；准备甄别问卷；制定劳务费标准（如主谈人员薪酬、被访者礼金等）；购买礼品、访谈录音设备、笔记本和笔等。

（3）招募被访者。招募被访者依次经过确定目标被访者、找到被访者代表，说服他们参与研究三个基本步骤。招募时间跨度一般需要 1~2 周。在确定好被访者条件后，需要根据被访者条件编制甄别问题以寻找到适合参与创意消费市场调查项目的潜在被访者。深访督导可以从公司数据库，以及个人、同事或朋友那里获得潜在的被访者数据，并通过邮件、电话、QQ 或微信等方式联系他们，或者通过网站发布招募被访者的信息。当获得这些潜在被访者后，对他们进行筛选，剔除不符合条件的人员，剩下的按照能参与的时间来进行排列，从而产生了一份待选目标被访者名单。需要注意的是，在筛选和邀约时，一般需要多预留几个备选名额以避免临时有事不能进行访问或者经过再次甄别发现有的人不符合访问条件。

招募被访者时常遇到的问题及对策

1. 招不到人。 这种情况最常见，特别是在项目时间紧、被访者条件苛刻的情况下更是如此。对策：①请认识的人特别是亲朋好友帮忙；②借助互联网发出招募邀请；

③在被访者人群可能活动的地区粘贴招募信息。

2. 找错人选。在正式访谈时，可能要访问的人不符合被访者条件。对策：启用备选人员名单。

3. 失约。有时预约好的被访者因为某种原因可能失约。对策：及时了解失约原因，以判断是否能够再次邀约，若不能则启动备选人员名单，并对他表示感谢；若接受访问，协调好下次访问的时间（正式访问前再次提醒他），并明确且诚恳地告知对方，访问他对你所调研的项目顺利完成特别重要。

4. 迟到。无论是深访还是焦点小组座谈会都有可能遇到被访者迟到情况。对策：正式访问前一天可以电话通知被访者，请他务必准时参加；正式访问开始前一个小时再次确认以便及时掌握情况以及时做出调整。

5. 隐私和谈话内容保护。隐私保护特别重要，有些被访者担心个人信息及谈话内容泄露而拒绝接受访问。对策：被访者名单及他们的信息资料要用专用的空间保存，不能给无关人员；若被访者担心个人信息泄露，要向被访者申明公司信息保密规定；若需要索取被访者身份证和银行卡号码或复印件以支付访问酬金要及时说明；若被访者担心泄露谈话内容，向他申明公司信息保密规定。

（4）预约被访者。招聘联络人员并对其进行培训，内容包括说明被访者条件、公司的介绍信及访问说明、劳务费标准、深访时间、约人注意事项、约人终止时间。联络人员根据被访者背景情况，根据招募名单对预约被访者再次甄别，与符合要求的被访者确认深访时间。随后执行公司将时间安排、访问安排通过短信、微信或QQ等告知被访者，如有变动及时取得联系。

（5）组建访谈小组。组建并召开访谈小组会议，重申本次访谈目标和要达到的最终目标。确定小组成员角色，包括谁做开场白，谁收场，谁负责记录。给小组成员分配不同的访谈议题，了解不同议题的主次并明确各议题的时间分配，主访人员了解哪些是"必须了解的信息"和"最好了解的信息"。

步骤2：访谈阶段。

正式访谈前，要营造良好的访谈氛围及增加好感。准时到达访谈约定场所后，访谈小组开场人员做自我介绍和团队小组人员介绍；访谈小组成员应态度友好，感谢被访者能抽空参与访谈，并通报本次访谈的目的及访谈持续时间；事先告知被访者，将在访谈时做记录和录音（若对方明确不同意应停止录音），并说明用途；重申将对访谈内容进行保密。访谈期间，明确而灵活地提出问题，积极听取被访者对问题的回应；自己尽可能地少说，鼓励被访者畅所欲言，从而获取更多的信息；跟上被访者的思路并对被访者的反应有所回应，可以通过点头或中性词表达自己的态度；主访人员可以逐字重复被访者回答以检验理解是否正确；主访人员要适时进行总结、归纳并及时与被访者核实；主访人员应保证对一个问题进行充分讨论之后再转到下一个问题；要理解被访者合理的顾虑；要注意被访者的潜台词，等等。当结束访谈时，主访人员要对访谈要点进行归纳总结，并询问最后一个开放式问题；就下一步工作达成共识，同时为今后进一步提问留有余地；感谢被访者并明确表示本次讨论很有意义；在48小时之内送出致谢信。

> **访谈要求与技巧**
>
> **对访谈人的要求：**
> 1. 说话发音清晰，表达清楚，语速中等；若可能，用被访者母语进行提问。
> 2. 提问语句组织较自然、随和、不生硬。
> 3. 归纳总结时不主观、不武断、不跳跃，尊重被访者的意见，维持被访者的表述。
> 4. 性格亲和，能在较短时间内和被访者沟通，能够控制住讨论现场。
> 5. 要有丰富的知识特别是与本次调查相关的知识。
>
> **提问方式：**
> 1. 要熟悉访问大纲的所有问题以便能够自然地提出问题和拆分问题。
> 2. 问题的措辞中立、客观，禁止情绪性地提问和讨论。
> 3. 尽可能用开放式问题提问，如"是怎样的？原因是什么？可以描述一下吗？如何考虑的？"。避免使用指向性强的问题。
>
> **倾听与回应：**
> 1. 在被访者表达观点时，访谈人员要采用比较自然和鼓励的方式倾听，从而让对方自由轻松地表达自己真实的想法。
> 2. 回应不宜频繁，可以采用点头，或轻声用"嗯""哦"等回应。
> 3. 深挖。适当地引发被访者展开话题。例如："刚才您说到您开发这个文化产品的过程，我想就文化创意再询问一下，您是从哪里获得灵感的？为什么能够从那里获得灵感？"
> 4. 跟进。当被访者无意识地转移话题时，访谈人员要及时抓住回答进行归纳总结，然后引导访谈人回到正题或进入下一个问题；当被访者的回答与本次调研无关时，访谈人员可以在回应他的讨论时及时转移至下一个话题。
> 5. 无回应或者错误的回答。当被访者无回应或错误回应提问时，要确认被访者是否有意回避，若是，则暂时跳过或重新组织语言进行提问题；若被访者不能理解或理解错误，重新组织语言询问或将问题拆成几个小问题。
> 6. 时刻关注被访者的肢体语言，言外之语。

步骤3：成果共享。

访谈结束后记录人员要及时修改、补充原始记录，确保访谈记录和信息的真实性、客观性和完整性，加入背景资料，并形成正式访谈纪要。访谈纪要的内容包括：背景介绍（访谈目的、参加人员、地点、时间及访谈时长、被访者背景、访谈氛围介绍），总结关键成果（被访者的判断和结论、访谈小组的结论、论据）以及其他文件，如录音、录像、照片等。

四、文案调查法的执行

步骤1：确定市场调查的基本目标和要求。

在确定市场调查的目的阶段，调查结果的使用者和调查者应就调查目的、调查内容和范围等进行协商并达成一致，以避免日后调查结果的不适用。调查人员应要求联络人员提供必要的相关资料，调查者要了解调查行业的基本常识和相关业务知识；明确调查报告提交的最后期限。

步骤2：确定资料收集的内容。

根据客户要求，围绕调查基本目标，市场调查人员要进一步明确应收集哪些方面的内部资料和外部资料，才能满足市场调查和生产经营管理的决策需求。一般来说，应收集与市场调查课题有关的背景资料、主体资料和相关资料，以便探究问题的由来、特征和原因。

步骤3：拟订详细的市场调查计划。

市场调查计划涉及的内容主要包括：①详细列出各种调查目标并按优先级排列；②详细列出各种可能使用的数据资料及其来源，以及获取方法；③详细列出各类调查人员名单及应具备的条件；④详细的日程安排及最后完成期限的规定；⑤调查成本的估算与控制；⑥调查人员的培训和工作分配。

步骤4：开展资料收集工作。

按照市场调查计划组织市场调查人员进行资料收集工作，并实时跟进资料收集进度。

步骤5：筛选并评估资料。

对收集的资料进行筛选达到去伪存真、去粗取精的目的，之后从切题性、准确性、可靠性、时效性、系统性和全面性等方面对所获资料进行评估，以辨别资料是否满足调查的目标，并将这些资料按照一定的分类标准进行分类，并整理成统一格式。

步骤6：资料的补充、调整和衔接。

在上述基础上，调查者应围绕调研目标进一步对资料进行补充，使得资料更加全面和系统。经过再评审后，对资料进行分类、综合、加工、制表、归档、汇编等处理，使收集的资料实现条理化、综合化、层次化，为市场分析研究和资料管理奠定基础。所收集的各种资料从时间上看可能有间断，这时调查研究人员应该运用相关知识和经验，对资料进行判断，并加以调整、衔接及融会贯通。这个阶段，调查人员应注意以下几个问题。

（1）检查资料是否详尽，有无遗漏。

（2）除要明确数据的时间外，不同计算单位的数据资料需要统一口径。

（3）对调查资料进行逻辑性分析，通过比较分析和相互衔接，发现其存在的内在规律，使之成为有用的资料，而不是简单的堆砌。

（4）当数字转化为图或表时，需要配上必要的文件说明，有助于使用者阅读和理解。

（5）通常运用演绎法和归纳法对所获资料进行初步整理分析。

第五节 定量数据获取方法的执行

一、电话调查实施步骤

步骤1：确定调查目的并设计问卷。

在正式实施电话调查之前，需要确定电话调查的目的，根据调查目的设计问卷。

步骤2：选择并确定电话号码。

选择并确定电话号码是电话调查实施的重要前提。在对组织机构进行调查时，先要按照调查对象条件确定调查企业，然后设法获得这些企业的电话号码。在对消费者进行调查时，可以直接从电话号码簿或使用随机数字拨号方式获得电话号码。当使用随机数字拨号方法时，市场调查人员并不知道给谁打电话，只知道拨了什么号码。

电话号码抽样有两种方法。①

1. 随机拨号法

众所周知，电话号码是由区号（四位或三位数字）、局号和后四位数字构成的。每个地区的区号是唯一且固定的，局号的数目不是很多，大多在几十到几百之间，可以通过与电信部门联系或查找有关公开资料找到局号抽样框。局号可排列出来的四位数字并不都是电话号码。电信部门在发放电话号码时不会一次把所有电话号码都分配出去，通常考虑到未来的发展，会预留一定的号码。另外由于所处地理位置的不同，每个局号下的住宅电话的数目也有不同。例如，商业区局号下办公电话多，住宅电话少；处于居民区的局号则相反。

通常，在实践过程中，随机拨号是利用局号的抽样框资料随机抽取局号，而局号后四位的数字随机产生。

2. 电话号码加一法

电话号码加一法是电话号码本抽样和随机拨号法抽样的结合，目的是找出没在电话号码簿上登记号码的住宅电话用户。其做法是先利用公开的电话号码簿抽取所需的电话号码，然后把这些电话号码的最后一位加1，变成一个新的电话号码，如65779296加1变成65779297。用这种方式产生的电话号码同样会存在空号，以及该号码是办公电话的情况。但一般说来，空号的机会比直接的随机拨号法要少一些。

在某次的抽样中，执行公司采用随机拨号法来抽取住宅电话号码，即通过有关部门获得了抽中地区的所有电话局号资料。局号相同，则地理位置可能比较相近，为使样本的代表性更强，每个地区的所有局号都被抽取。调查时平均分配了每个局号下的样本量。利用随机数字表，随机产生四位（或三位）随机数，与区号、局号一起构成号码。这样获得的号码可能是空号、住宅电话和非住宅电话。如果是住宅电话，则符合要求，下一步将抽取被访者进行访问。

由于每个局号下所包含的电话数目和住宅电话数目都是不同的。所以不同局号的住宅电话号码被抽中的机会不同。为保证各省的样本近似于自加权样本，理论上此阶段要事后加权，事后加权系数等于在每个局号下住宅电话数目占全部电话号码数目的比例。但实际上这个数据没有办法得到，只能利用拨打电话时获得的有关记录（例如，在每个局号下有人接听的电话中住宅电话的比例）去估计，但这样做的误差可能很大（因为无法判断无人接听的电话是否住宅电话）。在实际中，把所抽取的住宅电话样本近似地看成了自加权样本。

步骤3：组织实施电话调查。

电话调查前准备：准备清洗后的电话号码清单；招聘访问员并培训访问员基本素质（如语言表达能力、沟通理解能力）、访问技巧培训及意外情况处置培训；访问员熟悉调查问

---

① 肖明. 电话调查中如何进行抽样设计[J]. 北京广播学院学报：自然科学版，2002，9(2)：67-72.

卷，充分理解问卷内容（含甄别题）；访问员对问卷进行试访问；其他需要准备的事项（必要的表格、纸、笔等）。

在访问过程中，访问员要特别注意电话访问开场白。开场白或者问候是与被访者通话以后前30秒访问员所讲的话，是被访者对访问员的第一印象。开场白一般来讲包括以下四个部分：①问候和自我介绍；②表明打电话的目的和必要说明；③确认被访者时间是否允许。如果被访者此时很忙，尽可能与被访者约定下次访谈的时间；④提出问题让被访问人员回答。

当结束电话访问时，向被访者表示很重视他/她的意见，并感谢被访者，做好并保存电话访问问卷记录。

电话访问时应遵循的原则

原则一：说话速度适宜，不要过快，保持口齿清晰。

原则二：必须积极地倾听，同时对被访者说的话表示很有兴趣。

原则三：在访问的过程中，多使用礼貌用语，如"请""您好""谢谢""对不起""再见"等。

原则四：多使用附加语，如"嗯/是的，您说得对""请说/请继续""我非常理解"等。

原则五：访问过程结束后，访问员一定要向被访者致谢，如"感谢您对我们工作的支持，您的宝贵意见我们会认真考虑，谢谢，再见。"

步骤4：对已完成的问卷调查表进行校定和编码，并将所有资料转换成计算机可判读的格式，依据问卷有效评价标准获取有效问卷并录入，为编制数据分析做准备。

二、入户访问实施步骤

步骤1：访问前准备阶段。

这一阶段主要包括五方面内容。①问卷的设计与确定。研究人员根据调研方案设计问卷，在客户修改建议上进行修改，最终完成问卷设计。②最终问卷的印刷。③访问手册的编制。④访问的工具准备，如样本名录、公文包、访问手册、访问时所用到的表格、笔、相机、录音笔、礼品、样品、卡片、交通地图等。⑤访问督导招聘并培训入户访问员。培训内容主要包括入户访问基本素养培训、入户访问基本素养培训、入户访问基本程序培训、访问技巧培训、问卷培训及试访、熟悉访问地理区域环境、访问突发事件防范和应对培训。

步骤2：正式访问。

访问员根据访问手册中的入户访问操作流程进行入户访问。为访问顺利进行，访问员要获取被访者小区门卫或单位门卫的支持，注意称呼用语。为接近被访者，访问员要开门见山地说明目的并请求对方支持。访问结束后要将事先准备好的礼品送予被访者表示感谢，之后礼貌地离开。

步骤3：问卷录入。

负责本次入户访问的访问督导组织人员对问卷进行复核，剔除无效问卷，之后对问卷进行编码，并录入问卷，为下一步数据分析做准备。

三、街头拦截访问法的实施步骤

步骤1：前期设计及准备工作。 这一阶段工作主要包括以下四个方面。

（1）根据项目方案设计问卷，并得到客户的确认。问卷撰写人员可以预约目标被访者进行深访，进行前期探索性研究，之后根据客户确认的项目方案及前期探索性研究结果进行问卷设计，通过试访、与客户沟通对问卷进行反复修改直至问卷得到客户认可。问卷中的问题必须涵盖项目方案中所有的调研内容；并且问卷要简洁、易懂。

（2）根据项目方案制作《项目运作手册》《访问员操作手册》，执行所需表格（问卷登记表、配额表等），卡片等；在购买礼品、访问过程中需要用到的实物，等等。

（3）招聘访问员并对访问员进行培训。

访问员往往是社会调查资料收集工作的主要承担者。因此，挑选访问员也是研究者在创意消费市场调查中的一项重要任务。对访问员的基本要求如下。①诚实与认真。客观地、实事求是地对待调查的结果，不马虎、不敷衍。②兴趣与能力。访问员要培养自己对调查工作的兴趣。另外，无论是观察能力、辨别能力，还是交往能力，都是一个优秀的访问员所不可缺少的。③勤奋负责。要求访问员具有不怕困难、不怕吃苦的精神，以及高度的责任心。④谦虚耐心。在访问中要耐心听完被访者的回答，耐心向被访者解释问题的含义，不能表现出不耐烦的态度。

访问督导应依据研究的主题、社区的性质、被访者的特点招募访问员。从研究主题考虑，当调查有关政治、经济问题时，应选择男性访问员为主；当调查婚姻、家庭问题时，选择女性访问员更合适。从被访者的特点来考虑，当被访者为青年时，应尽量选择青年访问员；当被调查对象主要为年岁较大、资历较深、影响力较大的人时，则应选择年龄较大的访问员。所选的访问员在年龄、职业、社会地位等背景条件上与被调查者越接近越好。从社区的角度来考虑，所选择的访问员最好是当地的、同民族、同宗教信仰的人，这样的访问员由于熟悉被访地区的风俗习惯、文化传统、语言特点等，往往能够很顺利地开展访问调查工作。教育程度也是一个十分重要的条件。一般来说，教育程度越高的访问员，理解问题、表达问题的能力也更好，应用各种调查技巧的能力也更强。

对访问员进行培训。 ①访问基础培训，内容包括访问员的基本素养、访问员访问技巧、在访问过程中遇到的常见问题及处理对策、在访问过程中遇到的突出事件及处理对策。②本次调查项目专项培训。首先，专职访问督导要向访问员介绍本次调查项目需要调查的内容、意义、方法及与调查项目有关的其他情况，以便访问员对该项工作有一个整体性的了解。其次，访问督导要对调查访问的步骤、要求、时间安排、工作量、调查地点及场所（最好提前熟悉）、报酬（含奖惩措施）等具体问题进行说明。再次，访问督导要组织访问员集中学习访问员须知、《访问员操作手册》等材料，熟悉访问当中需要用到的各种表格、卡片等辅助材料；熟悉问卷，特别是要逐字逐句、逐条逐项地弄清楚调查问卷的内容，以及询问和填写方法等。最后，进行问卷模拟访问、试访及访问总结等。

（4）根据项目方案选择访问地点，定点街头访问需要事先预定访问场地。

步骤 2：访问执行。

合理组建调查队伍：要使整个访问过程有条不紊，使访问员保质保量地按照研究者的计划和要求开展调查工作，必须对访问员进行合理的组织。通常的做法是，在挑选好访问员以后，要建立起相应的调查小组，小组的规模以 4～6 人为宜，并注意到男女比例的搭配。由项目调查总督导为每个小组指定一名现场访问督导员。向现场访问督导员下达调查任务，任务数量可以以"天"或"小时"为单位。

抽样的管理和监控：当调查设计时，研究者可能已经设计好抽样方案，也可能已经抽出调查的样本。但在许多情况下，实际样本的抽取或多或少地要由访问员在实地中进行。比如，当对城市居民进行入户调查时，调查前的抽样工作可以比较容易地进展到居委会一级，可是从居委会抽取居民户则是比较困难的一个环节。在得不到居民户口登记表的情况下，通常只能由访问员根据事先设计的抽样方案和方法在实地进行抽样。要保证实地抽样的质量，除了在进入实地前的访问员培训中使每个访问员明白具体的抽样规则和方法外，还要加强在实地的具体指导。特别是在抽取最初的调查对象时，现场访问督导要进行示范，并在每天的总结会上集中讲解遇到不同情况时的具体对策。

正式访问的管理和监控：当实地调查工作开始后，访问人员的分布往往比较散，并且多为单个访问员独立工作。访问督导应该积极主动地从各个方面了解每一位访问员的工作情况，及时解决他们所遇到的各种问题。特别是在调查的开始阶段，研究人员也要和访问督导一起深入调查实地，参与发送问卷或结构访谈的工作，最好能亲自做一两份问卷调查，以了解和体验在实际调查中可能出现和遇到的问题。特别是了解和体验普通访问员容易犯的毛病和容易出现的遗漏、偏差等，以便及时进行指导和提醒。研究人员或现场访问督导员最好能分别陪同和观察每一个访问员进行一份访谈调查的全过程，以掌握每位调查员的调查能力、调查质量。同时，每天调查结束后，研究人员要和访问督导员一起组织访问员及时开会进行讨论和小结，解决访问员在实地调查中普遍遇到和出现的问题。

问卷审核和复核：无论是自填问卷调查还是结构访问调查，最好在调查问卷收回的当天就进行问卷资料的审核和交叉复核。要求每个访问员在收回或完成一份问卷后，及时浏览和检查问卷填答情况，发现问题，及时回访核实，并在检查合格的问卷签上访问员的姓名和日期。同时，要求每个小组的现场督导员再次对调查问卷进行清理和检查，并签上现场督导员的名字及日期。研究人员本人也应随时抽查收回的问卷，及时发现填答或访谈中存在的问题，并在实地进行回访补救。

街头拦截访问的基本技巧

1. 如何准确寻找被访者。访问员环顾四周，寻找出可能会接受调查的目标对象。街头人群具体分两种：行走人群和留步人群。留步人群比较好处理，找那些单个在一边休息或似乎在等人的对象，径直走上前去询问他们。如果被拒绝，也要很有礼貌地说：

"对不起,打扰您了。"对于行走人群主要观察对方是否是单人行走,步履的缓急,手中是否提有过多的物品,神色是否松弛等。对于留步人群,当第一个访问员被对方拒绝后,第二个访问员可以考虑在五分钟以后上前再去询问一次对方是否愿意接受调查。如果对方依然拒绝,就不能再有第三次询问。

2. 拦截仪态。根据判断,若个人认为该路人可以作为被访者时,访问员应积极地上前询问。访问员应该缓步从侧面迎上目标被访者。在行走的整个过程中,访问员的目光应对准被访者。当决定开口询问时,应在被访者右前方或左前方一步停下。

3. 询问开场白。良好的开始是成功的一半,开始的第一句话很重要。在这句话中,要有准确的称呼、致歉词和目的说明。访问员要保持良好心态,微笑着说:"对不起,女士/先生,能打搅您几分钟做一个调查吗?"此时,被访者会有许多种反应:第一种是不理睬你,这说明他对街头拦截调查极度拒绝,向他致歉就可以结束了。第二种是有礼貌地拒绝,这时应当针对对方的借口进行回应。比如,对方说没时间,可以应对说只需要一点点时间。可以让对方看看调查问卷,以调动对方兴趣。第三种可能是对方流露出一些兴趣,问你是什么调查。这时要把握住机会,让对方看看调查问卷,并向他解释调查的内容。第四种情况较为少见,对方一口答应接受调查,这就不用多说什么了。

4. 随步询问,灵活处理。在应对行走人群时,让对方自动停下脚步是一个不错的切入点,说明对方对你有兴趣。如果对方不愿停下脚步,这就需要跟随对方走几步,同时用话语力争引起对方的兴趣。不可直截了当地要求对方停下脚步。一般跟随对方走出10米依然无法让对方停步,就应当终止。

四、网络调查法实施步骤

步骤1:设计问卷。

问卷设计人员根据项目方案设计符合要求并且客户认同的调查问卷。

步骤2:选择合适的问卷调查平台,上传问卷并试运行。

调查人员选择合适的问卷调查平台后将问卷按平台提示上传至平台,特别要注意问卷各个问题的题型及各个问题之间的逻辑关系、质量控制参数的设置等。试运行网上问卷,对不符合要求的地方进行修改,最终使网上问卷符合项目执行要求。

步骤3:确定好调查对象后,将保存好的最终问卷发送给调查对象。

网络问卷邀请的时机选择

根据伦敦光速公司的研究,虽然参与者可以随时填写网络问卷,但发送问卷的时间对问卷完成情况有很大影响。

该公司在一周内不同时间向其在英国的小组成员共发出7440份网络问卷。总的来说,周一下午发出的问卷回复率最高,达到39%。周五下午5:30发出的问卷回复率最低,其中女性回复率为28%,男性回复率为29%。

另外，研究表明，外部事件对在线问卷回复率有很大影响。周三晚上有较大的足球赛，对问卷回复率尤其是男性回复率影响较大。周三下午5：30收到邀请的男性中仅11%完成了问卷，女性回复率则为31%。

资料来源：小卡尔·麦克丹尼尔，罗杰·盖茨. 当代市场调研[M]. 李桂华，等，译. 北京：机械工业出版社，2011：157.

步骤4：回收问卷并按要求对问卷进行筛选以获得有效问卷，对有效问卷内容进行加工、整理，为数据分析做准备。

网络调查平台：问卷星简述

国外主要网络问卷调查软件有 SPSS Quanquest、Inquisite、Sawtooth CiW、Infopoll、Designer 和 SurveyGold；网络问卷调查平台主要有 Websurveyor、Perseus Survey Monkey、e-Rewards 和 Zoomerang。国内主要的网络问卷调查平台有问卷星、问卷网、调查派、乐调查。下面以问卷星为例阐述上传并运行网络调查问卷。

问卷星是集"在线问卷调查、考试、360度评估、表单、测评和投票"于一体的数据收集、分析和管理平台。自2006年上线至2023年1月，用户累计发布超过2.07亿份问卷，累计回收超过165.46亿份答卷，并且保持每年100%以上的增长率，市场占有率超过80%，已逐步成为问卷调研行业"独角兽"。

用户需要在问卷星网站注册后验证手机号才能登录上传调查问卷。登录后单击"创建问卷"按钮后再单击"调查"按钮就可以进行网络问卷设计了。平台提供了两种网络问卷生成方法，一种是文本导入自动生成问卷，另一种是根据提示手工操作生成问卷。采用手工操作生成问卷时建议问卷设计人员先线下设计好问卷。采用后一种方法，先输入问卷标题后就可以进入问卷编辑了。首先，操作人员可以先"添加问卷说明"，单击后跳出一个"说明"弹出窗口，将线下问卷"说明部分"粘贴在此处并进行编辑，目前这一窗口提供了"字体""文字大小""文字颜色""文字背景""粗体""斜体""下画线""删除线""下标""上标""左对齐""居中""右对齐""增加缩进""减少缩进""插入""分隔线""链接""图片""音视频"等功能，设计人员可以根据需要自行选择。随后进入题目编辑页面。

题目编辑页面由两部分构成，左边是各种功能性菜单，右边是编辑好的问卷题目和答案。在左边的功能菜单区域内系统默认"题型"窗口。这一窗口依次分布：①选择题，涵盖单选、多选、下拉框、排序和量表题；②填空题，涵盖单项填空、多项填空、矩阵填空、表格填空（仅供企业版用户使用）、多级下拉、签名题（仅供企业版用户使用）、地图和日期；③分页说明，涵盖分页栏、一题一页、段落说明、分页计时器（仅供企业版用户使用）；④矩阵题，涵盖矩阵单选、矩阵多选、矩阵量表、矩阵滑动条、表格数值、表格填空、表格下拉框、表格组合和自增表格，其中后5个功能企业版用户才能使用；⑤评分题，涵盖量表题、NPS量表、评分单选、评分多选、矩阵量表、评价题；⑥高级题型，涵盖排序、比重题、图像OCR、轮播图、答题录音、VlookUp问卷关联，其中后2个功能企业版用户才能使用；⑦调研题型，涵盖图像PK、SUS模型、价格断裂点、知情同意书、循环评价、情景随机、势力图、MaxDiff、联合分析、Kano模型、品牌漏斗、货架题、PSM模型、门点选择，其中后10个功能企业版用户才能使用；⑧个人信息，涵盖姓名、基本信息、性别、年龄段、国家及地区、省区市、手机号、日期、时间、职业、高校、行业、密码、邮寄地址、设备信息、城市级别，其中后2个功能企业版用户才能使用。除"题型"窗口外，还有"题库"和"大纲"窗口。单击"题库"按钮可以看到"我的题库"，从中可以看到之前的问卷，若需要原来问卷的某一题目，可以直接将它导入新问卷；以及个人信息，涵盖的内容和"题型"窗口中的"个人信息"栏内容一致。单击"大纲"窗口可以看到正在编辑的问卷的题目。

在问卷编辑的右边窗口设计人员可以对标题（题目或问题）格式进行各种编辑，选项（答案）可以单击"批量添加选项"按钮更高效率地导入选择题的答案。之后对题目和选项的所需要满足的条件进行设置。例如，题目是否必选/必答，选项是否随机出现等。一般而言，问卷逻辑的设计可以将问题及答案全部导入平台后再三确认正确无误后再进行设置。

在完成编辑后，设计人员可以采用手机预览或电脑预览的方式对问卷进行检查，勾选"验证题目逻辑关系"复选框对问卷的逻辑关系进行验证。

在调查之前，可以对问卷进行一些设置，如时间控制、答题密码、提交显示、作答次数限制、提交答卷控制、分享与查询（建议需要问卷设计人员设置"不允许复制问卷"及"屏蔽搜索引擎检索"，否则网民可以复制问卷和检索到这份问卷），以及其他设置。对"问卷外观"进行设置；设置"红包&奖品"以激励被访者；在"质量控制"功能窗口栏中设置"筛选规则"和"配额规则"。

完成上述设置后，确认无误后，可以单击"发布此问卷"按钮，跳出发送网页，在此网页上，设计人员可以为问卷制作海报（点击"制作海报"），可以通过分享"二维码"和"问卷链接"发送问卷，目前提供了"微信发送""邮件&短信"调查方式，以及样本服务。

五、实验法实施步骤

步骤1：根据市场调查目的，提出实验假设。

实验假设的建立为市场实验提供了明确的方向和指导。在实施实验法之前，根据调查的目的先对所要调查的市场现象进行初步的理论分析或做探索性的市场调查，从中提出与所调查的创意消费市场现象可能相关的因素，并在此基础上建立实验假设。

步骤2：进行实验设计，确定实验方案。

这一步骤有两部分组成：一是厘清并设计实验所要涉及的变量，包括按照实验假设所需要检测的实验因素（自变量）并由此观察到的创意消费市场现象（因变量）；二是确定在实验中所涉及的各项内容，包括实验环境的背景要求、实验的检定方法、实验中的意外事件如何处理，以及排除外来的其他影响因素的方法与方案等。

步骤3：选择实验对象。

实验对象应该具有代表性，一般采用随机方法从全体调查对象（创意消费者或创意商品）中选择。选择时需要考虑成本。

步骤4：进行实验，检查记录无误后提交给市场研究人员。

按照预定程序进行实验并对结果进行观察与记录，推动实验总体计划和方案如期展开。实验过程非常重要，必须严格地按照事先设计的程序进行，否则就会使实验活动毁于一旦。进行实验的关键在于：一是，要适当地控制进度，保证实验按时按质按量顺利进行；二是，仔细做好同步记录，保证记录与实际观察到的现象或行为的一致性。

复习思考题

1. 简答抽样误差与非抽样误差。
2. 简答概率抽样的类型。
3. 简答抽样设计的步骤。
4. 请利用街头拦截访问法对上一章复习思考题中设计的问卷进行数据收集。在问卷调查执行前，你作为项目执行督导应该做哪些准备工作？若采用网络调查法来收集数据，你作为项目执行督导应该怎样管理这一项数据收集工作？
5. 计算下列数据组的总销量、平均销量和标准差。

某创意品牌专卖店在北、上、广、深四城市7月部分产品销售额/百元				
产品编号	北京	上海	广州	深圳
1	256	432	623	944
2	879	542	79	1211
3	983	650	811	319
4	1045	791	489	964
5	1132	764	745	417
6	537	651	680	1001
7	608	709	531	1312
8	212	816	791	231

第六章　创意消费市场资料分析

学习目标

1. 了解常见的统计术语。
2. 能够对问卷调查的数据进行整理。
3. 熟练应用 SPSS 软件分析数据。

开篇案例

历年来，我国电影暑期档（每年 6 月 1 日—8 月 31 日）都异常火热，竞争也比较激烈。2023 年暑假档官宣定档影片已超过百部，片单丰富。灯塔专业版数据显示，2021 年和 2022 年暑期档观影人数分别为 2.03 亿人次和 2.34 亿人次。截至 2023 年 7 月 23 日 18 时，2023 年暑期档观影人次已超 2.65 亿人次，票房已突破 106 亿元，2023 年暑期档观影人数将大幅超越过去两年同期，业内人士预计今年暑期档电影总票房将在 160 亿元以上。

截至 2023 年 7 月 23 日 18 时，国产影片《消失的她》（上映 32 天）、《八角笼中》（上映 18 天）、《长安三万里》（上映 16 天）位列票房榜前三，分别突破了 34 亿元、18 亿元、12 亿元。与之形成鲜明对比的是，国外引进影片票房表现相对比较低迷，票房最好的影片《变形金刚：超能勇士崛起》（上映 49 天）也不足 7 亿元。现在，假设获取了北、上、广三城市国产影片《消失的她》《八角笼中》《长安三万里》观众的性别（男=1、女=2）、收入（高=1、中=2、低=3）、观影伴侣（朋友=1、同事=2、同学=3、配偶=4、恋人=5、孩子=6、其他=7）及影票购买渠道的数据。从这些数据中，可以得到哪些结论？

为了解决以上问题，需要对上述数据进行分析。可能采用的分析方法将在本章进行讨论。除此之外，本章还简要介绍了一些数据分析时常见的统计术语，以及若是问卷调查，在分析数据前如何整理数据（有效问卷的确定、问卷编码、数据缺失的处理、数据录入、数据清洗）。

第一节　常见的统计术语

在对问卷数据进行分析时，经常会遇见一些统计术语，如 P 值、量表、非量表、数据类型、样本等。下面简要地说明一下这些常用的统计术语。

一、P 值

P 值也称显著性值或者 sig 值，用于描述某件事件发生的概率，取值范围在 0～1 之间（不包括 0 和 1）。P 值有 0.01、0.05 和 0.1 三个判断标准。若 P 值小于 0.01，说明某件事件至少有 99% 的概率会发生；若 P 值小于 0.05，说明某件事件至少有 95% 的概率会发生；

若 P 值小于 0.1，说明某件事件至少有 90% 的概率会发生。

在实际应用过程中，使用频率最高的 P 值是 0.01 和 0.05，0.1 这一判断标准较少使用。绝大多数的研究均希望 P 值小于 0.05，此时表明研究对象之间有影响、有关系或有显著性差异。但在方差齐性检验时需要 P 值大于 0.05，说明方差齐性，即不同组别的数据波动一致。在统计语言表达上，如果 P 值小于 0.05，则称为在 0.05 水平上显著。例如，在研究不同性别的文化消费者购买意愿是否有明显的差异时，如果对应的 P 值为 0.02（小于 0.05 但大于 0.01），意味着在 0.05 水平上不同性别文化消费者的购买意愿有着显著的差异。

二、量表与非量表

在创意消费市场调查问卷中，通常采用李克特量表用于测量被访者对某件事情的态度或看法。量表由很多题项构成，量表尺度常见的有五级量表、六级量表、七级量表或九级量表等。有些统计方法只适用于量表，如信度与效度分析、探索性因子分析、验证性因子分析、结构方程模型等。

非量表是指除量表题项外的其他题项（问题），如多选题，基本事实现状题。研究人员可能通过研究此类题项数据了解当前现状，从而提出相关建议。市场调查问卷中大多数题属于非量表题项。

三、数据类型

数据类型的划分标准不唯一，可以将数据类型分为定量数据和分类数据。定量数据和分类数据的区别在于数字大小是否具有比较意义。

在市场调查问卷中，定量数据在大多数情况下是指量表数据，其数值大小具有比较意义。比如，在满意度题项中，1 表示非常不满意，2 表示不满意，3 表示中立，4 表示满意，5 表示非常满意，其数据越高表明被访者的满意度越高。

分类数据的特点是其数值大小基本没有比较意义，或者比较意义不大或很小，只是用这些数值表示不同的类别。比如，1 代表男性，2 代表女性，数值大小仅为区分类别，不能理解为"数据越大越女性或数据越小越男性"。

四、样本

通俗地讲，样本即为回答问卷的人。在创意消费市场调查中，样本数量在统计上并没有统一的标准。通常，量表类问卷的样本量是其量表题项的 5 倍或 10 倍。例如，假如问卷有 10 个量表题项，则至少要调查 50 个样本或者 100 个样本。非量表类问卷的样本量一般为 100 个以上（最好 200 个以上），若做群体间的比较分析，每个群体的样本量最少必须 30 个。

需要说明的是，样本量的大小及样本访问难度均直接影响项目经费，在市场调查中，样本费用占项目总支出比重较高。最需要注意的是，在分析数据前，必须要识别无效样本并将之剔除。

五、单尾检验与双尾检验

假设检验有单尾检验和双尾检验之别[1]。备择假设具有特定的方向性，并含有符号≤或≥的假设检验，称为单尾检验。备择假设没有特定的方向性，并含有符号≠的假设检验，称为双尾检验。在实操过程中，具体选择哪一种检验取决于问题本身的性质。当关注的主要是问题的某一方面时，单尾检验比较合适。例如，喜爱A品牌的消费者比例是否要比喜爱B品牌的消费者比例更多，偏好蓝色手机的男性比例是否低于女性？而当不需要优先考虑问题的某一个方面时，双尾检验就比较合适。例如，高学历游客对黄山景区的满意水平是否与低学历游客不同？

第二节 问卷调查数据的整理

在进行问卷数据分析前，需要对问卷进行必要的整理，主要步骤和内容包括有效问卷的确定、问卷编码、数据缺失的处理、数据录入和数据清洗等。

一、有效问卷的确定

首先，要确保用于数据分析的每一份问卷都是有效问卷。所谓有效，是指调查是按适当的方式进行，以及回答不存在有悖常理的现象，其目的是确定参与人员（访问员和被访者）没有作假，或者没有遵循关键的指示。

市场调查执行公司知道，访问员作假的现象相当普遍，尤其是调查难度较大的项目。因此，通常在面对面访谈调查完成后，复核人员会在访问督导指导下通过电话对每位访问员所做的调研做适当比例的复查，一般复查比率为10%～20%。电话复查的内容主要有以下几点。

（1）确认此人是否真正接受了调研。

（2）被访者是否符合调查条件。比如，要调查的被访者的职业是本省非物质文化遗产传承人，在复查中会再次问到他/她是否为本省非物质文化遗产传承人。

（3）确认调研是否按要求的方式进行。例如，如果一项影剧院服务质量评价的调研应在指定的影剧院进行，复核人员就应确认被访者是否在该影剧院接受访问。

（4）确认调研是否完整。有些访问员为了尽快完成调查，或者很难找到符合条件的被访者，他们很可能只在开始时询问一些问题，其他问题则自己填写。因此，复核人员需要确认访问员询问了问卷中的所有问题。

除上述外，无效问卷的判断标准包括但不限于以下条件。

（1）问卷问题的错填（答）或者关键问题的回答缺失且无法补救。

（2）问卷选项回答不符合常理。

（3）问卷中不同题目回答的选项之间存在自相矛盾（即没有通过陷阱题目测试）。

（4）问卷回答时间过长或过短。

（5）问卷问题回答呈现明显的规律性。

---

[1] A.帕拉苏拉曼等. 市场调研(第二版)[M]. 王佳斌, 应斌, 译. 北京：中国市场出版社, 2018: 376-377.

二、问卷编码

编码是指对一个问题的不同回答进行分组并确定数字代码的过程。问卷中的封闭问题的不同答案在设计问卷时就要预先设定数字代码。例如,在例6-1的问题中共有5个答案,每个答案的右边都标有一个数字代码,回答"0~2次"的用编码"1",回答"3~5次"的用编码"2",依此类推。访问员在访问时将数字代码圈上以记录被访者的回答。比如,若被访者的答案是"8次",就圈上"6~10次"右边相对应的编码"3"处。

例6-1:通常情况下,您一天会看几次短视频?

0~2次……………………1
3~5次……………………2
6~10次……………………3
11~15次……………………4
16次或以上……………5

对于开放型问题,因为研究人员不知道被访者回答什么,因此不能事先编码,需要根据被访者回答进行分类后再赋予数字代码。开放题编码是一个复杂且耗时的工作,并且其编码质量受编码人员的影响。因此,在可能情况下设计问卷时尽可能地避免使用开放题。

开放题回答的编码依次经过以下四个步骤。

步骤1:抄写答案。编码人员将每道开放题答案抄下来(对无效答案以及偏离问题的答案不用理会,即"无")。若样本量较小,所有被访者的答案都要列出来;若样本量较大,可以列出其中一部分样本的答案。

步骤2:合并答案。编码人员对答案清单一一核实,将形式上不同但回答在本质上一致的答案合并成一类,最终将所有答案分成不同类别,形成这个开放题答案的分类表单。在分类过程中,哪个答案要归入哪个类别需要结合客户的意见和营销理论知识,并由资深研究人员确认。

步骤3:设置数字代码。对上述分类表单的每一类分配数字代码,形成开放题的码表。

步骤4:答案编码。编码人员熟悉上述码表,之后对每个样本的开放题答案进行编码。首先,编码人员要读取每个问题的回答,之后对其回答进行分解成独立的答案,然后,将答案与码表相对比以确定其数字代码是哪一个(为减少误差,通常两个编码人员同时对同一个问题进行编码,若二者不一致,需要讨论后再确定归入哪一类),在这一开放问题合适地方标注相应的数字代码以方便录入人员录入。

对于半封闭题(即题目答案含有"其他请记录/填写_____"")的"其他"项答案的编码步骤和开放题一样。

目前,可以借助一些定性分析软件(如NVivo软件、ATLAS.ti软件、WordStat软件、MAXQDA软件)实现编码,极大地提升了工作效率。

常用的定性分析软件

1. NVivo软件

NVivo是一款支持定性研究方法和混合研究方法的软件。NVivIo作为一种重要的质性研究分析软件，适用于团体讨论、访谈、调查、录像、音频、社交媒体等非数量信息的处理。通过结点和编码，完成不同格式文件资料的提炼和萃取。

2. ATLAS.ti 软件

ATLAS.ti 是一款非常专业的定性数据分析软件，能够管理和分析各种不同种类定性数据，包括文档、音频、视频、图像等数据。ATLAS.ti 可以实际处理任何语言，使用所有现有的语言，包括日文、中文（ATLAS.ti8 首次实现了中文文档的直接接入和识别）、阿拉伯语、希伯来语等。

虽然 NVivo 也有中文界面，但在处理中文时，NVivo 的词频统计功能只能支持基于"字"进行处理，即使是使用分词软件处理过将中文词用空格或特殊字符区分开的文章，NVivo 仍然无法进行准确的词频统计，因而也无法制作词云。而 ATLAS.ti 可以对经过分词的中文文章作词频分析，制作词云，大大丰富了软件的可视化表现。

NVivo 的试用版有时间限制是 15 天，ATLAS.ti 的试用版是没有时间限制的，只要处理的材料量不大，试用版甚至可以日常使用，所以学习者可以下载免费试用版来用。

3. WordStat 软件

WordStat 是一种灵活且易于使用的文本分析软件。WordStart 新版本 9.0 全面支持"中文"数据分析。WordStat 可以导入 Word、Excel、HTML、XML、SPSS、Stata、NVivo、PDF 和图像，连接并直接从社交媒体，电子邮件，网络调查平台和参考管理工具导入。

4. MAXQDA 软件

MAXQDA 是一个用于质性、量化和混合方法数据分析的专业软件，适用于 Windows 和 Mac 两种操作平台。MAXQDA 可以分析的数据类型包括访谈记录、报告、表格、在线调查、焦点小组、视频、音频、文献、图像等。

三、数据缺失的处理

数据缺失一般是问卷某问题无回答。若这一关键问题出现了大量的数据缺失，将会影响本次调查的质量；若不是关键问题数据缺失，对它进行处理即可。

产生数据缺失的原因很多。如果一份问卷出现某一问题数据缺失严重，很可能是因为这一问题设计不当造成的。我们需要在预调查时对这类问题进行修正。除此之外，还有可能是以下原因造成的。①被访者无法回答。②被访者拒绝回答。例如，很多被访者可能会拒绝回答"请问您今年几岁"这一问题。③被访者答非所问。④访问员疏忽或访问员没有掌握询问技巧。

无回答的情况有两种：全部无回答和部分无回答。无回答的被访者与回答的被访者具有不同的特征，因此需要对无回答给予纠正，否则会引起调查估计上的偏差。

（1）全部无回答，是指被访者没有提供任何信息。其原因可能是抽样框资料不完整，没有访问到对象，拒绝访问，或者由于某些原因所抽中的对象无法调查等。对全部无回答最简单的处理就是将它抛弃。

（2）部分无回答，是指问卷中的某些问题的回答空缺。其原因可能是被访者拒绝回答、无法回答、遗漏、忘记回答，或者访问员缺乏调查技巧等。对于这类无回答，在数据录入过程中往往用9或99来表示。在资料分析时要视具体情况处理，不能简单地删除。

针对数据缺失，可以采取以下几种方法来补充。

（1）样本统计量替代，即计算出一个可以替代的量来代替缺失数值。方法如下。①平均数填补法。该方法适用于变量变化是均衡的情况。②前期数据加平均增减量代替。该方法适用于变量是逐期增减情况。③上期乘以平均发展速度。该方法适用于变量的环比发展速度相似的情况。④比例推算法。该方法适用于内在比例关系比较稳定的情况。⑤用统计模型推算值代替。

（2）个案删除。当作少一份问卷计算，即该份问卷中该问题答案不要，但不是整份问卷不要。

（3）配对删除。将分析的高度相关的两个变量两两配对，如收入和支出，采用有完整答案的问卷。

四、数据录入

数据录入是将信息从计算机不可识别的形式转换成计算机能够识别的形式过程。可以通过智能录入系统进行问卷录入。

智能录入系统可以通过编程避免在数据录入时出现录入无效的、太广的编码或者违背跳跃模式的编码等错误。例如，在例6-1中，5个答案对应的数字代码是1～5，在智能录入系统中，程序只允许录入人员在为这个问题所留的答案代码输入位置上输入编码1～5。若输入的是其他数字，则系统会提示录入错误要求重新录入。

为了方便查错，在录入数据前，需要在问卷的右上角标注问卷录入编号（如001，002等），这个编号类似身份证。如果录入的第001号问卷中出现了错误，那么数据录入人员就能够很方便地找出原始输入问卷以快速纠正错误。

除通过智能录入系统编程后录入问卷外，可以利用SPSS软件进行问卷录入。

在SPSS软件中，一份问卷是一个个案（同样为方便查错时找到原始问卷，需要对待录入问卷进行录入编号）。录入前，需要在"变量视图"窗口中对问题的属性进行界定。其中，"名称"列一般填入问卷编号或问题序号；"变量类型"列一般选择数值；"宽度"列一般默认为8；"小数"列取决于问题答案类型，一般为0，若某问题的答案有小数点则被列为小数点位数值；"标签"列填入问题文字；在"值"列中，单击后会跳出"值标签"小窗口，在该窗口中的"值"框中输入答案数字代码，在"标签"框中输入答案文字；在"缺失"列中，默认为"无"；"列"为变量的列宽；"对齐"列为默认值即"左"，此外还有"右"和"居中"；"度量标准"列有"名义"、"序号"和"度量"三个选项。在"变量视图"窗口设置完成后就可以单击"数据视图"开始录入问卷了。

问卷题目的类型大致可以分为单选、多选、排序、开放题目四种类型。它们的变量的定义和处理的方法各有不同，详细举例介绍如下。

（1）单选题录入：录入答案选项对应值。

（2）多选题录入：这类题目可以采用二分法进行录入。

例 6-2：根据您的了解，下面哪些文化资源在内江境内？

糖文化资源..................1

石牌坊......................2

张大千......................3

赵一曼......................4

喻培伦......................5

晏济元......................6

范长江......................7

录入前，首先要编码：把每个相应选项定义为一个变量，每一个变量值均如下定义，即"0"未选，"1"选。

然后录入：被访者选了的选项录入 1，没选录入 0。假设某被访者选了 1，2，4 编号的答案，则需要录入 1，1，0，1，0，0，0；假设某被访者选了 3，6 编号的答案，则需要录入 0，0，1，0，0，1，0。

（3）数值题录入：录入被访者回答的具体数值。

（4）排序题录入：类似多选题录入，依据排序题的答案选项将之分拆成几个不同的变量，但每一个变量值定义为 0=未选，1=排位 1，2=排位 2，依此类推；然后录入相应的数值。

（5）开放文字题：如果可能的话可以按照含义相似的答案进行编码，转换成为封闭式选项进行录入。如果答案内容较为丰富、不容易归类的，应对这类问题直接做定性分析。

五、数据清洗

将问卷数据录入电脑后，在分析数据前需要再检查一遍是否有录入错误。可以采用错误检查程序或边际报告进行错误检查。

有的电脑软件可以编写错误检查程序，这些程序包括一组对不同条件进行检查的描述。还有一些软件包可以报告违反了某个特定条件的次数，并列出违反条件的数据记录。

在边际报告中，这一报告表的行是数据记录的域，列显示了每个域出现的各种可能值的频次。使用者可以判定该表中是否出现不适代码，是否遵循了命令。如果查出所有数字是一致的，就不必再整理了。若查出逻辑错误，那么需要找到原始问卷，之后在电脑数据文件中进行纠正。

完成数据清理后，这个数据文件应该是"干净的"，可以对数据进行分析。

第三节 描述分析

一、频数分析

频数分析的术语主要涉及有效样本、频数、百分比、累积百分比、有效百分比等。有效样本是指筛选掉无效样本后剩下的样本；频数是某选项选择的个数；累积百分比是多项百分比累积相加；如果问卷里面有个别样本没有填写，那么会涉及问卷的有效百分比。比如，有效样本有 400 个，选某问题选项 B 的样本数有 20 个但其中有一个样本没有选择这一问题任一选项，那么有效百分比为[20/(400－1)]×100%。

样本背景分析、样本特征行为或态度分析可以使用频数分析，通常通过计算各个选项的选择频数和百分比进行统计分析，之后将统计结果（频数和百分比）汇总成表格或通过条形图呈现出来。在使用条形图呈现时，一般将选项的选择比例按降序展示，即某选项的选择比例越高其位置越靠前。

样本背景分析是对样本基本特征，如性别、学历、年龄区间、收入区间或婚姻状况等使用频数分析方法计算出各个选项的频数或百分比。

样本特征行为或态度一般为定类数据，因此，这类分析通常采用频数分析，主要统计选项的频数或百分比，以百分比最常见。

频数分析在SPSS中的操作步骤如下。

第一步：打开"分析（A）"菜单 → 选择"描述统计"命令 → 选择"频率（F）"命令，如图6-1所示。

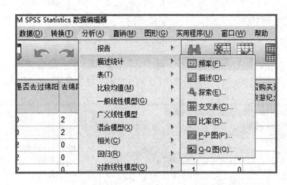

图6-1　频数分析

第二步：在打开的"频率"对话框中的列表框内放置需要分析的变量（可以一次性放入所有需要分析的变量）→ 单击"确定"按钮，如图6-2所示。

图6-2　"频率"对话框

如果需要生成图表，可以单击"频率"对话框的"图表"按钮进行设置，最后单击"确定"按钮，完成频数分析。

如果是多选项，每个选项生成一个表格。表格中的有效百分比是指有效数据的百分比，如果原始数据中有缺失数据，那么应该使用有效百分比。

二、描述性分析

描述性分析所涉及的术语主要有平均值、标准差、中位数等。平均值通常用于描述样本的整体态度情况；标准差用于判断样本的态度波动情况；中位数指样本的中间态度情况。如果数据中有异常值，使用中位数来描述整体水平比用平均值更为合理。其原因在于平均值很可能受个别样本的干扰。由于问卷数据通常不会有异常值，因此平均值使用频率更高。

描述性分析对问卷中涉及的变量或量表等定量数据进行统计，使用平均值形式展示样本的整体情况。描述性分析只针对定量数据，通常用于对量表数据或者排序题项进行分析，通过计算平均值，表示整体样本对相关题项或变量的态度，以及使用平均值描述样本对某个问题的排序名次情况。

除此之外，描述性分析可用于生成标准化变量，如果需要生成这种变量，仅需要在"描述性"对话框中勾选"将标准化得分另存为变量"复选框，如图 6-4 所示，SPSS 软件就会在数据视图最后几行出现以"Z"开头的变量名称，即生成相应的标准化变量。

描述性分析在 SPSS 中的操作步骤如下：

第一步：打开"分析（A）"菜单 → 选择"描述统计"命令 → 选择"描述（D）"命令，如图 6-3 所示。

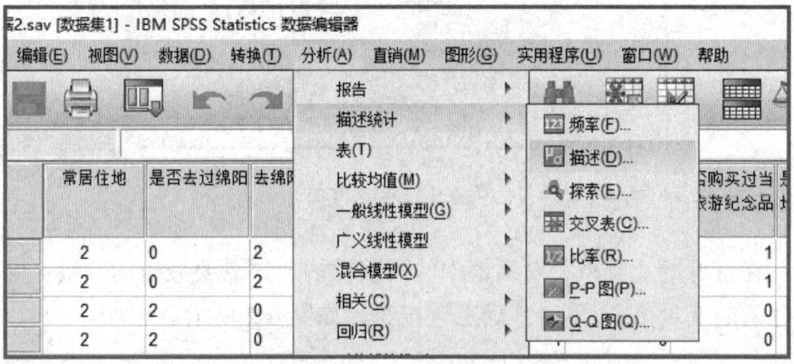

图 6-3 描述性分析

第二步：在打开的"描述性"对话框中的列表框内放置需要分析的变量（可以一次性放入所有需要分析的变量）→ 单击"确定"按钮，如图 6-4 所示。

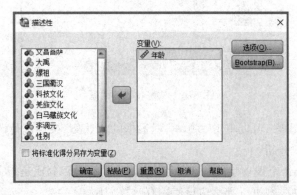

图 6-4 "描述性"对话框

在 SPSS 软件生成的描述性分析结果的表格中除了平均值外，还会包括最大值、最小值、标准差等，这取决于在"选项"对话框中勾选了哪些选项。

常见的定量分析软件

1. SPSS

软件全称 IBM SPSS Statistics，它是一款非常著名的数据统计分析管理软件。它拥有数据的编辑、数据统计、图形的生成和编辑、表格的生成和编辑等功能。SPSS 现在已经广泛使用在自然科学、技术科学、社会科学的各个领域。

SPSS 易于学习、操作和使用，除数据输入工作使用键盘外，其他大部分操作均可以使用菜单、对话框完成；同时保留了命令行方式的优点，采用菜单式操作与"语法"程序运行的完美结合，使熟悉 SPSS 语言的用户可直接在语句窗口中输入 SPSS 命令，提交系统执行；通过单击对话框的"粘贴"按钮，自动生成"语言"程序代码，提交系统运行也可实现指定功能，并以文件形式保存，用户不必记忆大量的命令，从而大大减少了工作量。

SPSS 兼容了多种数据文件格式，DAT、SAK、DBF 等多种文件格式都可以在 SPSS 软件中打开。SPSS 包含多种不同分析模块，用户可以根据机器的配置情况，自由选择模块安装。SPSS 软件内置了 SaxBasic 语言，该语言与"语法"命令语言混合编程，可提高效率，便于高级用户使用。

2. Python

Python 已经成为受欢迎的程序设计语言之一。自 2004 年以后，Python 的使用率呈线性增长。由于 Python 语言的简洁性、易读性及可扩展性，在国外用 Python 做科学计算的研究机构日益增多，一些知名大学已经采用 Python 来教授程序设计课程。

众多开源的科学计算软件包都提供了 Python 的调用接口。例如，著名的计算机视觉库 OpenCV、三维可视化库 VTK、医学图像处理库 ITK。而 Python 专用的科学计算扩展库就更多了。例如，NumPy、SciPy 和 matplotlib 这三个比较经典的科学计算扩展库，它们分别为 Python 提供了快速数组处理、数值运算及绘图功能。因此，Python 语言及其众多的扩展库所构成的开发环境十分适合工程技术、科研人员处理实验数据、制作图表，甚至开发科学计算应用程序。

3. R

R 是一套完整的数据处理、计算和制图软件系统。其功能包括：数据存储和处理系统；数组运算工具（其在向量、矩阵运算方面功能尤其强大）；完整连贯的统计分析工具；优秀的统计制图功能；简便而强大的编程语言（可操纵数据的输入和输出，可实现分支、循环，用户可自定义功能）。

与其说 R 是一种统计软件，还不如说 R 是一种数学计算的环境，因为 R 并不是仅仅提供若干统计程序，使用者只需要指定数据库和若干参数便可进行一个统计分析。R 的思想是：它可以提供一些集成的统计工具，特别是它提供各种数学计算、统计计算的函数，从而使使用者能灵活机动地进行数据分析，甚至创造出符合需要的新统计计算方法。

4. MATLAB

MATLAB 是美国 MathWorks 公司出品的商业数学软件,用于算法开发、数据可视化、数据分析,以及数值计算的高级技术计算语言和交互式环境,主要包括 MATLAB 和 Simulink 两大部分。

MATLAB 是 matrix 和 laboratory 两个词的组合,意为矩阵工厂。是由美国 mathworks 公司发布的主要面对科学计算、可视化及交互式程序设计的高科技计算环境。它将数值分析、矩阵计算、科学数据可视化及非线性动态系统的建模和仿真等诸多强大功能集成在一个易于使用的视窗环境,为科学研究、工程设计,以及必须进行有效数值计算的众多科学领域提供了一种全面的解决方案,并在很大限度上摆脱了传统非交互式程序设计语言(如 C、Fortran)的编辑模式,代表了当今国际科学计算软件的先进水平。

5. SQL

SQL Server 是 Microsoft 公司推出的关系型数据库管理系统。Microsoft SQL Server 是一个全面的数据库平台,使用集成的商业智能(BI)工具提供了企业级的数据管理。Microsoft SQL Server 数据库引擎为关系型数据和结构化数据提供了更安全可靠的存储功能。

6. EViews

EViews 是 Econometrics Views 的缩写,直译为计量经济学观察,通常称为计量经济学软件包。它的本义是对社会经济关系与经济活动的数量规律,采用计量经济学方法与技术进行"观察"。计量经济学研究的核心是设计模型、收集资料、估计模型、检验模型、应用模型(结构分析、经济预测、政策评价)。EViews 是完成上述任务比较得力的必不可少的工具。正是由于 EViews 等计量经济学软件包的出现,使计量经济学取得了长足的进步,发展成为一门较为实用与严谨的经济学科。

7. Weka

Weka 的全名是怀卡托智能分析环境(waikato environment for knowledge analysis),是一款免费的,非商业化(与之对应的是 SPSS 公司商业数据挖掘产品——Clementine)的,基于 JAVA 环境下开源的机器学习(machine learning)及数据挖掘(data mining)软件。

8. Tableau

Tableau Software 致力于帮助人们查看并理解数据。Tableau 帮助任何人快速分析、可视化并分享信息。超过 42000 家客户通过使用 Tableau 在办公室或随时随地快速获得结果。数以万计的用户使用 Tableau Public 在博客与网站中分享数据。

Tableau 公司将数据运算与美观的图表完美地嫁接在一起。它的程序很容易上手,各公司可以用它将大量数据拖放到数字"画布"上,转眼间就能创建好各种图表。这一软件的理念是,界面上的数据越容易操控,公司对自己在所在业务领域里的所作所为到底是正确还是错误,就能了解得越透彻。

9. Excel

Excel 是微软办公套装软件的一个重要的组成部分,它可以进行各种数据的处理、统计分析和辅助决策操作，广泛地应用于管理、统计财经、金融等众多领域。

10. SAS

SAS 是由美国北卡罗来纳州立大学 1966 年开发的统计分析软件，提供从基本统计数值的计算到各种试验设计的方差分析，相关回归分析，以及多变数分析的多种统计分析过程。

第四节　差异性分析

一、方差分析

方差分析用于研究分类数据和定量数据之间的关系。方差分析涉及的名词术语有 F 值、事后检验、方差齐性检验。F 值用于表示组别（定性数据）之间在某一行为或态度（定量数据）上是否存在差异，但一般会被计算成和它——对应关系的 P 值。故研究人员在分析 P 值时不用单独对 F 值进行分析。事后检验是在方差分析（多个组别对比差异）呈现出差异后，进一步检验两两组别之间差异的一种检验方法。例如，年龄分为青年、中年和老年三组，到底哪些组别之间有差异就需要采用事后检验才能识别出来。

原理上，方差分析的结果有差异可能来源于两个方面：一种差异是各个组别之间的差异（这类差异是研究人员所要研究的差异），另一种差异是因各个组别内样本态度不统一而形成差异，即出现干扰性差异，此种现象被称为方差不齐。

在进行方差分析时，需要先使用方差齐性检验检测不同组别样本自身内部的态度波动情况。如果组别样本内部态度波动情况基本一致，则说明方差齐，这表明如果组别间样本有差异性态度一定是由这些组别间样本的态度不一致所致，而非是由各个组别内样本本身态度差异（干扰性差异）所致。此时，若方差分析显示有差异，则研究人员需要具体对比各组别的差异情况，即通过对比各个组别的平均得分进一步分析。

方差分析可进一步分为单因素方差分析和多因素方差分析。单因素方差分析是指单一因素（比如性别）对于另一变量的差异情况。单因素方差分析可以帮助调查人员挖掘更多有意义的结论。在使用单因素方差分析时，要求每个选项的样本量大于 30 个，若某个选项的样本量过少应首先进行组别合并处理，然后再用这一方法。

多因素方差分析指多个因素（如性别和学历）对于另一个变量的差异情况，多因素方差分析通常用于"类实验"类问卷研究。在进行多因素方差分析时，首先要分析每个分类数据（如性别和学历）对于定量数据的差异情况，如果其中一个或者两个均呈现出显著性，则需要继续进行交互作用分析，交互作用需要结合交互作用图进行分析。

单因素分析在 SPSS 中的操作如下。

第一步：选择"分析"命令 → 选择"比较均值"命令 → 选择"单因素 ANOVA"命令。

第二步：在弹出的对话框中将分析变量放入列表框中。将分类数据（如性别）放入"因子"列表框中，将要分析的定量变量放入"因变量"列表框。

第三步：设置相关选项 → 单击"确定"按钮。

接着需要对相关选项，即"两两比较"和"选项"这两个命令进行设置。

"两两比较"（事后检验）是用于分析三组或以上各组别之间的差异情况。其设置的操作步骤为：单击"两两比较"按钮 → 勾选"LSD"复选框 → 单击"继续"按钮。

"选项"用于设置输出相关指标，其操作步骤为：单击"选项"按钮 → 勾选"描述性""方差同质性检验"和"均值图"三个复选框 → 单击"继续"按钮。勾选"描述性"复选框可以输出样本量值、均值、标准差、标准误、置信区间、极小值和极大值等指标构成的表格。勾选"方差同质性检验"复选框在于进行方差齐性检验，在输出的表格中，仅需要查看显著性（P 值或 sig 值），如果此值大于 0.05，说明方差齐性，即不同组别的数据波动一致；若方差不齐（P 小于 0.05），则可以对因变量的定量数据进行如取对数或开根号等处理或者对自变量即分类变量的选项进行组合处理。在实践中，即使有时数据不具有方差齐性也会继续进行分析。勾选"均值图"复选框可以以图形形式输出结果。

在"单因素方差分析"表格中会列出检验后的 F 值、P 值等指标。若 P 值小于 0.05，则说明各组别之间具有显著的差异性，但具体哪些组（若三组或以上时）之间存在显著差异性需要进行"两两比较"进行分析，这一分析的输出的"多重比较"表格中会详细列出两两组别之间的对比结果，若 P 值小于 0.05，说明这两组别间具有显著性差异，否则没有。

多因素方差分析在 SPSS 中的操作步骤如下：

第一步：选择"分析"菜单 → 选择"一般线性模型"命令 → 选择"单变量"命令。

第二步：在弹出的"单变量"对话框中将分析变量放入列表框中 → 设置相关选项。

分别将两个分类变量（通常为两个变量）放入"固定因子"列表框中，将定量数据变量放入"因变量"列表框中。

接下来设置"绘制"输出交互图，其操作步骤为：单击"绘制"按钮 → 进行相应设置。在"单变量：轮廓图"对话框中，将分类变量 1 放入"水平轴"列表框中，将分类变量 2 放入"单图"列表框中，单击"添加"按钮，然后将分类变量 2 放入"水平轴"列表框中，将分类变量 1 放入"单图"列表框中，单击"添加"按钮，接着单击"继续"按钮，确认完成操作。

若要输出方差齐性检验结果，其操作步骤为：单击"两两比较"按钮 → 勾选"方差齐性检验"复选框 → 单击"继续"按钮 → 单击"确认"按钮。

多因素方差分析会输出以下三个表格。

（1）"主体间因子"表格：这表格列出分类变量的编码和值标签，以及样本量（N）。

（2）"误差方差等同性的 Levene 检验"表格：列出方差齐性检验对应的 P 值，若 P（sig）值大于 0.05，说明具有方差齐性。

（3）"主体间效应的检验"表格：其核心信息为两个分类变量的显著性值及交互项的显著性值。

二、t 检验

t 检验用于研究分类数据和定量数据之间的关系。t 检验分独立样本 t 检验、配对样本 t 检验和单样本 t 检验。

(一)独立样本 t 检验

独立样本 t 检验和单因素方差分析在功能上基本一致,不同的是独立样本 t 检验只能比较两个选项(如男性和女性)的差异。如果要比较三个或以上选项的差异,则只能使用单因素方差分析。

独立样本 t 检验在 SPSS 中的操作步骤如下。

第一步:选择"分析"菜单 → 选择"比较均值"命令 → 选择"独立样本 t 检验"命令。

第二步:在"独立样本 t 检验"对话框中,将定量变量放入"检验变量"列表框中,将分类变量放入"分组变量"列表框中,之后单击"定义组"按钮 → 设置指定值 → 单击"继续"按钮 → 单击"确定"按钮。指定值是 SPSS"变量视图"中分组变量对应的"值"列中的相应值。例如,若男性使用"1",女性使用"2",则"定义组"对话框中就分别在组 1 和组 2 中输入 1 和 2。

(二)配对样本 t 检验

配对样本 t 检验用于比较组别之间的配对关系。配对关系是指类似实验组和对照组的关系。配对样本 t 关系检验分为以下两种。

(1)不同实验场景。例如,测试商场背景音乐对文化消费者购物行为是否有影响,即在有背景音乐和无背景音乐两种情况下样本购物行为有无差异。此时设计问卷时就会有"有音乐背景"和"无音乐背景"两种场景。同样的被访者需要在两种场景下回答对应的同样题项。此时需要采用配对样本 t 检验对比差异。

(2)实验组和对照组。例如,测试一种新型教学方式是否有效,研究人员首先将成绩情况基本一致(使用独立样本 t 检验论证两组成绩一致)的班级分为实验组和对照组两组,对照组不进行任何变化,而实验组采用新型教学方式上课以进行实验刺激。在实验完成后,使用配对 t 检验对比两组成绩的差别,以检测新型教学方式是否有效。

配对样本 t 检验在 SPSS 操作中的操作如下。

第一步:选择"分析"菜单 → 选择"比较均值"命令 → 选择"配对样本 t 检验"命令。

第二步:在弹出的"配对样本 t 检验"对话框中将分析变量放入列表框 → 单击"确认"按钮。

操作后,会输出以下两个有意义的表格。

(1)"成对样本统计量"表格。表中列出了样本量(N)、均值和标准差。

(2)"成对样本检验"表格。我们需要关注表中的 t 值和 P(sig)值。

(三)单样本 t 检验

在问卷调查中,单样本 t 检验使用频率较低。单样本 t 检验是比较某个题项平均值是否与某个特定数字有着明显差异,如果呈现出显著差异即说明该题项平均值明显不等于这一特定数字。由于一般平均值是否明显不等于某一特定数字可以直观看出,因此一般不需要采用这一检验。

单样本 t 检验在 SPSS 中的操作步骤如下。

第一步：选择"分析"菜单 → 选择"比较均值"命令 → 选择"单样本 t 检验"命令。

第二步：在弹出的"单样本 t 检验"对话框中将分析变量放入列表框 → 在"检验值"列表框中输入所希望的特定数字 → 单击"确定"按钮。

三、卡方分析

卡方分析用于研究分类数据与分类数据之间关系的分析方法。例如，性别和近一个月内是否在网上购买过博物馆文创产品之间的关系。卡方分析一般涉及卡方值和 P 值，这两个值有对应的关系，P 值小于 0.05 说明有群组间在某件事的行为或态度方面存在差异性。在此基础上，进一步分析不同群组间差异的高低。例如，男性近一个月内在网上购买过博物馆文创产品的比例为 40%，女性为 60%，表明女性近一个月内在网上购买过博物馆文创产品的比例明显高于男性。

多选题的卡方分析与单选题的卡方分析在原理上一致，它是用于研究分类数据与某个多选题之间的交叉关系，但在 SPSS 操作中则完全不同。多选题的卡方分析涉及"多重响应"。

（一）单选题的卡方分析

单选题的卡方分析在 SPSS 中的操作步骤如下。

第一步：选择"分析"菜单 → 选择"描述统计"命令 → 选择"交叉表"命令。

第二步：在弹出的"交叉表"对话框中将分析变量放入列表框。若分析 A 变量对 B 变量的差异，将 A 变量放入"列"列表框，将 B 变量放入"行"列表框。接着需要对"统计量"选项和"单元格"选项进行设置。设置"统计量"选项是为了输出卡方值和 P 值等，而设置"单元格"在于输出百分比数据。

设置"统计量"的操作为：单击"统计量"按钮 → 勾选"卡方"复选框 → 单击"继续"按钮。

设置"交叉表"的操作为：单击"交叉表"按钮 → 勾选"列"复选框 → 单击"继续"按钮 → 单击"确认"按钮。

（二）多选题的卡方分析

多选题的卡方分析在 SPSS 中的操作步骤如下。

第一步：设置"多重响应集"。操作过程如下。选择"分析"菜单 → 选择"表"命令 → 选择"多重响应集"命令。之后在弹出的"定义多重响应集"对话框中将多选题所有题项（即答案）放入"集合中的变量"列表框中，并且在"计数值"文本框中输入数字"1"，然后分别在"集名称"文本框和"集标签"文本框中输入"多选题的题号（如 Q2）"和"多选题问题表述文字" → 单击"确认"按钮。

第二步：设置"设定表"。其操作步骤如下。①选择"分析"菜单 → 选择"表"命令 → 选择"设定表"命令。②在弹出的"设定表"对话框中将分析变量放入"列"和"表"。先将分组变量（如性别）放入"列"标签，将多选题（如 Q2）放入"行"标签。③单击"行"按钮下拉列表框 → 单击"摘要统计量"按钮 → 将"列 N%"放入"显示"列表框 → 单击"关闭"按钮。此步骤的作用在于输出结果中的显示百分比。④单击"检验统计量"按钮 → 勾选"独立性检验（卡方检验）"复选框 → 单击"确定"按钮。此步骤的作用在于输出卡方值和 P 值。这一设置完成后会出现"Pearson 卡方检验"表格，若表格中的 P（sig）值小于 0.05，说明不同的群组在某一问题上有显著性差异。

第五节　变量关系分析

一、相关分析

相关分析是研究两个变量之间是否存在相关关系，以及其相关关系的紧密程度。相关关系的程度由相关系数加以描述。常见的相关系数有两种：Pearson 相关系数和 Spearman 相关系数。若数据不服从正态分布，后者更合适，一般在研究中常常使用前者。这两个相关系数的判断标准基本一致。通常，当相关系数的绝对值大于 0.7 时，说明两个变量具有非常强的相关关系；当绝对值大于 0.4 但小于 0.7 时，说明两个变量具有较强的相关关系；当绝对值小于 0.2 时，说明相关关系较弱；当绝对值非常低时（小于 0.1），一般不会出现显著性，说明两个变量之间没有相关关系。

相关分析在 SPSS 中的操作步骤如下。

第一步：选择"分析"菜单 → 选择"相关"命令 → 选择"双变量"命令。

第二步：在弹出的"双变量相关"对话框中，将分析变量放入列表框，选择"相关系数种类"命令（SPSS 默认选择 Pearson 相关系数，若要使用 Spearman 相关系数则要勾选"Spearman"复选框）→ 单击"确定"按钮。

二、线性回归分析

在进行线性回归分析前，一般要进行相关分析。线性回归分析是研究一组（个）变量（X，称为自变量）对于另一个变量（Y，称为因变量）的影响关系。

线性回归分析中会所涉及的统计指标有 R^2 或调整 R^2，F 值，VIF 值，D-W 值、非标准化系数，以及标准化系数等。

R^2 或调整 R^2 表示所有自变量 X 对因变量 Y 的解释力度。例如，若 R^2 为 0.6，则表明所有自变量 X 可以解释因变量 Y 值 60% 的变化原因。通常 R^2 的使用频率较高，其值为 0～1，该值越大表示所有自变量对因变量 Y 越有解释力度。

F 值是检验是否所有自变量 X 中至少会对因变量 Y 产生影响关系，如果 F 值对应的 P 值小于 0.05，说明所有自变量 X 中至少有一个会对因变量 Y 产生影响关系。

VIF 值用于判断是否存在多重共线性。所谓多重共线性是指线性回归模型中自变量之间存在线性相关关系，即一个自变量可以用其他一个或几个自变量线性表示。VIF 临界点为 5（若样本很多，其临界点也可以为 10），如果 VIF 值大于 5，则说明存在多重共线性。

D-W 值用于判断自相关性，判断标准在 2 附近即可（1.8～2.2），如果达标则说明没有自相关性，即样本之间并没有干扰关系。在市场调查问卷的数据分析时极少使用 VIF 值和 D-W 值。

回归系数有非标准化回归系数和标准化回归系数，通常使用前者较多；若需要对比影响关系的强弱情况则一般采用标准化回归系数，但其前提条件是该自变量 X 对因变量 Y 具有影响关系（即其系数的 P 小于 0.05）。

线性回归分析在 SPSS 中的操作步骤如下。

第一步：选择"分析"菜单 → 选择"回归"命令 → 选择"线性"命令。

第二步：在打开的"线性回归"对话框中，分别将自变量和因变量题项移入相对应的列表框。

线性回归默认选择的方法是"进入"，即将所有自变量移入。除这一方法外，也会使用"逐步"方法。这一方法是希望软件自动找出对因变量产生显著影响的自变量。在实际操作过程中，通常采用"进入"这一分析方法。

第三步：设置相关选项 → 单击"确定"按钮。

此步骤是为了输出 D-W 值和 VIF 值。其操作步骤为：单击"统计量"按钮 → 在弹出的"线性回归：统计量"对话框中勾选"Durbin-Watson"复选框和"共线性诊断"复选框。

在输出的多个表格中，共有三个核心表格。①"模型汇总"表格。表中包含 R^2、调整 R^2 和 D-W 值。②"ANOVA"表格。我们只需要关注 P 值（Sig 值），若该值小于 0.05，说明至少有一个自变量会对因变量产生影响，至于哪个自变量，需要看"系数"表格中的各自变量的 Sig 值。③"系数"表格。我们需要看表格中的"B"列数值及其符号，以及 Sig 值。例如，若某自变量的 B 列系数为 0.03，且相应的 Sig 值小于 0.05，说明这一自变量对因变量产生了显著的正向影响；若某自变量的 B 列系数为 –0.03，且相应的 Sig 值小于 0.05，说明这一自变量对因变量产生了显著的负向影响；若某自变量的 B 列系数为 0.03，但相应的 Sig 值大于 0.05，说明这一自变量对因变量没有产生影响。此外，这一表格中还列出了 VIF 值，若 VIF 值小于 5，则说明没有多重共线性问题。

三、Logistic 回归分析

Logistic 回归分析也是研究一组（个）变量（X，称为自变量）对于另一个变量（Y，称为因变量）的影响关系。与线性回归分析不同的是，Logistic 回归分析中的因变量（Y）属于分类数据，而前者中的因变量（Y）属于定量数据。例如，题项的答案选项为"是""否"，则该题项作为因变量（Y）由于属于分类数据，故此时要用 Logistic 回归分析。

Logistic 回归分析共有二元、多元无序和多元有序 Logistic 回归分析三种类型。如果因变量（Y）选项仅有两个分类数据（如"是""否"），则属于二元 Logistic 回归分析；如果因变量（Y）选项有三个或以上分类数据，且这些选项没有对比意义，则属于多元无序 Logistic 回归分析；如果因变量（Y）选项有三个或以上分类数据，且这些选项具有对比意义，则属于多元有序 Logistic 回归分析。

在问卷调查分析中，二元 Logistic 回归分析使用频率比较高。这一分析涉及以下统计指标：①Hosmer 和 Lemeshow 检验，用于判断期望情况与模型最终拟合情况是否一致，此检验对应的 P 值要大于 0.05，此时说明预期拟合情况与实际拟合情况一致；②Cox&Snell R^2 和 Negelkerke R^2，表示所有 X 对于 Y 的解释力度。分析时，我们选择任一种指标即可。

Logistic 回归分析中还会涉及对数比（用 EXP（B）表示），其表示当 X 增加一个单位时 Y 的变化倍数，此值等于自然对数 e 的 B 次方（其中 B 是回归系数 B 值）。例如，EXP（B）=1.5，则说明 X 增加一个单位时，Y 会变成原值的 1.5 倍（此时 X 的回归系数 B 值大于 0），即 Y 发生某事情的可能性为参照项的 1.5 倍（比如，Y 为"有"或者"无"，那么相对于"无"来讲，X 增加一个单位时，Y 为"有"的可能性为"无"的 1.5 倍）。

二元 Logistic 回归分析在 SPSS 中的操作步骤如下。

第一步：选择"分析"菜单 → 选择"回归"命令 → 选择"二元 Logistic"命令。

第二步：在弹出的"Logistic 回归"对话框中选择变量放入列表框中（其中，自变量的题项移入"协变量"列表框，因变量的题项移入"因变量"列表框）并且进行"分类"和"选项"设置 → 单击"确定"按钮。

自变量若是分类变量需要进行虚拟变量处理。Logistic 回归分析可以对分类变量进行虚拟变量处理，操作步骤为：单击"分类"按钮 → 在弹出的"Logistic 回归：定义分类变量"对话框中将分类变量放入"分类协变量"列表框 → 单击"继续"按钮。

单击"选项"按钮，在弹出的"Logistic 回归：选项"对话框中勾选"Hosmer-Lemeshow 拟合度"，从而可以输出 Hosmer 和 Lemeshow 检验结果。

在二元 Logistic 回归分析中会输出多个表格，最有意义的表格有以下 6 种。

（1）"因变量编码"表格。表中会显示因变量编码情况。在这一分析中，因变量的编码数字仅为 0 和 1，如果在实际研究中并非如此，则 SPSS 会默认进行处理，处理的结果可能是 1 代表没有，0 代表有，因为不便于分析，故研究人员需要提前进行虚拟变量设置。

（2）"分类变量编码"表格。如果自变量中无分类变量，即不需要进行"分类"设置，则此表格就不会出现。

（3）"模型汇总"表格。这一表格有 Cox&Snell R^2 和 Negelkerke R^2 两个指标。

（4）"Hosmer 和 Lemeshow 检验"表格。我们看 Sig 值，此处 Sig 值大于 0.05 时就说明预期拟合情况与实际拟合情况一致。在实际分析时有时不关注此指标。

（5）"分类"表格。此表格体现模型拟合情况。表中"总计百分比校正"值表示整体数据拟合正确率。

（6）"方程中的变量"表格。此表格呈现的是自变量的显著性情况。由于 SPSS 软件并不输出对应的变量名称，仅输出编号，因此需要结合"分类变量编码"表格进行阅读。变量的显著性情况可以看 Sig 值，若此值小于 0.05 表示编码为 1 的样本具有显著性。当分类变量超过两个类别时，参照类别的 B 值无法输出，其他类别的 B 值会输出。例如，因变量表示购买特色文化产品的意愿，自变量有青年、中年和老年三类，并设置青年为参照类。青年类 B 值无法输出，而中年和老年类别的 B 值会输出且假设分别为 –1.231 和 1.113，且它们的 Sig 值均小于 0.05，这说明，相对于青年人，中年人购买特色文化产品的意愿明显更低，而老年人明显更高。

多元无序/有序 Logistic 回归分析在 SPSS 上的操作和分析与二元 Logistic 回归分析相类似。

第六节　其他数据分析方法

一、因子分析

因子分析可以分为探索性因子分析和验证性因子分析。验证性因子分析需要在 AMOS

软件或 LISREL 软件操作。而统计领域的因子分析是指探索性因子分析。探索性因子分析是将多个量表题浓缩成几个因子的处理方法。

在具体应用过程中，探索性因子分析的三个功能是探索因子、结构效度验证和指标权重计算。这三个功能在 SPSS 上的操作基本没有区别。探索因子是将量表题项浓缩成少数因子；结构效度验证是使用探索性因子分析功能块，最终由软件生成题项与因子的对应关系，并且将软件生成的对应关系与专业预期进行对比。如果二者基本一致，说明结构效度良好。指标权重计算是利用探索性因子分析的计算原理计算指标的权重。

探索性因子分析指标中，KMO 值和 Bartlett 球形检验是对能否采用探索性因子分析进行判断。KMO 值通常以 0.6 为标准，有时也用 0.5。巴特球形检验要看 P 值，P 值要小于 0.05。方差解释率是指因子可能解释题项的信息量的情况。例如，某因子的方差解释率值为 30%，说明该因子可以解释所有题项 30% 的信息量。累计方差解释率是指多个因子方差解释的累积。方差旋转是因子和题项的对应关系，其目的是让题项与因子的对应关系进行空间旋转，使同一个因子的题项分布在同一个空间中，类似将魔方同一个颜色的方块旋转在同一个面上。在问卷中最常见的因子旋转是最大方差旋转法。因子载荷系数是用于判断题项与因子对应关系的指标。如果某个题项与某个因子对应的因子载荷值较高，那么该题项应当归入该因子。因子载荷值可以为负值，在判断因子与题项的关系时，看这一值的绝对值。

当使用因子分析的探索因子功能时，需要结合主观判断重复分析以删除不合理的题项，从而最终找出最优因子与题项的关系，并对因子进行命名。其在 SPSS 中的操作步骤如下。

第一步：选择"分析"菜单 → 选择"降维"命令 → 选择"因子分析"命令。

第二步：在弹出的"因子分析"对话框中将要分析的变量移入"变量"列表框。该分析的结构效度验证功能也是如此操作上一步骤及本步骤。

第三步：分别设置"描述"选项、"抽取"选项、"旋转"选项和"选项"选项 → 单击"确定"按钮。

设置"描述"选项，其目的是输出 KMO 值和 Bartlett 球形检验。其操作步骤为：单击"描述"按钮 → 在弹出的"因子分析：描述统计"对话框中勾选"KMO 和 Bartlett 的球形度检验"复选框 → 单击"继续"按钮。

设置"抽取"选项，其目的是设置因子数量。一般来说，若研究人员确认了这些分析变量可以分成几个因子可以主动设置因子个数（当使用因子分析的结构效度验证功能时必须设置因子个数），也可以尝试让软件给出默认的因子个数。在多数情况下由研究人员自行设置因子个数。其操作步骤为：单击"抽取"按钮 → 在弹出的"因子分析：抽取"对话框中勾选"因子的固定数量"单选框并在"要提取的因子（T）："右侧框中输入因子数量 → 单击"继续"按钮。

设置"旋转"选项，其目的是将题项进行空间旋转，将同属变量的题项放置在一起。其操作步骤为：单击"旋转"按钮 → 在弹出的"因子分析：旋转"对话框中勾选"最大方差法（V）"单选框（在问卷调查中一般使用该方法进行旋转）→ 单击"继续"按钮。

设置"选项"选项，其目的是设置软件输出结果格式。其操作步骤为：单击"选项"按钮 → 在弹出的"因子分析：选项"对话框中勾选"按大小排序"单选框，勾选"取消小系数"复选框并在"绝对值下（A）："右侧框中输入自己设定的值（通常设置该值为 0.4）→

单击"继续"按钮。

完成以上操作后会输出一些表格,其中有四个重要的表格。

(1)"KMO 值和 Bartlett 球形检验"表格。若 KMO 值大于 0.7,Bartlett 球形检验对应的 Sig 值小于 0.05,则说明这些题项适合做探索性因子分析。

(2)"公因子方差"表格。题项对应的"抽取"列值即共同度值若大于 0.4,则说明因子可以很好地表达题项信息。除因子载荷系数大小和因子与题项对应关系外,这一值也可以作为删减某一题项的标准。

(3)"解释的总方差"表格。累积方差解释率达 50%以上,每个因子旋转后方差解释率达 10%以上,说明探索性因子分析结果良好。

(4)"旋转成分矩阵"表格。它是核心表格,从中可以看出各题项与因子的对应关系。

因子分析的指标权重计算功能和探索因子功能在 SPSS 的操作类似,不同的是在上述操作步骤的第三步需要增加设置"得分"选项。设置"得分"选项的目的是输出因子得分系数矩阵和保存因子得分(可选)。其操作步骤为:单击"得分"按钮 → 在弹出的"因子分析:得分"对话框中勾选"保存为变量(S)"和"显示因子得分系数矩阵(D)"复选框 → 单击"继续"按钮。如果勾选了"保存为变量(S)"复选框,则 SPSS 软件会将因子得分(其名称通常以"FAC"开头)保存在数据中,实践中多数情况不需要因子得分。在完成以上三个步骤运行后,SPSS 软件输出报告中会增加"成分得分系数矩阵"表格,从中可以看出每个题项(指标)的权重。

二、聚类分析

聚类分析用于市场细分或者将样本聚类后对比不同样本的差异,从而为具体的建议提供支撑依据。聚类分析按功能可以划分为样本聚类(Q 型聚类)和变量聚类(R 型聚类)。其中,样本聚类是按照相关指标将样本分成几类。比如 1000 个调查样本按照某些相关指标分成四类。变量聚类是将问卷中的某些题项(指标)分为几类。在市场调查中,前者的使用频率相对更高。

在 SPSS 软件中,聚类分析可分为两步聚类、k-均值聚类和系统聚类。两步聚类适用于数量大并且结构复杂的分析,可以同时处理分类数据和定量数据,由 SPSS 软件自动寻找最优聚类类别数量(也可自主设定),可以输出较多指标结果协助研究人员分析。k-均值聚类可以快速处理大量数据,但仅能处理定量数据,不能自动寻找最优聚类类别数量,需要自主设定聚类类别数量。系统聚类也称分层聚类,其处理速度相对较慢,可以同时处理分类数据和定量数据,需要结合相关结果主观判断聚类类别数量。各聚类方法特点归纳如表 6-1 所示。

表 6-1 各聚类方法特点

聚类分类方法	数据标准化功能	分类数据分析	定量数据分析	自动聚类类别数量	聚类类别数量设置	聚类质量判断	处理速度
两步聚类	√	√	√	√	√	√	较快
k-均值聚类	×	×	√	×	√	×	快
系统聚类(分层聚类)	√	√	√	√	√	×	较慢

聚类分析依次经过以下五个步骤。

第1步：数据处理。若样本数据度量单位不统一，先将数据标准化处理。研究人员可以提前采用 Z 值法对数据进行标准化处理，而两步聚类和系统聚类提供了数据标准化处理选项。

第2步：聚类试探性分析。可以采用上述聚类分析方法（其中 k-均值聚类仅适用于定量数据）进行试探性分析，从中了解聚类结果。

第3步：聚类方法结果对比。在经过第2步后已经对最终聚类类别数量有初步了解。本步骤对比未使用聚类分析方法获取的聚类类别结果。不同聚类方法的结果对比要结合第四步聚类效果情况进行综合判断以寻找最优聚类结果。

第4步：聚类效果验证。聚类效果验证需要一定的研究经验，结合专业知识进行主观综合判断。良好的聚类效果可以有效地识别样本特征，不同类别样本应具有差异，从而对聚类类别进行有效命名。聚类样本的特征差异对比通常采用方差分析，若为分类数据则采用卡方分析。若通过方差分析或卡方分析可以找出各个类别样本的具体特征的差异情况并且结合不同类别样本的特征情况进行命名处理，如果可以有效命名，说明聚类效果较好，反之需要返回第3步重新选择聚类类别数量以找出更优的聚类结果。两步聚类分析可以提供小量的聚类效果质量判断，也可以采用判别分析判断。

第5步：聚类类别命名。完成第4步后，研究人员需要深入分析各个类别突出特点并在此基础上对各类别进行命名。

两步聚类在 SPSS 中的操作步骤如下。

第1步：选择"分析"菜单 → 选择"分类"命令 → 选择"两步聚类"命令。

第2步：在弹出的"二阶聚类分析"对话框中将分析变量分别移入相对应的"分类变量"列表框和"连续变量"（定量数据）列表框，并且设置聚类类别数量。如果需要自行设定聚类类别数量，需要勾选"指定固定值"单选框并填写聚类类别数量。

第3步：设置"选项"和"输出"选项 → 单击"确定"按钮。设置"选项"选项的目的是生成聚类类别数据。通常 SPSS 会生成以"TSC_"开头的聚类类别变量数据名称。其操作步骤为：单击"选项"按钮 → 在弹出的"二阶聚类：选项"对话框中勾选"创建聚类成员变量"复选框 → 单击"继续"按钮。设置"输出"选项在于生成标准化变量。若数据的标度不一致，需要对其进行标准化处理。操作步骤为：单击"输出"按钮 → 在弹出的"二阶聚类：输出"对话框中将需要标准化处理的变量移入"假定已标准化的变量"列表框 → 单击"继续"按钮。

k-均值聚类在 SPSS 中的操作步骤如下。

第1步：选择"分析"菜单 → 选择"分类"命令 → 选择"k-均值聚类"命令。

第2步：在弹出的"k-均值聚类"的对话框中将分析变量移入列表框，并且在"聚类数"文本框中输入聚类数量。

第3步：设置"保存""选项"选项。设置"保存"选项的目的是生成聚类类别编号数据。通常 SPSS 生成以"QCL_"开头的聚类类别变量。其操作步骤如下：单击"保存"按钮 → 在弹出的"k-Means 群集：保存新变量"对话框中勾选"聚类成员"复选框 → 单击"继续"按钮。设置"选项"选项是为了输出 ANOVA 表。其操作步骤如下:单击"选项"按钮 → 在弹出的"k-均值聚类分析:选项"对话框中勾选"ANOVA 表(A)"复选框 → 单击"继续"按钮。

系统聚类在 SPSS 中的操作步骤如下。

第 1 步:选择"分析"菜单 → 选择"分类"命令 → 选择"系统聚类"命令。

第 2 步:将分析变量移入弹出的"系统聚类分析"列表框。SPSS 软件默认对样本,即"个案"进行聚类,若要对变量进行聚类,需要勾选"聚类"中的"变量"单选框。

第 3 步:分别设置"绘制""方法""保存"选项。

"绘制"选项设置的目的在于输出树状图,它可以直接展示聚类的过程。但对于样本聚类,树状图的意义很小,它更适用变量聚类分析。其操作过程是:单击"绘制"按钮 → 在弹出的"系统聚类分析:图"对话框中勾选"树状图"复选框 → 单击"继续"按钮。

"方法"选项设置是为了数据标准化处理。但绝大多数问卷中不需要进行数据标准化处理,若需要处理,其操作过程如下:单击"方法"按钮 → 在弹出的"系统聚类分析:方法"对话框中选择"标准化"中的"Z 得分"选项。→ 单击"继续"按钮。

"保存"选项设置是为了保存聚类类别数据,一般 SPSS 会生成以"CLU_"开头的聚类类别变量。其操作步骤为:单击"保存"按钮 → 在弹出的"系统聚类分析:保存"对话框中勾选"单一方案"单选框并在"聚类数(B)"文本框中输入聚类类别数量 → 单击"继续"按钮。

三、判别分析

判别分析是一种对观察对象进行分类的统计学方法,其目的是从现有已知类别的观察对象中建立一个判别函数,然后再用该判别函数去判别同质的未知类别的观察对象。和聚类分析不同,判别分析在分析之前已经非常确定观察对象分为多少个类别。有两种判别分析方法。①Fisher 判别,即典型差别,其基本思想是将原来在 R 维空间的自变量组合投影到维度较低的 S 维空间后再进行分类,从而使每一类内的离差尽可能小而不同类间投影的离差尽可能大。②Bayes 判别,这一方法认为所有 P 个类别都是空间中互斥的子域,每个观察对象都是空间中的一个点。它先计算某个观测对象的先验概率,然后利用 Bayes 公式按照一定准则构造一个判别函数,分别计算该样品落入各个子域的概率,所有概率中最大的一类就视为该观察对象所属类别。

判别分析在 SPSS 中的操作步骤如下。

第 1 步:选择"分析"菜单 → 选择"聚类"命令 → 选择"判别"命令,弹出"判别分析"对话框。

"分类变量"框:用来选入已知的分类变量,选入后下方的"定义范围"按钮被激活,用来定义分类变量的最大值和最小值。

"自变量"框:用来选入建立判别函数所需的变量。若勾选"一起输入自变量"复选框,则表示所有变量同时进入判别函数,系统默认该项;若勾选"使用步进式方法"复选框,则表示设定采用逐步判别法,按照指定的纳入/排除标准,依次引入/删除变量,直到方程稳定。

"选择变量"框：选择一个变量引入，右侧"值"按钮被激活，定义一个值，这样全部记录中只有该变量等于定义值的记录才纳入分析。

第 2 步：单击"统计量"，弹出"判别分析：统计量"对话框，按需要设定好后单击"继续"按钮返回。

"描述性"框：用来设置输出"均值"（均数和标准差）、"单变量（ANOVA（A）"（单变量卡方检验)和"Box's M"（组间协方差矩阵齐性检验）统计量，可以根据需要勾选。

"矩阵"框：用来定义输出矩阵选项。

"函数系数"框：判别函数系数选项，有两类：①Fisher(F)：输出 Bayes 判别系数；②未标准化：输出 Fisher 判别法的未标准化的判别系数。

第 3 步：单击"分类"按钮，弹出"判别分析：分类"对话框，按需要设定好后单击"继续"按钮返回。

"先验概率"框：用于设置先验概率。系统默认"所有组值相等"项，此时为各分类在总体中出现的概率相等；若勾选"根据组大小计算"项，则为根据样本中各组所占比例计算概率。

"使用协方差矩阵"框：定义分类计算所使用的协方矩阵。系统默认"在组内"。

"输出"框：用来设置一些可以输出的指标。若勾选"个案结果"，则输出每个观察单位判别后所属的类别；若勾选"摘要表"，则输出判别符合率结果表；若勾选"不考虑该个案时的分类"，则输出刀切法的考核结果。

"图"框：用来指定输出的判别图。若勾选"合并组"，则各类共同输出在一幅图中；若勾选"分组"，则每个类别单位输出一幅散点图；若勾选"区域图"，则该图可直接用于分类。

"使用均值替换缺失值"框：若勾选此项，则表示用均数代替缺失值，一般不勾选。

第 4 步：单击"保存"按钮，弹出"判别分析：保存"对话框，按需要设置好后单击"继续"按钮返回。若勾选"预测组成员"框，可以在数据编辑窗口保存每个记录的所属类别；若勾选"判别得分"框，可以在数据编辑窗口保存每个记录的判别函数得分；若勾选"组成员概率"框，可以在数据编辑窗口保存每个记录的分属各类的后验概率。点击"将模型信息输出 XML 文件"框右侧的"浏览"按钮可以将上述信息输出到指定的文件夹。

第 5 步：单击"确定"按钮运行，输出结果。

四、知觉图

知觉图是对文化消费者就某创意企业、品牌、创意产品或其他任何事物在 2 个或以上维度内的认知进行形象地描绘而产生的图形。一般而言，知觉图在横轴和纵轴的两端都会有范围限制（如高低、快慢等）。

我们可以用因子分析、多维度量表、判别分析和对应分析来开发知觉图。图 6-5 所示为被访者对某城市影院的知觉图。其中，硬件设施水平（共有 4 个题项测量）和服务水平（共有 6 个题项测量）是各影院的平均因子分析。

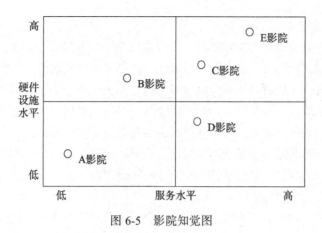

图 6-5　影院知觉图

第七节　定性资料分析

除定量资料（一般采用市场调查问卷获取的数据）外，还有一种是由文本（有时是图形）而不是数字组成的资料，被称之为定性资料。定性资料的获取方式主要有文案调查法、焦点小组座谈法、深访法和观察法等。定性资料的资料格式是文本式的（有时是视图式的）而非数字。

在获取定性资料后，研究人员分析定性资料经过资料整理、资料显示、结论提出/验证。这三个步骤与资料收集之间的关系如图 6-6 所示。

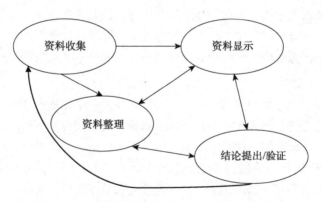

图 6-6　定性资料分析的构成：一个交互式模型

第 1 步：资料整理

在分析之前，研究人员需要对所收集的资料进行分类和归纳，即资料整理。通常，研究人员需要仔细阅读记录文本才能对这些资料进行整理。研究人员在遇到相似的主题时采用相似的形式进行编码。研究人员可以充分利用诸如 Atlas.ti、NVivo、WordStat、MAXQDA 等软件进行编码，比较研究资料中的各种关系。资料整理可以进一步分成分类和编码、理论构建、迭代和反例分析三个相互关联的步骤。

1. 分类和编码

首先，研究人员要对记录文本的各个部分进行分类，并给每个分类标上必要的记号。根据研究人员的知识和经验，有些类别可能在研究之前就已经确定了，但在绝大多数情况下，类别是随着研究人员研究记录文本重新归纳出来的。确定类别后赋予其数字即编码。编码对象可以是一个词，也可以长达几页的资料。同一段资料有不同的分类方式。如果某段落有几个不同的主题，则该段落要按照相关主题进行分类。若记录文本中的某些部分与分析的问题无关，那么这些部分就不需要进行编码。编码表是写着所有编码的文档，经过编码的资料可以输入电脑，但通常第一轮的编码都会写在记录文本的空白处。编码可以是编码表中对应分类的文字或数字。

随着资料分析的继续，研究人员可能会对资料进行修正与合并。期间，研究人员的理解会不断深入，经常需要重新查阅相关资料，并对它们重新分类和编码。

2. 比较

在资料整理时，研究人员需要比较异同点。类别中的每一个潜在的新事例或问题都要同已有的编码事例进行对比，以确定这个新的事例或问题是否属于已有类别；若不是，需要将它归为另一个新类并给予它新的数字即编码。同时，比较过程也是让研究人员更好理解两个架构间的差异和相似之处。例如，对不同博物馆文创产品购物动机进行比较，以及对同一购物动机的被访者之间进行比较。

3. 理论构建

在经过主题识别与分类后，研究人员下一步工作就是在此基础上构建理论。与定量研究有明确的变量间相互关系或模型化不同，在定性研究时，研究人员需要寻找一个核心类别或问题以构建其研究主线，即选择性编码。所有其他类别要么与核心类别或问题相关，要么从属于它们。一旦确定了中心问题，研究人员要重新查看全部资料中的编码和案例，以便更好地理解它们是怎样和资料中更高级别的分类或中心主线联系在一起的。

4. 迭代和反例分析

迭代和反例分析始于资料整理阶段，但在资料显示和结论提取/验证阶段仍会出现。

迭代分析是通过选择资料中的案例和问题修正之前的观点和分析，从而持续深入分析资料，修正并深化已有的架构和基于框架之间关系而建立起来的理论。迭代过程会揭示已收集的资料中并没有讨论的问题。为此，研究人员会从更多的被访者或指定类型的访问者那里获取更多的资料，复查每次访谈记录以检验它们是否支持所构建的更深层次的理论。

在迭代过程中，研究人员会使用反例分析，即研究人员刻意去寻找与现有想法和理论相矛盾的案例和情况，从而有助于确定所构建理论的使用范围和成立条件。

5. 列表的作用

列表在定性研究中一直备受争议。有些研究人员认为，任何列表都会引起误解，因为在焦点小组座谈或深访中，调查人员的提问多少都会有所差异，不像定量分析采用完全相同的方式向所有被访者提问。另外，对某问题提及的频率并不能完全反映该问题在研究中的重要性，反而那些独特的回答更值得研究人员注意，因为这些回答可能与其他解释和分析一致，也可能提供了理论和结论的应用条件。

不过，列表也能够让研究人员保持实事求是的态度，以及在观察研究中同时出现的主题。

第2步：资料显示

研究人员一般用直观的图表总结和归纳大量的文本资料，并以简洁的方式表达研究的主要观点。定性分析显示资料的方式并非唯一。资料显示会随着研究人员找到能更好地显示研究结果的方法而得以改进。

资料显示可以是表或图。表格按行或行列交叉的形式来列示研究的主题和/或被访者；图形包括流程图，变量关系图形、循环或递归关系的图表、树形图、一致性图等。

第3步：结论提出/验证

在项目的验证阶段仍存在迭代过程和反例分析。验证过程包括核查影响分析结论的常见原因是否存在。这些原因包括：①对第一印象或者生动具体的观察的印象过于深刻；②研究人员的选择会导致对某些资料的过分信任，特别是当试图去证明关键结论的时候；③认为共现事件间存在相关关系甚至因果关系；④从已观察到的结果推断总体的相关比例；⑤没有考虑到资料来源的可靠性问题。

研究人员除了充分考虑分析中可能出现的偏差外，还必须为研究成果建立可信度。定性分析可信度的本质问题是"如何说服观众相信调查研究的发现是值得关注的？"（Yvonne 等，1985）。定性分析中涉及：主观有效性，它是指报告中所做的分析同人们文化或亚文化中的认知是一致的；交叉研究的可靠性，它是指不同研究人员对文本或图像的编码是相似的。定性研究人员反对使用效度和信度两个术语，因为定性研究的解释不存在唯一性，他们更倾向于使用诸如"质量""严格""可靠性""可转移性""可信赖"等术语。

三角测量法是描述定性研究的可信度的一种有效方法。常用的三角测量法有以下五种。

- 多种收集和分析资料的方法。
- 多个资料集。
- 多个分析数据的研究人员，尤其是来自不同背景或不同研究领域的研究人员。
- 多个时期收集的资料。
- 提供被访者的选择范围，这样使研究中包含持有不同或者相关看法的多个小组。
- 可以从主要被访者或核查人员（如同行审查）那里获得反馈以增强定性分析的可信度。

复习思考题

1. 请尝试对上一章复习思考题中所调查的数据进行整理。
2. 请在问题1的基础上进行描述性分析、差异性分析，以及其他的可能性统计分析。

第七章 创意消费市场调研报告与口头汇报

学习目标

1. 了解创意消费市场调研报告的特点和作用。
2. 了解创意消费市场调研报告撰写的基本原则。
3. 熟悉创意消费市场调研报告撰写的基本步骤。
4. 能够撰写合格的定量和定性创意消费市场调研报告。
5. 学习如何进行口头汇报。

开篇案例

赵先生是北京某知名咨询公司一名入职2年的研究人员，去年他花费数月为国内某文化企业撰写了一份近500页的PPT调研报告。报告完成后，他感到非常自豪并对接下来的口头汇报充满信心。之后，他和项目经理、执行督导一行人在约定的时间为客户汇报研究成果。在听了赵先生长达2小时多的包括许多事实、图、表的详细报告后，客户公司负责人对他说，这个报告信息量过大，完全把他搞糊涂了，并希望明天8点上班时能够看到一份约3页A4纸的研究报告总结。

赵先生从这件事得到教训：不管研究设计得多详细，数据收集得多规范和质量控制得多严格，统计分析做得多恰当，问卷措辞多严谨，或者该研究报告内容和研究目的多匹配，若研究人员不能很好地和决策者进行有效沟通，所有的一切将化为乌有。

这一故事是一个研究人员经常走的极端情况。另一个极端是，调研报告特别是口头汇报太过简短也可能会让客户不满意，即使调研结果具有激发性。[①]

事实上，能否撰写一份合格的调研报告和作一场令客户满意的口头汇报关系到整个项目调研成败。除此之外，令客户满意的调研报告和口头汇报还会促进与客户的关系，有助于提升再次服务客户的概率。本章将讨论调研报告撰写和口头汇报的相关内容。

第一节 调研报告概述

一、调研报告及其分类

一个经验丰富的研究员几乎从他撰写项目调研方案开始就已经在构思调研报告，有时

---

① 小卡尔·麦克丹尼尔，罗杰·盖茨. 当代市场调研[M]. 李桂华，等译. 北京：机械工业出版社，2011：459-460.

甚至在了解客户调研需求后就已经开始构思了。调研报告是调研人员基于调研方案通过全面深入的调查和研究分析后所撰写的、以文字和图表等形式将调查结果呈现出来的书面报告。

调研报告是整个调查工作，包括计划、实施、收集、整理等一系列过程的总结，是项目组全体成员劳动与智慧的结晶，也是客户需要的重要的书面结果之一。它是一种沟通、交流形式，其目的是将调查结果、战略性的建议及其他结果传递给企业管理人员或其他担任专门职务的人员。因此，认真撰写调研报告，准确分析调研结果，明确给出调研结论，是报告撰写者的责任。

按调研报告表现形式，调研报告可划分为书面报告和口头报告两种形式。

书面调研报告的结构、内容及风格等很大程度上取决于调研的性质、项目的特点，撰写人和参与者的性格、背景、专长和责任。但是，一个标准的调研报告都有固定的格式，即包括导言、主体和附录三部分，各个部分又各有章节、细目。调研书面报告完成以后，在适当的时候，由调研服务机构做出口头报告，目的是使委托方在最短的时间内了解整个调研活动，以及调研得出的结论、发现的问题和建议，认可调研服务机构的调研活动及其价值。

一般调研报告需要汇报人员在 20 分钟左右的时间以口头报告的方式对其高度概括、报告，以使委托方迅速了解并认可研究成果。

口头报告应该适合听众的需求特点，需要遵循书面报告的形式，准备一个提纲或一个详细的梗概。为此，调研人员应事先了解听众的背景、兴趣、在项目中充当的角色和他们本身的影响程度。

二、调研报告的特点

（1）针对性。市场调研报告的写作要有明确的目的性，要针对实际工作的需要。实践证明，调查报告的针对性越强，其指导意义、参考价值和社会作用就越大。

（2）真实性。市场调查报告讲究实事求是。它通过调查得来的事实材料说明问题，用事实材料阐明观点，揭示出规律性的东西，引出符合客观实际的结论。调研报告的基础是客观事实，一切分析研究都必须建立在事实基础之上，确凿的事实是调研报告的价值所在。因此，尊重客观事实，用事实说话，是调研报告的特点。调查报告所采用的信息（数据）都必须真实无误，调查报告涉及的时间、地点、事件经过、背景介绍、文献引用等都要求准确真实。一切信息（数据）均要出之有据，不能听信道听途说。只有用事实说话，才能提供解决问题的经验和方法，研究的结论才能有说服力。

（3）时效性。过时的市场调查报告是没有任何价值的。市场时刻在变化，市场调查报告只有及时、迅速和准确地发现和反映市场的新情况、新问题才能让经营决策者及时掌握情况，不失时机地做出相应的决策，调整经营方向，提高企业的应变能力和竞争能力，确保产销对路，避免和减少风险。

（4）新颖性。调查报告的语言讲究简洁明快，这种文体只需要充足的数据以及少量的讨论，不要求细腻的描述，只要有简明朴素的语言报告客观情况。但由于调研报告也涉及可读性问题，需要运用新颖的观点和表现手法吸引读者去研读。所以，语言上，有时可以适当采用生动而形象的表达方式；内容呈现上，可以采用图文并茂的方法。

三、调研报告的作用

调研报告至少有四个方面作用。

（一）能将创意消费市场信息传递给文化企业决策者

市场调查的主要目的是为管理决策提供依据，而不是让参与调查活动的人员了解市场信息。具体来说，如果调研人员是从事独立的调查作业，那么他的调查研究目的就是指导客户去解决市场营销问题；如果调研人员是被某公司雇用进行调查的，那么调查人员将调查结果提供给该公司相关的营销决策者和管理决策者，使得他们掌握市场信息及动向，指导他们去解决问题。只有当客户了解调查材料和结论，调查结果有一定的效果时，调查的服务性才能具体落到实处。调查报告是从感性认识到理性认识飞跃过程的反映。与调查资料（数据报告）相比，调查报告更便于阅读和理解，它能把"死数字"变成"活情况"，起到透过现象看本质的作用，使感性认识上升为理性认识，便于更好地指导实践活动，帮助人们采取合理的行动和对策。调查报告可以说是一份系统的调查记录，既有第一手资料又有第二手资料，同时还有系统的分析和结论，这些正是调查结果使用者所必需的，他们往往依据调查报告，加上自己的分析判断，就可以做出合理的决策，并采取有效的行动。

（二）可以完整地表述调研结果

市场调查活动是一个有始有终的活动，它从制定调查方案、收集资料、加工整理、分析研究，到撰写并提交报告，是一个完整的工作程序，缺一不可。调查报告的表述是对前面过程的总结，是调查结果的体现形式。此结果是调查过程的深化，它使报告对象可以了解到本质的信息。换句话说，调查报告是市场调查成果的集中体现。为此，调查报告必须表述研究的细节应对已完成的市场调查项目做完整而又准确的描述。也就是说，调查报告必须详细、完整地表达给对方以下内容：调查目标、主要背景信息、调查方法的评价，以形象化的方式展示调查结果等。

（三）衡量和反映市场调研活动质量高低的重要标志

调查报告在某种意义上就是对调查工作的总结，调查的各个阶段的工作做得如何，最终都集中体现在报告中。对调查工作质量的评估也很可能主要取决于对调查报告的评价。调查报告必须能够建立并保持调查研究的可信度，这一点无论如何强调都不过分。报告必须让对方感受到市场调查人员对整个调查项目的重视程度和对调查质量的控制程度，甚至调查报告自身的直观形象也会极大地影响调查工作的可信度。换句话讲，诸如印刷的错误、粗糙的图表、不统一的页面空白和标题的安排，甚至报告本身的封面与装订差错等，都会影响读者对调查信度和效度的评价。

（四）能够发挥参考文献的作用

调查报告可使调查成果形成一种有条理的固定形式，使调查结果的使用者能既简洁又系统地了解所调查研究问题的基本情况、结论和建议；存档后，它可以作为相关问题甚至相关行业调查时的基本参考。一旦报告被报送或分发给决策者，它便开始自己的使命。

从这方面看,它像一个功能卓著的参考文件。大多数市场调查都包括几个目标和一系列意义重大的信息,然而,通常让决策者在某一特定时间记住这些内容是不太可能的。因此,人们会发现决策者通常会拿出原报告,重新阅读,以便熟悉调查的基本内容。例如,某公司每年对公司形象进行年度评估,决策者常借助往年的报告来察觉形象优劣势方面的变化。

第二节 调研报告撰写的基本原则与步骤

一、调研报告撰写的基本原则

调研报告撰写时需要遵循目的性、实事求是、观点和论据相结合,以及可阅读性原则。

(1)目的性原则。市场调查报告必须有明确的目的,有的放矢。原因在于,任何市场调查都是为了解决某一问题或者为了说明某一问题。市场调查报告必须围绕市场调查的目的来进行论述。

(2)实事求是原则。市场调查报告必须符合实际,引用的材料、数据必须是真实可靠的,不应略去或故意隐藏所知事实。即便是成功的调查,在市场调查报告中也不应只选择那些对自己有利的结果,其他的避而不谈。

(3)观点与论据相结合原则。市场调查报告是以调查资料(数据)为依据的,即调查报告中所有观点、结论都以大量的调查资料(数据)为依据。在撰写过程中,要善于用资料(数据)说明观点,用观点概括资料(数据),二者应该紧密结合,相互统一。

(4)可阅读性原则。为了提高调查报告的可阅读性,应尽量使语言简洁,少使用长而晦涩的句子,使语句尽量活泼流畅,以引起阅读兴趣;灵活多样的编排形式更有利于吸引读者注意,避免呆板,方便阅读。

二、调研报告撰写的基本步骤

调研报告撰写的基本步骤如图 7-1 所示。

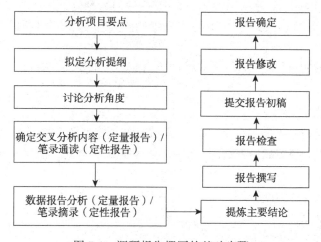

图 7-1 调研报告撰写的基础步骤

第 1 步：分析项目要点。

市场调查首先要根据调查的目标、内容和范围确定项目要点。调查报告的项目要点涵盖的主题是调查报告的关键问题，要点的主题是否明确、是否有价值，对调查报告具有决定性意义。

第 2 步：拟定分析提纲。

提纲是调查报告的骨架，呈现出了调查报告各部分之间的联系，也可以帮助撰写人员厘清研究思路。调查报告写作提纲可分为条目提纲和观点提纲两类。其中，条目提纲就是在层次上列出报告的章节；观点提纲是列出各章节要表述的观点。

撰写人员先基于项目分析的要点先拟定提纲，把调查报告分成几大部分，然后在各部分中再充实，按次序或按轻重，横向或纵向罗列编制成较细致的提纲。提纲的粗细反映了撰写人员对写作内容了解的深浅程度。一般来说，提纲越细，说明撰写人员对材料、内容掌握越深入、越具体，反映撰写人员的思路越清晰，在撰写报告时也更加顺手。另外提纲也可使撰写人员进一步深思熟虑、精益求精，也便于对调查报告进行"构造"的调整。因此，在撰写调查报告之前撰写人员有必要先拟定写作提纲，特别是较细的提纲。

第 3 步：讨论分析角度。

根据项目要点及调研报告提纲确定对调研资料（数据）的讨论分析角度。

第 4 步：确定交叉分析的内容/笔录通读。

在进行定量调研报告撰写之前，需要结合调研目的及报告提纲确定交叉分析内容，从交叉、立体的角度出发，由浅入深、由低级到高级地分析调研所获取的数据。常做的交叉分析内容包括性别、年龄、收入水平、教育程度、婚姻状况等反映被访者个人特征的类别变量和其他调查项作交叉分析。

在进行定性调研报告撰写之前，需要通读在定性调研时所得的资料，熟悉调研资料所涉及整体内容，为调研报告撰写精准提取资料作准备。

第 5 步：数据报告分析/笔录摘录。

对定量调研报告撰写来说，确定交叉分析内容之后，报告撰写者应该进行数据报告分析。数据分析报告实质上是一种沟通与交流的形式，主要目的在于将分析结果、可行性建议以及其他有价值的信息传递给管理人员。它需要对数据进行适当的"包装"，让阅读者能对结果做出正确的理解与判断，并可以根据调研报告做出有针对性、操作性、战略性的决策。

在进行定性调研报告撰写时，笔录通读之后应该将笔录与调研目的相结合，摘录与调研目的相关的笔录资料。

第 6 步：提炼主要结论。

在综合分析调研数据的基础上，撰写人员需要采用市场营销和创意/文化行业的专业术语提炼出主要观点。提炼的调查结论一般用判断和概念来表达，撰写人员可以从以下四个方面提炼结论。

（1）调研中发现的问题。

（2）揭露的矛盾。

（3）分析产生某种现象的原因。

（4）揭露现象背后的规律。

调查结论应该明确，应准确无误地表达清楚所涉及概念的外延与内涵，以及判断的意义，避免出现空洞的、含糊的结论。

第7步：报告撰写。

根据报告提纲和选择的已经加工分析过的材料（数据报告），在把握观点、立定格局的基础上，报告撰写人员要运用恰当的表达方式和文字技巧，充分运用调查中的材料，撰写市场调查报告的初稿。

在撰写初稿时，要求稿件逻辑清晰，文字规范，具有审美性与可读性；注意对数字、图表、专业名词术语等的使用；做到语言深入浅出、通俗易懂、准确、鲜明、生动、朴实。

第8步：报告检查。

在初稿完成后，在项目经理的组织下，项目小组人员特别是其他报告撰写人员可以针对初稿的内容、结构、用词等方面提出建设性意见，撰写人员对报告初稿进行修改，使调研报告言之有理、持之有据、观点明确、表达准确、逻辑合理。在定稿前也可以通过小组座谈将整个报告或报告的若干部分拿出来与有关方面进行沟通，从中获取反馈建议以提升报告质量。

可以从以下九个方面对调研报告进行检查。

（1）报告的标题是否简洁、明了、富有吸引力，并且能揭示调查主题的内容。

（2）基于调研方案的调查内容，审核报告主体各部分内容与主题的连贯性，有无修改和增减；调研报告内容是否涵盖调研方案的全部调查内容。

（3）报告是否处理好了篇幅和质量的关系。

（4）资料的取舍是否合理，报告中是否采用了大量与调研目标无关的资料。

（5）图表资料是否做了充分的解释和分析。推断调查结论的论据资料特别是图表资料，不能仅将这些图表和数据展示出来而不作解释，否则会使读者对其产生怀疑，进而影响调研报告的可信度。

（6）所推断出的结论是否科学，论据是否确凿，所提建议对报告使用者来说是否具有可操作性。调研报告的建议不具有可操作性的原因大多是由于撰写人员缺乏对客户企业的实际情况，或者对创意消费市场的判断过于轻率。因此，撰写人员在撰写报告前一定深入了解客户企业的实际情况并对服务对象所在的创意消费市场要有一个全面的了解。

（7）定量技术的使用不能过度，涉及的定量术语务必注明其含义。定量技术的使用会提高市场调研报告的质量，但过度使用定量技术会降低报告的可读性，也可能使使用者对报告产生怀疑。尤其是使用者是一位非技术型营销经理时，他还会拒绝一篇不易理解的报告。

（8）报告的重点是否突出，报告的逻辑结构是否合理。每个要点在全篇报告中占据的篇幅和位置须与要点本身的重要程度相一致。报告采用以下结构：①纵式结构，即按照被调查对象发生、发展的先后顺序或被调查对象的演变过程安排材料；②横式结构，即按照材料的性质和逻辑关系归类，从不同侧面、不同角度并列地将材料组成几个问题或几个方面，还可以加上小标题，依次呈现出来。

（9）语言表述是否严谨、简明和通俗。语言严谨体现在选词造句精确、分寸感强。在报告中不能使用如"可能""也许""大概"等含糊的词语，而且在选择表示强度的副词或形容词时,要把握词语的差异程度。例如,"有所反应"与"有反应","较大反应"与"反应强烈","显著变化"与"很大变化"之间的差别。语言表述简明意味着在叙述事实情况时,力争以较少的文字清楚地表达较多的内容,删除一些不必要的词句。调研报告的行文要求自然流畅,尽量选用常见的词句,避免使用晦涩难懂的、专业技术性强的术语。

第9步:报告修改。

在调查报告的初稿完成后,撰写人员基于各方所提的修改建议特别是客户的建议对初稿进行反复的加工锤炼,直至定稿。

第10步:报告确定并提交。

在各方对调研报告无意见后,调研报告就形成了定稿,客户人员可以将定稿提交给客户。报告提交的方式有两种。

(1)以书面方式提交。调查人员将定稿后的调研报告打印为正式文稿,而且要求对报告中所使用的字体、字号、颜色、字间距等进行细心的选择和设计,文章的编排要求大方、美观、有助于阅读。另外,报告应该使用质地较好的纸张打印、装订;封面应选择专门的封面用纸,封面上的字体大小、空白位置应精心设计。这是因为报告的粗糙外观或一些小的失误和遗漏都会严重地影响阅读者的兴趣,甚至怀疑报告的可信性。

(2)以口头方式提交。绝大多数市场调查项目在准备和递交书面报告之前或之后都要做口头陈述。通常,调研人员会去委托人所在单位与相关人员进行的一次简短会议,或者正式向董事会做一次调研报告汇报。不管哪种汇报方式,有效的口头陈述均应以听众为导向。因此,口头陈述前报告人需要充分了解听众的身份、兴趣爱好、教育背景和时间等,精心安排口头陈述的内容,将其写成书面形式,也可以使用各种综合说明情况的图表协助表达,通常会借助投影仪、幻灯片或大型图像等辅助器材,尽可能直观地向全体目标听众进行传达,并且可以留出适当时间让听众提出问题,和听众互动,从而以达到良好的汇报效果。此外,若有可能,可以从项目组中抽选数人同时口头汇报,各人可根据不同重点轮流发言,避免重复和单调。

第三节 调研报告的结构与撰写

一、调研报告的结构

调研报告通常由前文、正文、附录三部分构成。定量调研报告和定性调研报告在前文与附录部分一致,而正文部分有所不同。因此,在阐述前文与附录后,本节分别阐述定量调研报告和定性调研报告的正文部分。

二、调研报告前文的撰写

调研报告的前文主要有标题页和标题飞页、授权信/提交信、目录/图表目录、摘要/内容提要。除发布(提供)的日期外,标题页涉及报告的题目,题目一般需要写明研究对象(如品牌/产品)、类型等;报告的提供对象和撰写者。其中,企业内部调研的报告提供对象是某企业高层负责人或董事会,报告的撰写者是内设调研机构;第三方调研服务的报告的提供对象是调研项目的委托方，报告的撰写者是提供调研服务的调研咨询公司。这时还需要写明双方地址和人员职务；若是保密性质报告，需要一一列明报告提供对象的名字及职务。

标题飞页一般应用于特别正规的调研报告。标题飞页安排在标题页之前，此页只写调研报告标题，右上角注明涉密级别。

授权信是一种正式授权/委托公文。若有调研合同作为前提，此时研究报告可以省略授权信，若在企业内部或者将研究报告提交给第三方时则需要授权信。在注明授权和委托机构时，有时会对该机构进行相关介绍，如果是项目组，会在该部分介绍主要研究人员的一些情况，也可以将项目组介绍并入后面的调查方法或执行部分。

提交信是以调研报告撰写者个人名义向报告提供对象写的一封信，表示前者将报告提交给后者的意思。在此信中，撰写人员向报告提供对象汇报调研情况和最一般的成果，其所用的口气是个人对个人，不拘于形式，便于沟通即可。一般来说，较为正规的调研报告都应要有提交信，若调研报告正规性较低也可以省略。

调研报告一般要有目录。目录的内容由报告各部分章节及其相应的起始页码组成。通常只列出两个层次的目录，若报告较短也可以只编写第一层的目录。若报告中出现表格和图形，需要编写图表目录，以便读者很快找到一些他们关注的图表信息。图表目录包括图表序号及名称，以及所在页码。

摘要/内容提要是一份简明版调研报告，是调研报告重要的组成部分。许多高级管理人员通常只阅读调研报告的摘要/内容提要，是调研者影响决策者的唯一机会。摘要/内容提要主要涉及以下四方面内容。

- ✓ 为何要开展此项调研？即调研目的，主要包括重要的背景情况和项目的具体目的。
- ✓ 有何结果？需要写明调研的最主要的结果，有关每项具体目的的关键结果都须写明。
- ✓ 怎样得出综合结论？这指的是建立在发现结果基础上的观点，以及对于结果含义的解释。
- ✓ 建议怎么做或者提议采取的行动？这是以结论为基础而提出的。在许多情况下，管理人士不希望在报告中提出建议。因此，提要中是否包括建议需要依报告的特定情况而定。

通常，是在调研报告正文完成后撰写摘要/内容提要。摘要/内容提要是摘取调研报告的核心而成，它的长度一般不超过两页。需要注意的是，摘要/内容提要不是报告正文各章节的等比例浓缩，其内容要简明、重点突出。

三、调研报告附录的撰写

任何一份太具技术性或太详细的材料都不应出现在正文部分，而应编入附录；此外，可能只是某些读者感兴趣，或者它们与调研没有直接的关系而只有间接的关系的材料也可以编入附录。通常，附录包括的内容有：调查提纲；调查问卷和观察记录表；被访问人（机构单位）名单；较为复杂的抽样调查技术的说明；一些次关键数据的计算（最关键数据的计算，如果所占篇幅不大，应该编入正文结果部分）；较为复杂的统计表；参考文献；等等。

四、定量调研报告正文的撰写

定量调研书面报告最重要的部分是正文部分。其正文通常由六部分构成，即引言/研究目的、调查方法、研究分析方法、结果、局限性，以及结论和建议。

（一）引言/研究目的部分

引言/研究目的是对为何开展此次调研，以及此次调研旨在发现什么做出解释。撰写人员要阐述基本授权的内容和相关的背景材料，这些内容和材料应该足够可以讲清楚为什么值得做这个项目。在介绍此次调研旨在发现什么问题时，对于问题的表述可以采用调研方案中的提法。需要注意的是，这里提到的每个问题必须在正文的某一个部分提供相应的结果。

（二）调查方法部分

调查方法部分主要阐述报告中采用哪些资料类型（一手资料或/且二手资料），获取这些资料采用哪些方法（如问卷调查、观察法、深访、焦点小组座谈会、实验法等），以及具体的执行流程、实际执行基本情况和调查质量控制措施（如抽样时抽样框的确定，样本单位及其条件、抽样流程等）。

（三）研究分析方法部分

研究分析方法部分主要阐述所使用的定量分析方法和理论分析方法，重点阐述报告中出现的概念及其定义、主要定量或定性分析方法，以及所采用的理论等。

（四）结果部分

结果部分是正文中篇幅最大的部分。通常所说的撰写调研报告也是指这部分的撰写，但注意不能将这部分的撰写等同于调研报告的撰写。这部分应按某种逻辑顺序紧扣项目要点所形成的提纲，基于数据报告详细阐述发现了什么。发现结果应以叙述形式表述出来以使结果更加可信。讨论时可以配合一些总括性的表格和图像以避免枯燥无味。在叙述时，一般遵循先总说后分说，先描述事实后推断结论的逻辑顺序。

结果部分中的数据尽可能地采用表格或图形的形式呈现出来，这样可以提高报告的清晰度，更能够吸引读者的注意，提高沟通效果。下面将简要阐述四种在调研报告中常用的图形。

1. 饼图

饼图是将一个圆划分为符合数量比例的几个部分，扇形的相对大小可以直观地显示数据总额各组成部分所对应的比例。例如，在问卷调查四川绵阳文化资源时问了这个问题：当说到唐代诗人李白，您首先会想到＿＿（单选）。其调查结果可以用饼图展现出来，如图 7-2 所示。

饼图各部分所对应的比例之和须为 100%。因此，这类图形一般用于问卷的必选的单选题，其他类型题目不适合。另外，若各个扇片对应的比例大致相等，使用饼图呈现数据可能没有用。

饼图控制在六七片，太多的扇片会使得图形看起来显得凌乱从而降低视觉效果。当一个饼图的扇片太多时，可以将一些相对较小且不重要的部分合并在"其他"中，从而避免图形的拥挤。为提高有效性，各扇形部分可以使用不同的深度或颜色来填充。

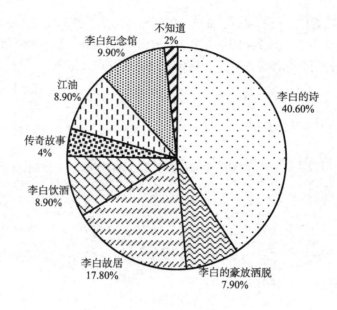

图 7-2　与李白相关的联想饼图

总之，当扇片构成数量相对较少且各扇片比例相对有差异时，饼图最有效。

2. 折线图

折线图是显示一个或多个项目在不同时间段演变的二维图形。横坐标一般是时间坐标，纵坐标通常为项目的值。例如，图 7-3 所示为北京市和天津市 2013—2018 年旅游总收入折线图。研究人员和读者可以很直观洞察这两个城市旅游总收入的变化及二者之间的关系。

为了使折线图最有效，不同项目的相对对应趋势线要采用不同颜色或不同形状线条呈现出来。另外，一个折线图不能包括太多项目，不然显得杂乱无章，造成视觉拥挤，此时采用表格呈现更为合适。

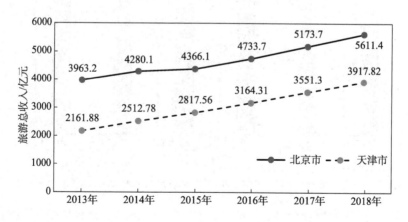

图 7-3　北京市和天津市 2013—2018 年旅游总收入折线图

3. 面积图

面积图是以时间为横坐标，项目的值为纵坐标的二维图。图形的区域被划分为几个横向层次，每个层次对应相应的项目。在任一时间点，每个层次的宽度表示相对该时间点上每个项目的相对重要性。图7-4所示为图7-3的面积图，若将北京市和天津市作为一个总体，北京市和天津市各年旅游总收入相对比重可以很直观地呈现。

图7-4　北京市和天津市2013—2018年旅游总收入和相对比重面积图（单位：亿元）

面积图是折线图的累计，它的信息内容与不同时间段的系列扇形图的内容相似，它可以跟踪项目不同时间段的相对重要程度。层次图要采用不同颜色或阴影深浅表示不同层次。

4. 柱状（条形）图

柱状（条形）图在市场调研报告中应用得最多。柱状（条形）图包括一系列同等宽度的柱（条）形，柱（条）形的高度（长度）代表项目的值。例如，图7-5所示为北京市和天津市2013—2018年旅游总收入柱状图。

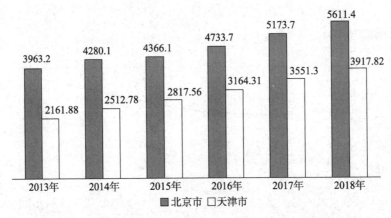

图7-5　北京市和天津市2013—2018年旅游总收入柱状图（单位：亿元）

多选题、单选题均可使用柱状（条形）图。若项目较多，建议使用条形图，如图7-6所示。

此外，柱状图也可以用于显示在时间段之间的演变，将时间点作为横坐标轴，在每个时间点建立一个纵向柱形，并将该柱体划分若干部分，每个部分对应该项在那个时间点的值。例如，图7-7所示为北京市和天津市2013—2018年旅游总收入及相对比重柱状图。该图很清晰地呈现出北京市和天津市各年的相对比重及其趋势。从这个图中既可以看出各年各市具体值，又可以看出相对比重（依据纵轴比例）。

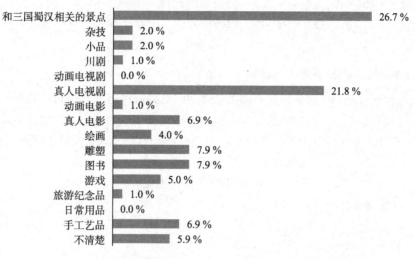

图 7-6　最想购买的与三国蜀汉相关的文创产品条形图

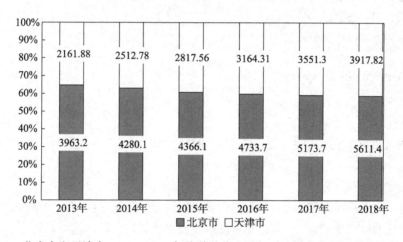

图 7-7　北京市和天津市 2013—2018 年旅游总收入及相对比重柱状图（单位：亿元）

需要注意的是，虽然图表或图形在调研报告中越来越普及，但并非每个调研结果都要建立图表或图形，报告撰写人员需要确定图形的数量或适合模式，以避免混淆、无意义或误导的解释。

（五）局限性部分

局限性部分通常简要说明即可，内容可以涉及以下方面。
- ✓ 调查群体的局限性。
- ✓ 样本代表群体的局限性。
- ✓ 调查过程中执行的偏差。
- ✓ 被访者本身的局限性：无回答误差。
- ✓ 抽样程序存在的问题。

- ✓ 研究时间的限制。
- ✓ 结果应用的适用范围。

调研报告应该要保留局限性部分，因为完美无缺的调研是不可能做到的；不承认研究的局限性和应用前提不是科学的态度。但需要注意，没有必要因为过分强调研究的局限性而放弃调研。

（六）结论和建议部分

在结论和建议部分，结论是基于调研所发现的结果采用市场营销和所调查行业的专业术语所进行的归纳总结，而建议是基于结论提出应该要采取的相应具体的、科学的、可操作性的市场行动。正文的结论和建议的阐述应该比摘要的更为详细，而且要辅以必要的论证。

调研报告中术语规范举例

单一数量描述：
- ✓ 绝大多数人：90%以上。
- ✓ 非常多、大多数人：70%～90%。
- ✓ 较多、多数人：61%～69%。
- ✓ 多一半：50%～60%。
- ✓ 一半，半数：50%。
- ✓ 近一半：40%～50%。
- ✓ 少数人：21%～39%。
- ✓ 较少数人：11%～20%。
- ✓ 极少数人：10%以下。

成数描述： 三成半（35%），七成多（71%～74%），近四成（36%～39%）；六成左右（57%～63%）。

比较术语描述：
××比××显著得高(低)：数据报告中应有显著性差异；××和××相比差异显著。
××比××更高（低）：没有显著性差异但需要进行比较的地方。
××是××的几倍（几分之几）：多几倍或者少一半。

五、定性调研报告正文的撰写

和定量调研书面报告一样，定性调研书面报告最重要的部分也是正文，正文通常由引言、资料/结果分析、结论和建议三部分构成。

报告的"引言"部分主要撰写研究问题、研究目的、所采用的研究方法。和定量分析报告一样，定性调研报告也需要写明收集和分析资料的过程。研究方法描述这一部分通常包括：访谈中涉及的主题及使用的设备；若使用的是观察法，需要写明观察的时间、地点和观察内容；研究人员的背景和教育程度差异及参与程度；选择被访者的过程；被访者的个人特征，以及对调研主题（如文化产品/服务）的熟悉程度（可以用表格呈现）；焦点小组座谈会的场次、每场次的人数及其个人特征、持续时间等；深访次数、被访者的个人特征、访问持续时间等；记录文本的数量及总页数、图像与视频的数量，备忘录的数量及总页数；资料分析的过程，如分类与编码、记录文本的迭代分析、成员检查和同行检查等；反例分析的过程及结论的修正；定性研究方法的局限性。

资料/结果分析部分主要涉及对文献回顾与相关二手数据的检索、数据展示，以及研究结论的解释和总结等。

报告的研究结果应按照逻辑顺序或让人易于接受的顺序陈述。在分析中引用的二手资料要有助于支撑研究结论。在问题讨论陈述逻辑方面，一般性问题讨论要优先于具体问题讨论。

报告要包括用于总结，或为结论提供证据的资料。在文本报告和资料显示中，经常使用全文记录或研究参与者所提供的部分引用。

结论要基于上述资料/结果分析进行归纳总结，并在此基础上提出建设性的可操作性的营销建议。

第四节　口头汇报

在书面调研报告提交后，一般来讲，大多数客户还希望听到调研报告的口头汇报。口头汇报是实现有效沟通的重要环节。口头汇报对某些决策者来说是了解调研结果的唯一途径，因为他们几乎从不阅读书面报告。

口头汇报的方式可以采取线下形式汇报和线上形式汇报。线下形式通常是项目组成员前往客户办公场所口头汇报；线上形式是通过视频会议软件，如ZOOM、腾讯会议、钉钉等网上口头汇报。

口头汇报要根据听众确定汇报内容。一般来说，企业管理人员不太喜欢调研技术，他们更偏好调研的主要发现、结论和建议。因此，主要发现、结论和建议在口头汇报PPT中所占比重较多。

口头汇报调研报告前，汇报人员首先要充分准备。例如，了解参会人员基本信息、汇报PPT、汇报提纲、调研报告摘要、做好答辩准备、自制图表或展示板、线上汇报视频会议软件的熟练应用或线下汇报时交通工具选择及自备投影仪（为了预防PPT颜色失真通常会自带投影仪），等等；其次是要充分练习，熟悉各种汇报时所要用的物品特别是PPT内容，把握汇报节奏和汇报时间。口头汇报期间要采用口语化和通俗的语言，充满自信，控制汇报节奏、重点突出、在规定时间内结束汇报、与参会人员良好互动。

在正式进行口头报告前必须做模拟报告。为了便于直观解释，同时也为了体现报告人本身的专业素质和对报告的重视程度，可在报告前准备数量适宜的投影胶片或多媒体报告提纲，如PPT文件。需要展示的表格和图形，必须事先做好。在口头报告过程中，报告者应注意用目光与听众交流，及时注意他们的反应。在口头报告过程中和口头报告结束后，给听众提问的机会。口头报告中可适当插入简短、针对性强的典故、例子或格言等，以使之生动和富有感染力。口头禅，如"嗯""您知道吗""那个""对不对""是吧""明白了吧"等应予以杜绝。

另外，还要注意运用肢体语言提高口头表达的效果，夸张的姿势可以用来强调说过的话，提示性的姿势是观点与情感的象征，快速的举动用于在听众中引起希望获得的反应。讲话人应该调节音量、音调、清晰度、音色及语速，语言与举止要得体、适度，切不可矫揉造作、哗众取宠。为了强调口头报告的重要性，最好请一位客户方的高级管理人员出席。口头报告之后，客户方的高级管理人员应该有时间详细阅读报告全文。

复习思考题

1. 简述调研报告的特点和作用。
2. 简述定量和定性调研报告的结构。
3. 试根据上一章问题 2 所出具的数据报告及基于第三章所设计的调研方案，撰写一份调研报告。
4. 在问题 3 的基础上，撰写一份 PPT 为口头汇报所用；另外，假如你的客户企业城市和你公司所在城市相邻，客户需要你们来他们公司汇报调研成果，除了要准备 PPT 报告外，口头汇报前还需要做哪些准备工作？

第八章 创意消费市场调研综合案例：红色创意产品需求调研

学习目标

1. 熟悉创意消费市场调研整个流程。
2. 能够独立完成创意消费市场调研任务。
3. 能够管理创意消费市场调研项目。

第一节 红色创意产品需求调研方案

实践中，通常在 PPT 文档中撰写市场调研方案。市场调研方案要做到：逻辑清晰、文字简练、主题明确、正确使用专业术语，特别是与客户提出的调研需求要相匹配。

本次市场调研客户是一家位于江西赣州的文化企业，该公司准备以红色故都瑞金境内红色文化资源为创意源头开发红色创意产品，其消费者主要是红色旅游景区游客。

一、调研背景

近年来，我国红色旅游发展势头强劲。马蜂窝数据显示，自 2021 年 1 月以来，"红色旅游"搜索热度较上年同期增长 176%。并且，越来越多的年轻游客在长假期间开启了红色之旅，2021 年暑期红色旅游出行人数同比增长 92%。携程《2022 年上半年红色旅游大数据》统计表明，截至 2021 年 12 月，全国红色旅游接待游客累计达 34.78 亿人次，综合收入达 9295 亿元。从游客群体看，女性游客多于男性游客，"80 后"和"90 后"游客占比 67%。显然，红色旅游持续升温极有可能将促进红色创意产品市场繁荣。

红色故都瑞金位于江西省南部，是中国第一个红色政权即中华苏维埃共和国临时中央政府诞生地，是第二次国内革命战争时期中央革命根据地的中心，也是红军长征的出发地之一。瑞金市境内有 180 多处革命遗址，主要分布在叶坪村、沙洲坝、云石山等地区。目前，红色旅游已成为瑞金市经济社会发展的重要支柱性产业，旅游人次、旅游收入年均实现了 20% 的增长。据统计，2021 年该市共接待游客 1814.1 万人次，旅游收入达 94.1 亿元。面对快速增长的红色旅游市场，公司拟以红色故都红色文化资源为源头，开发以红色游客为其主要目标消费者的红色创意产品，为此希望了解红色创意产品的需求量特别是这些游客对红色创意产品的需求偏好，为进入这一红色创意产品市场提供数据支持。

二、调研目的

红色创意产品市场存在巨大的市场潜力，但进入这一市场前，有必要全面而深入了解这一市场的可能规模、红色游客对红色创意产品的需求是什么、他们对红色故都红色文化资源的认知等，才能为进入开发这一红色创意产品提供参考依据。

三、调研设计

调研时间：2022 年 1 月。

调研方法：街头访问。

调研对象、样本量及配额：红色创意产品潜在购买者 300 份。其中，"80 后" 60 份，"90 后" 60 份。

调研对象条件：过去一年内已购买过或未来有意向购买红色创意产品的人。

四、调研内容

（一）红色创意产品购买意愿

- 最近一次已购红色创意产品类别。
- 最近一次已购红色创意产品的价格。
- 红色创意产品类别购买意向。
- 红色创意产品类别购买价格承受区间。

（二）红色创意产品载体偏好

- 产品外观颜色偏好。
- 产品材质偏好。
- 产品包装偏好。

（三）红色旅游景区和故都红色文化资源知名度

- 红色旅游景区知名度。
- 有形红色文化资源知名度。
- 无形红色文化资源知名度。

（四）红色创意产品购买渠道偏好

- 线下购买渠道偏好。
- 线上购买渠道偏好。

（五）消费者特征

- 年龄。
- 性别。
- 职业。
- 政治面貌。
- 婚姻状况。
- 个人月收入。

五、项目进度

本项目进度如表 8-1 所示。

表 8-1 项目进度

工 作 内 容	工作时间/天
提交计划书、合同签订	2
第一期费用支付	1
问卷设计等前期准备	5
客户确认问卷	2
实地执行	18
数据处理完成	5
文字报告编写完成	5
合计	约 38

- 实地执行时间说明
  - 实地执行主要有培训、试访、模拟、正式访问等环节，由于在访问过程中有访问员的流失，因此在实地执行时不断重复以上的步骤，具体时间安排视项目进展而定；
  - 循环一个周期的时间大约是 3 天，其中培训、试访、模拟为 1~1.5 天，之后开始正式访问，如果没有访问员流失则合格的访问员继续进行，如果有流失则视情况而定。

六、项目费用与付款方式

本项目费用如表 8-2 所示。

表 8-2 项目费用

项　　目	费　　用	费 用 明 细
项目设计	___元	
问卷设计	___元	
数据收集	___元	网络问卷调查：___元/份 × ___份 = ___元
		二手资料间接收集：___元
数据处理	___元	程序编写：___元
		编码输入：___元
分析报告	___元	___元
交通费	___元	
差旅费	___元	___元/天 × ___天 = ___元
税费	___元	
合计		_____元

本项目付款方式为：
①签订合同后 3 天内支付研究费用的 70%；
②项目完成后 7 天内付清余款。

七、项目执行

（一）项目执行——项目流程

街头访问流程如图 8-1 所示。

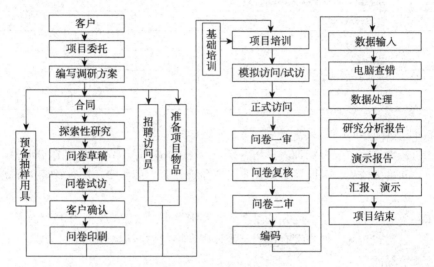

图 8-1　街头访问流程

（二）项目执行——项目组成员

本项目的组织架构如图 8-2 所示。

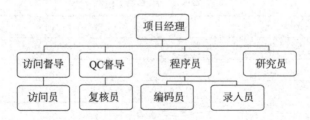

图 8-2　本项目的组织架构

（三）项目执行——项目成员及其职责

- 项目经理：项目责任人
  - 负责项目方案细化和分工；
  - 保持有效的内外沟通；
  - 执行管理和成本控制；
  - 对项目结果负责。
- 访问督导：访问的具体执行者，对项目经理负责
  - 访问工具及地点准备；
  - 访问员队伍招聘与培训；

- □ 管理和监督访问员日常工作；
- □ 采取有效激励措施保证访问员团队的稳定性和执行质量；
- □ 遵守项目预算，对访问结果负责。
- QC督导：监督项目质量，对项目经理负责
  - □ 监督项目的执行过程；
  - □ 审核问卷的质量。
- 程序员：数据处理执行人员，对项目经理负责
  - □ 负责项目的数据编码、录入、查错等环节；
  - □ 编写程序进行数据报告。
- 研究员：对结果进行研究分析
  - □ 根据数据结果及各种资料，对项目进行研究分析，撰写研究报告。

（四）项目执行——项目实施步骤

- 项目准备阶段：自与客户签订合同之日起开始项目准备工作
  - □ 设计问卷；
  - □ 召集访问员；
  - □ 组织项目成员会议；
  - □ 与客户确认问卷并印刷；
  - □ 准备其他访问工具（如表格、卡片等）。
- 调查执行阶段：客户确认问卷以后，我们将召集项目培训会，并邀请客户参加，从此进入项目执行阶段
  - □ 项目培训：问卷讲解、模拟、试访，然后做出项目执行安排；
  - □ 访问：计划每个城市召集15~20名访问员进行；
  - □ 一审：由访问督导进行，检查访问员有无错填、漏填、跳问不当等问题；
  - □ 二审：由QC督导进行，进一步检查问卷质量；
  - □ 复核：由QC督导负责执行，确保问卷的真实性。
- 数据处理阶段：自问卷回收、复核结束之时开始，将尽可能与调查工作同步进行
  - □ 编码：由电脑部编码员负责，工作内容是将问卷中的开放题变成封闭题，即给开放题的答案一个数码，以便计算机输入和处理；
  - □ 问卷输入：将问卷全部输入电脑；
  - □ 数据处理：计划用SPSS软件对数据进行统计分析，可以做各种描述性统计（频数、频率等），可以做各种运算（平均数等），可以做交叉分析、相关分析、回归分析、聚类分析、定位分析、因素分析等高级统计。可根据客户的要求和分析研究的需要进行统计分析，并做出电脑报告。
- 分析研究阶段
  - □ 分析提纲：得到初步报告后，研究部执行初步检查并根据数据纲要确定交叉分析大纲；

□ 分析报告。
  - 项目经理根据计划书和数据报告结果进行初步分析；
  - 召集专家会议对初步分析报告进行审核。

（五）项目执行——质量控制

- 研究设计
  □ 公司在制订正式计划书前根据客户问题的要求，确定具体的问题。
- 问卷设计
  □ 问卷设计以计划书的项目所需信息为指导，要求问卷必须能够得到所有要求的信息；
  □ 问卷由专人设计并经项目经理同意，确定满足分析所需；
  □ 问卷设计好以后，应征求客户意见；
  □ 问卷初稿完成后，至少经两次试访，以保证问卷的实用性。
- 访问过程
  □ 参加访问的访问员都经过公司的基础培训和项目培训，并经过试访考核合格才可进行正式访问；
  □ 项目培训由项目经理主持。
- 审卷
  □ 对访问员完成的每份问卷进行两重审卷，确保问卷有效。
- 编码和输入
  □ 对开放题至少在获得 150 份合格问卷后再进行编码，保证编码质量。编码完成后再由专人进行检查，保证编码合理。
- 数据处理
  □ 使用 SPSS 分析软件，对问卷进行分析，保证研究设计思路能通过数据处理得以实现。
- 分析提纲
  □ 得到初步报告后，研究部执行初步检查并根据数据纲要确定交叉分析。
- 分析报告
  □ 项目经理根据计划书和数据报告结果进行初步分析；
  □ 召集会议对初步分析报告进行审核；
  □ 根据分析报告并结合实践经验对企业提出营销建议。

（六）项目执行——公司提供的服务

- 定量研究问卷设计
- 定量研究数据收集及质量控制
- 定量研究数据报告及分析报告
- 报告演示

（七）项目执行——需要客户提供的支持

- 客户需要指派一名专职人员负责本项目的沟通协调工作

- 客户需要提供与本项目相关的数据资料,我们会在需要相关资料前知会客户,并将事先征得客户的书面同意
- 在每一阶段开始前,我们会在书面征得客户同意后开始该阶段的工作,客户用书面形式通知同意开始该阶段的工作
- 在最后的报告写作阶段,希望有客户的专职人员与我们协同工作,讨论策略支持

(八)项目执行——本次调研将提供的材料

- 文字分析报告
- 访问数据报告
- 演示会报告

(九)项目执行——双方责权

- 代理方责权
  - 问卷和大纲设计;
  - 数据资料收集;
  - 数据资料质量控制;
  - 数据资料整理;
  - 分析报告编写。
- 客户方责权
  - 拥有原始数据的归属权;
  - 有权调阅原始问卷;
  - 提供必要的数据/资料支持。

(十)样本量的计算

样本量计算公式为

$$N = Z^2 \times [P \times (1-P)]/E^2$$

式中,N 为样本量;Z 为统计量,置信度为95%时,$Z = 1.96$;当置信度为90%时,$Z = 1.64$;E 为误差值;P 为概率值;

30个样本是定量研究的最小样本量;

各项抽样标准样本量计算:

$Z = 1.96$,$E = 3\%$,$P = 0.5$ 时,$N = 1067$

$Z = 1.96$,$E = 5\%$,$P = 0.5$ 时,$N = 384$

$Z = 1.96$,$E = 10\%$,$P = 0.5$ 时,$N = 96$

$Z = 1.64$,$E = 3\%$,$P = 0.5$ 时,$N = 747$

$Z = 1.64$,$E = 5\%$,$P = 0.5$ 时,$N = 269$

$Z = 1.64$,$E = 10\%$,$P = 0.5$ 时,$N = 67$

第二节 调研问卷

即使是网络问卷,我们一般也是先在 Word 文档上先设计好问卷,然后再上传至网络

问卷调查平台。下面的内容是上一节调研方案的街访问卷。

本次调查属于自愿性调查	20210203 项目（街访问卷）	访问问卷号					
		录入问卷号					

一审	二审	复核	抄码	编码	一录	二录

被访者信息

被访者姓名		性别		区/县	
具体地址				邮政编码	
被访者手机号码					

访问员信息

抽样员姓名		抽样员编号	
访问员姓名		访问员编号	
访问开始时间	____时____分	访问日期	____年____月____日
访问结束时间	____时____分	访问时长	____时____分

女士/先生：

您好！我是____公司的访问员，我们正在进行一个关于红色创意产品消费的研究，我们将对您的回答绝对保密，希望能够得到您的支持和配合，这个访问大约需要15分钟。请问，我可以和您谈一谈吗？

配额栏：

Q34 出生年份	
1980—1989 年	4
1990—1999 年	5

所谓红色创意产品是指以红色文化资源（如遗址遗迹、文物、故事、传说、革命史实等）为创意源头而生产制造出来的各类产品。

[出示卡片 1]

Q1. [单选题]下面哪句话符合您的情况？

我之前购买过红色创意产品，若遇到合适的我仍会考虑再购买…………1 继续访问

我之前没有购买过红色创意产品，但遇到合适的我会考虑购买…………2 跳问 Q5

任何时候我都不会考虑购买红色创意产品……………………………………3 跳问 Q34

[出示卡片 2]

Q2. 您最近一次购买了哪些红色创意产品？[访问员注意：若被访者购买不止一类产品，继续访问 Q3，否则跳问 Q5]

Q3. 在这些产品中，您最满意的那个产品是：

产　品　类　型	Q2. 购买的产品类型	Q3. 最满意的产品
节日祝福（贺卡/明信片/红包）	1（追问：_____）	
饰品（手镯/手链/手串/项链/耳饰/手表/怀表/发圈/发簪/镜子/香囊/挂件/胸针）	2（追问：_____）	
彩妆（口红/唇膏/眼影/腮红/气垫/粉底/眉笔/睫毛笔/眼线笔/化妆工具/化妆筒/化妆包）	3（追问：_____）	
文具（手账本/笔记本/笔/尺子/橡皮/书签/PET胶带/文件夹/文件袋/笔袋/笔筒/手账贴纸/便签夹/鼠标垫）	4（追问：_____）	
盲盒	5	
伴手礼（钥匙扣/小夜灯/冰箱贴/手机座/耳机壳/静电贴）	6（追问：_____）	_____
摆件	7（追问：_____）	
茶具（茶杯/保温杯/茶具套装/茶壶）	8（追问：_____）	
玩偶	9	
T恤	10	
帽子	11	
收纳包/手提包/卡包/钱包/书包	12（追问哪种包：_____）	
图书	13	
音像制品	14	
其他	X	

[出示卡片3]

Q4. [单选题]您所购买的_____（访问员读出Q3的答案）的价格是多少元？

0~49.9元	1
50~99.9元	2
100~149.9元	3
150~199.9元	4
200~249.9元	5
250~299.9元	6
300~500元	7
500元以上	8

[出示卡片4]

Q5. [单选题]若以后购买，您最想购买哪种红色创意产品？

Q6. [单选题]您打算花多少钱购买这一红色创意产品？

产　品　类　型	Q5 购买意向	Q6 承受价格
贺卡/明信片/红包	1（追问：_____）	_____元，继续问Q7
饰品（手镯/手链/手串/项链/耳饰/手表/怀表/发圈/发簪/镜子/香囊/挂件/胸针）	2（追问：_____）	_____元，跳问Q8
彩妆（口红/唇膏/眼影/腮红/气垫/粉底/眉笔/睫毛笔/眼线笔/化妆工具/化妆筒/化妆包）	3（追问：_____）	_____元，跳问Q22

续表

产品类型	Q5 购买意向	Q6 承受价格
文具（手账本/笔记本/笔/尺子/橡皮/书签/PET 胶带/文件夹/文件袋/笔袋/笔筒/手账贴纸/便签夹/鼠标垫）	4（追问：_____）	_____元，跳问 Q9
盲盒	5	_____元，跳问 Q22
伴手礼（钥匙扣/小夜灯/冰箱贴/手机座/耳机壳/静电贴）	6（追问：_____）	_____元，跳问 Q22
摆件	7（追问：_____）	_____元，跳问 Q10
茶具（茶杯/保温杯/茶具套装/茶壶）	8（追问：_____）	_____元，跳问 Q11
玩偶	9	_____元，跳问 Q12
T 恤	10	_____元，跳问 Q14
帽子	11	_____元，跳问 Q18
收纳包/手提包/卡包/钱包/书包	12（追问哪种包：_____）	_____元，跳问 Q21
图书	13	_____元，跳问 Q22
音像制品	14	_____元，跳问 Q22
其他	X	跳问 Q22

[出示卡片 5]

Q7. [单选题]您希望_____（访问员注意：读出 Q5 答案的产品名称）采用以下哪种材质？

塑料	1	
铜版纸	2	
相纸	3	
纸质	4	
卡纸	5	[跳问 Q22]
软木片	6	
其他（请记录_____）	X	
不确定	Y	

[出示卡片 6]

Q8. [单选题]您希望_____（访问员注意：读出 Q5 答案的产品名称）采用以下哪种材质？

黄金	1	
白金	2	
合金	3	
琉璃	4	
宝石	5	
白银	6	
铜	7	[跳问 Q22]
珍珠	8	
沉香	9	
塑料	10	
水晶	11	
其他（请记录_____）	X	
不确定	Y	

[出示卡片7]

Q9. [单选题]您希望_____（访问员注意：读出Q5答案的产品名称）采用以下哪种材质？

材质	编号	
白卡纸	1	
木材（如榉木）	2	
竹	3	
塑料	4	
塑胶	4	
金属	5	
树脂	6	
陶瓷	7	[跳问Q22]
PVC	8	
硅胶	9	
牛津布	10	
尼龙	11	
EVA	12	
其他（请记录_____）	X	
不确定	Y	

[出示卡片8]

Q10. [单选题]您希望_____（访问员注意：读出Q5答案的产品名称）采用以下哪种材质？

材质	编号	
黄金	1	
白金	2	
合金	3	
琉璃	4	
宝石	5	
白银	6	
铜	7	
珍珠	8	
沉香	9	
塑料	10	
水晶	11	[跳问Q22]
树脂	12	
陶瓷	13	
纤维	14	
毛绒	15	
木材（如榉木）	16	
PVC	17	
竹	18	
其他（请记录_____）	X	
不确定	Y	

[出示卡片9]

Q11. [单选题]您希望_____（访问员注意：读出Q5答案的产品名称）采用以下哪种材质？

304不锈钢	1	
玻璃	2	
紫砂	3	
青瓷	4	
白瓷	5	
黑瓷	6	
搪瓷	7	[跳问Q22]
彩瓷	8	
金属	9	
竹木	10	
陶土	11	
石茶具	12	
其他（请记录_____）	X	
不确定	Y	

[出示卡片10]

Q12.[单选题]您希望这个玩偶采用以下哪种材质？

纯棉布	1
毛绒	2
其他（请记录_____）	X
不确定	Y

[出示卡片11]

Q13.[单选题]您希望这个玩偶的填充物是？

PP棉	1	
羽绒棉	2	[跳问Q22]
其他（请记录_____）	X	
不确定	Y	

[出示卡片12]

Q14.[单选题]您希望这件T恤采用以下哪种材质？

纯棉	1
精梳棉	2
长绒棉	3
竹节棉	4
冰丝	5
涤纶	6
氨纶	7
真丝	8
羊绒	9
其他（请记录_____）	X
不确定	Y

[出示卡片 13]

Q15. [单选题]您希望这件 T 恤是以下哪种领型？

圆领	1
U 形领	2
V 形领	3
方领	4
POLO 领	5
一字领	6
斜领	7
娃娃领	8
荡领	9
海军领	10
其他（请记录_____）	X
不确定	Y

[出示卡片 14]

Q16. [单选题]您希望这件 T 恤的袖长是？

无袖	1
短袖	2
中袖	3
长袖	4
不确定	Y

[出示卡片 15]

Q17. [单选题]您希望这件 T 恤的风格是？

简约风	1	
复古风	2	
韩版	3	
欧美风	4	
传统中国风	5	
运动风	6	
中性风	7	[跳问 Q22]
朋克风	8	
田园风	9	
嘻哈风	10	
其他（请记录_____）	X	
不确定	Y	

[出示卡片 16]

Q18. [单选题]您将会购买哪种材质的帽子？

针织（毛线）	1
草编	2
全棉	3
涤纶	4
锦纶	5
真皮	6
人造革	7
聚酯纤维	8
棉涤	9
帆布	10
其他（请记录_____）	X
不确定	Y

[出示卡片 17]

Q19.[单选题]您将会购买以下哪种类型帽子？

棒球帽	1
鸭舌帽	2
遮阳帽	3
空心帽	4
贝雷帽	5
其他（请记录_____）	X
不确定	Y

[出示卡片 18]

Q20.[单选题]您购买帽子用来做什么？

追求时尚	1	
防晒	2	[跳问 Q22]
保暖	3	
其他（请记录_____）	X	

[出示卡片 19]

Q21.[单选题]你将会购买哪种材质的_____（访问员注意：读出 Q5 答案的产品名称）？

针织（毛线）	1
草编	2
全棉	3
涤纶	4
锦纶	5
真皮	6
人造革	7
聚酯纤维	8
棉涤	9
帆布	10
牛津布	11
尼龙	12
EVA	13
PU	14
其他（请记录_____）	X
不确定	Y

[出示卡片20]

Q22. 您希望这个红色创意产品的外观以什么颜色为主（或为底色）？[多选题]

红色	1
黄色	2
橙色	3
绿色	4
蓝色	5
紫色	6
粉红色	7
白色	8
灰色	9
多种颜色组合	10
其他（请记录_____）	X
不确定	Y

[出示卡片21]

Q23. [单选题]您购买红色创意产品送给谁？

对象	编号
长辈/领导	1
朋友	2
儿童	3
客户	4
爱人	5
自己	6
其他	X

[出示卡片22]

Q24. [单选题]您对红色创意产品外包装有哪些要求？

选项	编号
礼盒装	1
简装	2
没有特别要求	3
其他（请记录_____）	X

[出示卡片23]

Q25. [限3项排序题]以下是一些影响您购买红色创意产品的可能因素，从中选择三个影响因素并按重要性程度进行排序，若您觉得这个因素越重要则其数字越小。

影响因素	重要性程度
价格	
外观	
材质	
颜色	
出产地	
产品功能	
红色文化符号	
包装	
品牌	
出售场所/网购平台	

[出示卡片 24]

Q26. [多选题]你可能会在哪些地方购买红色创意产品？

	景区礼品商店	1
	品牌专卖店	2
	景区小摊/小贩	3
	京东	4
	淘宝	5
	淘特	6
	京喜	7
	唯品会	8
	官方网站	9
	淘宝/京东官方旗舰店	10
	拼多多	11
	微商	12
	直播平台（请记录_____）	13
	其他（请记录_____）	X

[出示卡片 25]

Q27. [多选题]您喜欢去哪类景区旅游？

Q28. [单选题]您最近一次去的是哪类景区旅游？

景区类型	Q27	Q28
历史博物馆	1	1
科技馆	2	2
红色旅游景区	3	3
名人故居	4	4
山水名胜区	5	5
其他	X（请记录_____）	X（请记录_____）

[出示卡片 26]

Q29. [单选题]您最近一次和谁一起去旅游？

	单独出游	1
	同学	2
	异性朋友	3
	家人	4
	单位组团	5
	其他（请记录_____）	X

[出示卡片 27]

Q30. [单选题]当我提到红色旅游时，您首先想到哪个红色景区/景点？

遵义会议会址景区	1
韶山	2
井冈山	3
瑞金	4
延安	5
西柏坡	6
朱德故居	7
邓小平故居	8
其他	X（请记录_____）

[出示卡片28]

Q31. [多选题]到目前为止，您去过哪些红色景区旅游？

遵义会议会址景区	1
韶山	2
井冈山	3
瑞金	4
延安	5
西柏坡	6
朱德故居	7
邓小平故居	8
其他	X（请记录_____）

[出示卡片29]

Q32. [单选题]当我提到红色故都瑞金时，您立刻会想到什么？

红井	1
云石山旧址群	2
红军烈士纪念塔	3
叶坪"九部一局"旧址	4
长征第一山（云石山）	5
十八杆红缨枪	6
八子参军	7
红歌	8
其他（请记录_____）	X
没有特别印象	Y

[出示卡片30]

Q33. [多选题]您平时会使用哪些影音App？

喜马拉雅	1
抖音	2
快手	3
哔哩哔哩	4
优酷	5
QQ影音	6
西瓜视频	7
其他（请记录_____）	X

[出示卡片31]

Q34.[单选题]您的出生年份：

1960年以前	1
1960—1969年	2
1970—1979年	3
1980—1989年	4
1990—1999年	5
2000—2005年	6

Q35.[单选题]您的性别：

男	1
女	2

[出示卡片32]

Q36.[单选题]您的职业：

学生	1
公务员	2
事业单位人员	3
企业员工	4
自由职业	5
其他	6

[出示卡片33]

Q37.[单选题]您的最高学历是：

初中或以下	1
高中/职中/中专	2
大专	3
本科	4
研究生	5

[出示卡片34]

Q38. [单选题]您的政治面貌：

中国共产党党员	1
中国八大民主党派人士	2
无党派人士	3

[出示卡片35]

Q39. [单选题]您的婚姻状况：

已婚无小孩	1
已婚有小孩	2
未婚	3
离异	4
其他	5

[出示卡片36]

Q40. [单选题]您的个人月收入：

无收入	1
2000元以下	2
2000～3000元	3
3001～4000元	4
4001～5000元	5
5001～6000元	6
6001～7000元	7
7001～8000元	8
8001～9000元	9
9000～1万元	10
1万元以上	11

第三节 调研报告

一、调研目的

本次调研的目的是全面深入了解红色创意产品市场规模、红色旅游游客对红色创意产品的需求，以及他们对红色故都红色文化资源的认知等，以便为企业开发以红色故都红色文化资源为源头的红色创意产品提供参考。

二、调研方法与样本特征

本次调研采用街头随机访问方法并借助问卷获取相关数据；调查地点分布在江西南昌、吉安和赣州。剔除无效问卷，本次调研最终获得有效问卷442份，样本基本特征见表8-3。

表8-3 样本基本特征

职业	学生	54
	公务员	75
	事业单位人员	93
	企业员工	82
	自由职业	51
	其他	87
最高学历	初中或以下	6
	高中/职中/中专	19
	大专	56
	本科	267
	研究生	94
党派	中国共产党党员	128
	中国八大民主党派人士	31
	无党派人士	283
婚姻状况	已婚无小孩	113
	已婚有小孩	189
	未婚	112
	离异	16
	其他	12
个人月收入	无收入	56
	2000元以下	16
	2000~3999元	16
	4000~4999元	104
	5000~7999元	151
	8000~9999元	27
	1.0万~1.49万元	32
	1.5万~1.99万元	12
	2.0万~2.49万元	13
	2.5万~2.99万元	8
	3万元或以上	7
出生时间	1960年以前	47
	1960—1969年	55
	1970—1979年	103
	1980—1989年	126
	1990—1999年	94
	2000—2005年	17

三、调研结果

（一）红色创意产品市场规模、消费者与影响因素

调查发现，红色创意产品潜在市场规模比较大，95.70%被访者表示遇到合适红色创意产品会考虑购买，并且32.13%的被访者之前购买过红色创意产品，如图8-3所示。

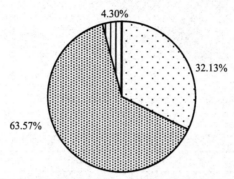

图8-3　红色创意产品市场规模（样本量（N）=442）

被访者最想购买的红色创意产品类型较为分散，除图书、音像制品没有人选择外，其他类型的产品占比在6.38%~10.40%之间，如图8-4所示。

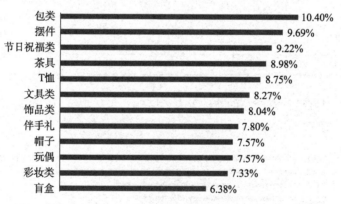

图8-4　最想购买的红色创意产品（N=423）

被访者主要为自己购买（48%）红色创意产品，其次是送给长辈/领导（22%）或朋友（17%）等，如图8-5所示。

价格、外观、红色文化符号、产品功能和材质是影响被访者购买红色创意产品的主要因素，如表8-4所示。在这些影响因素中，25.06%被访者将红色文化符号视为是影响购买产品的首要因素；20.80%被访者将价格视为影响产品的首要因素；20.33%和18.91%被访者分别将外观和价格视为第二影响因素，17.97%被访者将产品功能视为第二影响因素；17.49%和15.6%将价格和产品材质视为第三影响因素，如表8-4所示。

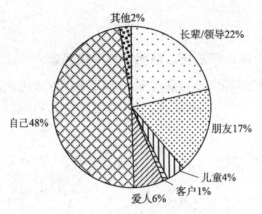

图 8-5 红色创意产品消费者（$N = 423$）

表 8-4 红色创意产品购买影响因素（$N = 423$） %

影响因素	第1位	第2位	第3位
价格	20.80	18.91	17.49
外观	12.29	20.33	14.18
红色文化符号	25.06	9.46	13.24
产品功能	6.86	17.97	13.71
材质	7.57	14.89	15.60
颜色	6.62	3.78	10.87
包装	5.67	5.91	6.62
品牌	5.44	3.78	1.65
出售场所/网购平台	4.96	2.84	4.26
出产地	4.73	2.13	1.89
其他	0.00	0.00	0.47

在这些购买过红色创意产品的被访者中，相对更多人最近一次购买过摆件（35.92%）、玩偶（28.87%）等，如图8-6所示。

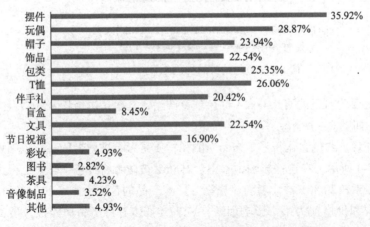

图 8-6 最近一次所购红色创意产品类型（$N = 142$）

在最近所购的产品中,被访者对最满意的红色创意产品类型相对较分散,如图 8-7 所示。

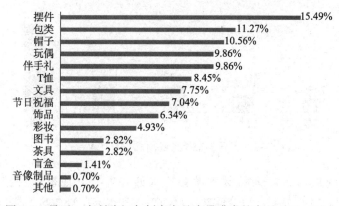

图 8-7　最近一次所购红色创意产品中最满意的产品($N = 142$)

(二)红色创意产品属性偏好

41.61%的被访者喜欢多种颜色组合的红色创意产。除此之外,25.06%的被访者喜欢红色为主色/底色的红色创意产品,也有被访者喜欢诸如蓝色、白色等其他单色的创意产品,如图 8-8 所示。

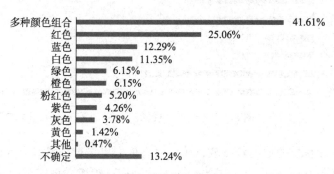

图 8-8　红色创意产品颜色偏好($N = 423$)

除 32%的被访者对红色创意产品包装没有特别要求外,喜欢礼盒装和简装的被访者占比相差不大,分别为 30%和 35%,如图 8-9 所示。

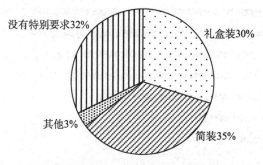

图 8-9　红色创意产品外包装偏好($N = 423$)

就节日祝福类产品（贺卡、明信片和红包）而言，被访者相对更多喜欢卡纸类产品，达 48.72%；随后是相纸类产品（17.95%）和铜版纸（15.38%），如图 8-10 所示。

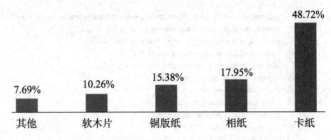

图 8-10　节日祝福类产品材质偏好（N = 39）

除 17.65% 的被访者对饰品材质没有特别偏好外，其他被访者相对更喜欢白银（17.65%）、白金（14.71%），以及珍珠（11.76%）和水晶（11.76%）类饰品，如图 8-11 所示。

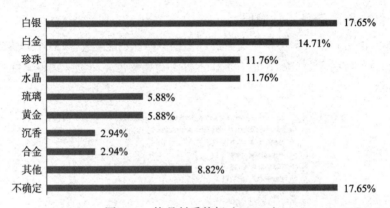

图 8-11　饰品材质偏好（N = 34）

被访者对文具材质的偏好较分散，相对而言他们更喜欢金属的文具产品（17.14%）；除此之外，恰好各有 14.29% 的被访者分别喜欢陶瓷、塑胶、硅胶做的文具，如图 8-12 所示。

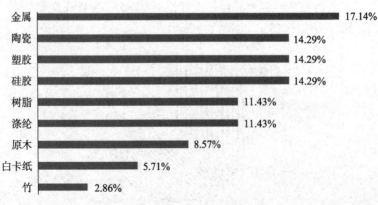

图 8-12　文具材质偏好（N = 35）

被访者对不同材质做的摆件选择较分散，他们相对更喜欢树脂做成的摆件（21.95%），紧随其后的是陶瓷做的摆件（14.63%），如图 8-13 所示。

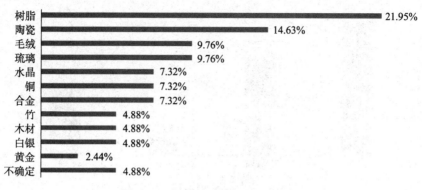

图 8-13　摆件材质偏好（$N=41$）

被访者相对更喜欢玻璃（23.68%）、304 不锈钢（21.05%）及紫砂（15.79%）等做成的茶具，如图 8-14 所示。

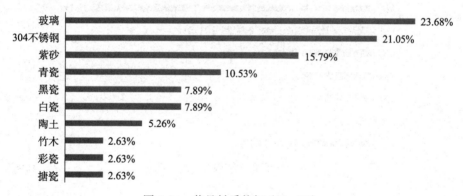

图 8-14　茶具材质偏好（$N=38$）

大多数被访者喜欢毛绒玩偶（72%），只有少部分被访者喜欢纯棉布玩偶（16%），如图 8-15 所示。

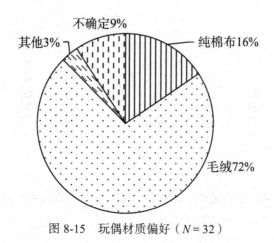

图 8-15　玩偶材质偏好（$N=32$）

40.63%的被访者更喜欢 PP 棉填充的玩偶，也有 21.88%的被访者对玩偶填充物没有明确的偏好，如图 8-16 所示。

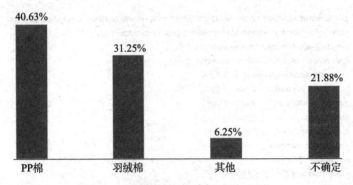

图 8-16 玩偶填充物偏好（$N = 32$）

除 13.51%的被访者对 T 恤材质没有特别偏好外，人们更喜欢纯棉的 T 恤（37.84%），其次是冰丝的（21.62%）以及涤纶的（16.22%），喜欢其他材质的比较少，如图 8-17 所示。

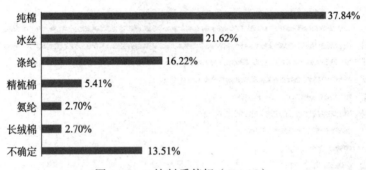

图 8-17 T 恤材质偏好（$N = 37$）

被访者对 T 恤领形偏好较为分散，相对而言，他们更喜欢圆领 T 恤（29.73%）和 V 形领 T 恤（18.92%），如图 8-18 所示。

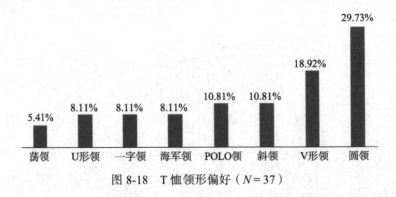

图 8-18 T 恤领形偏好（$N = 37$）

人们对 T 恤袖长偏好相对更集中，51.35%的被访者喜欢短袖，37.84%的被访者喜欢中袖，如图 8-19 所示。

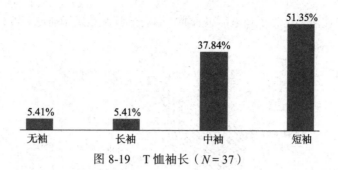

图 8-19　T 恤袖长（$N = 37$）

人们对 T 恤的风格偏好也相对较集中，近六成的被访者喜欢简约风；其次是传统中国风（24.32%），如图 8-20 所示。

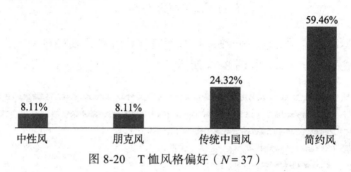

图 8-20　T 恤风格偏好（$N = 37$）

除 15.63% 的被访者很难确定喜欢哪种材质的帽子外，其他被访者喜欢帽子的材质较分散，相对而言，被访者更喜欢全棉的帽子（34.38%），其次是帆布的（21.88%）及锦纶的（15.63%），如图 8-21 所示。

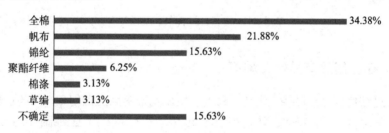

图 8-21　帽子材质偏好（$N = 32$）

相对而言，更多被访者会购买棒球帽（37.50%），其次是遮阳帽（28.13%），其他类型的帽子相对更少的人喜欢，如图 8-22 所示。

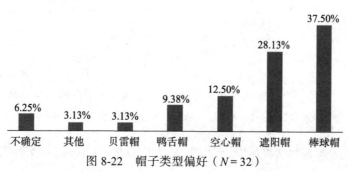

图 8-22　帽子类型偏好（$N = 32$）

超过一半的被访者是为了追求时尚而购买帽子,其次是用于防晒(40.63%),如图8-23所示。

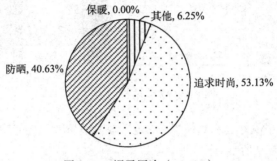

图8-23　帽子用途($N=32$)

人们对包类产品材质要求较分散,相对而言被访者更喜欢帆布(29.55%)和牛津布(27.72%)做成的包类产品,如图8-24所示。

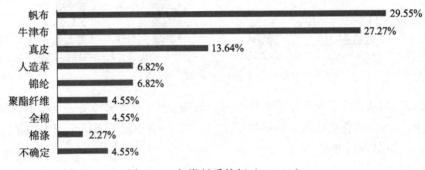

图8-24　包类材质偏好($N=44$)

(三)红色创意产品价格偏好

在购买过红色创意产品的人群中,最近一次所购最满意红色创意产品的价位主要集中在150元以下(占比76.76%),特别是50~99.9元(占36.62%),如图8-25所示。

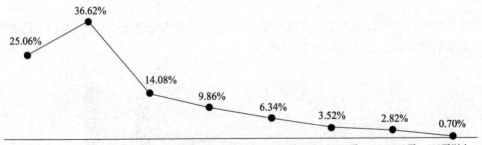

图8-25　最近一次所购最满意红色创意产品的价位($N=142$)

潜在红色创意产品消费群体中,近80%的人们有意购买10元以下特别是1元或以下的贺卡、明信片及红色等节日祝福类产品，如图 8-26 所示。

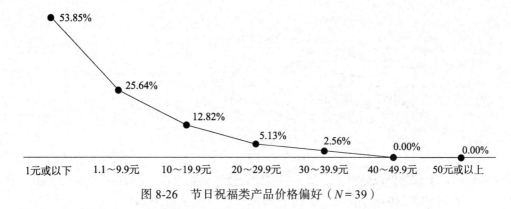

图 8-26　节日祝福类产品价格偏好（$N=39$）

相对而言，更多的被访者将会购买 60～89.9 元（23.53%）、10 元以下（14.71%）及 1000 元以上（11.76%）的饰品类红色创意产品，如图 8-27 所示。

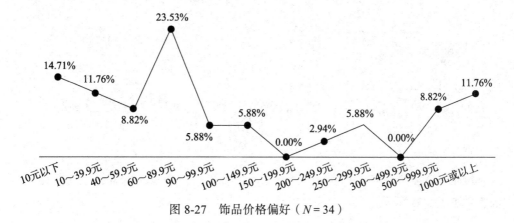

图 8-27　饰品价格偏好（$N=34$）

相对而言，更多的被访者将会购买 1.1～9.9 元（占比为 48.57%）、20～29.9 元（占比 20%）及 10～19.9 元（占 14.29%）的文具，如图 8-28 所示。

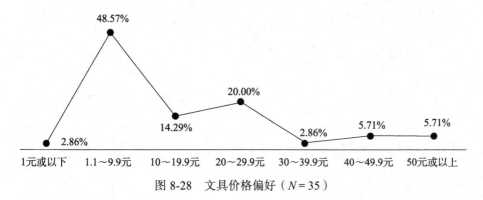

图 8-28　文具价格偏好（$N=35$）

被访者对摆件价格偏好较分散，相对而言，更多被访者喜欢购买 40～89.9 元特别是 60～89.9 元的摆件类红色创意产品，如图 8-29 所示。

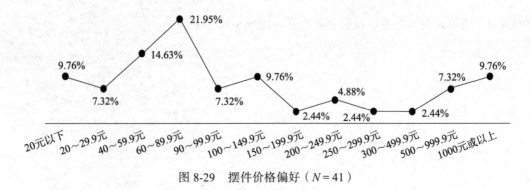

图 8-29　摆件价格偏好（$N=41$）

被访者对茶具类红色创意产品价格偏好较分散，相对而言，他们更喜欢 60～89.9 元（18.42%）和 300～499.9 元（15.79%）的茶具产品，如图 8-30 所示。

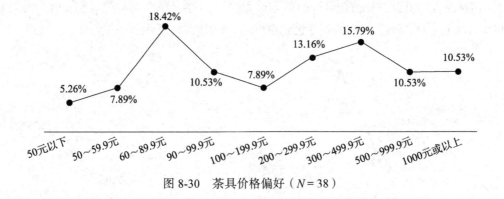

图 8-30　茶具价格偏好（$N=38$）

相对而言，被访者更喜欢 20～39.9 元（占比 28.13%）和 60～89.9 元（占比 16.63%）的玩偶，如图 8-31 所示。

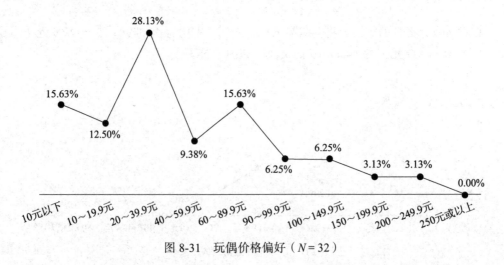

图 8-31　玩偶价格偏好（$N=32$）

相对而言，被访者更喜欢 150～199.9 元（占比 27.03%）和 100～149.9 元（占比 24.32%）的 T 恤，如图 8-32 所示。

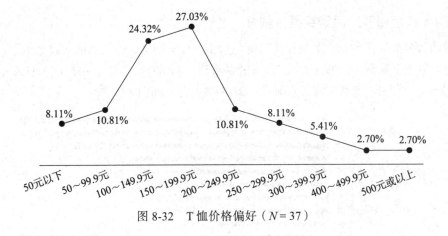

图 8-32 T恤价格偏好（$N = 37$）

相对而言，被访者更喜欢 50～59.9 元（占比 24.32%）、60～69.9 元（占比 16.22%）及 30～39.9 元（占比 13.51%）的帽子，如图 8-33 所示。

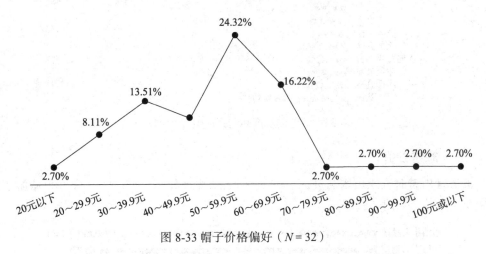

图 8-33 帽子价格偏好（$N = 32$）

相对而言，被访者更喜欢 200 元以下的各种包类红色创意产品，特别是 70～89.9 元的产品（占比 29.55%），如图 8-34 所示。

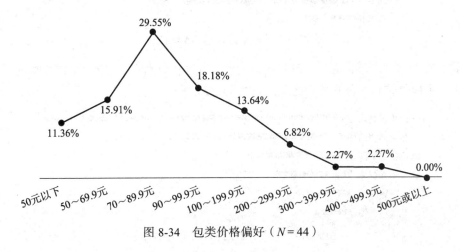

图 8-34 包类价格偏好（$N = 44$）

（四）红色创意产品购买渠道偏好

被访者购买红色创意产品的渠道喜好较分散，相对而言，被访者购买红色创意产品时偏爱的渠道主要是淘宝（32.15%）、景区礼品商店（31.68%）、官方网站（25.53%）、京东（23.17%），以及淘宝/京东官方旗舰店（21.75%）等，如图8-35所示。

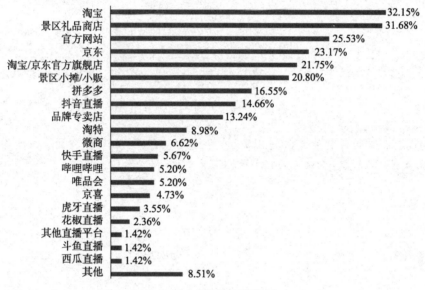

图8-35　红色创意产品购买渠道（$N=423$）

（五）旅游偏好

被访者出游时喜欢山水名胜区（69.50%）、历史博物馆（65.72%）和红色旅游景区（60.99%）等，如图8-36所示。

图8-36　景区旅游喜好（$N=423$）

40.66%的被访者最近去的旅游景区是山水名胜区；分别有22.22%和15.84%的被访者最近去历史博物馆和红色旅游景区旅游，如图8-37所示。

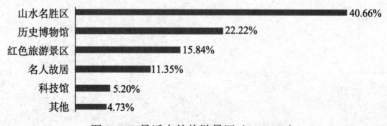

图8-37　最近去的旅游景区（$N=423$）

在最近一次旅游期间，43.97%的被访者是和家人一起去旅游，其次是单位组团（21.51%），如图8-38所示。

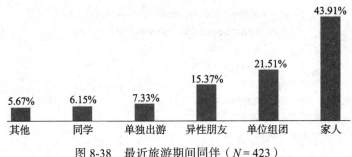

图8-38　最近旅游期间同伴（$N=423$）

相对而言，更多的被访者去过井冈山（30.02%）、其他红色旅游景区（15.84%）等红色旅游景区旅游，如图8-39所示。游客去过的红色旅游景区较为分散。深入调查发现，绝大多数游客特别是单位组团游客更多是去他们单位所在地周边红色旅游景区为主，并且是一日游。

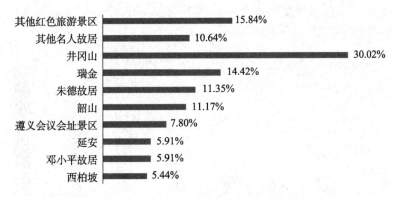

图8-39　红色旅游景区旅游经历（$N=423$）

（六）红色旅游景区知名度

当提到红色旅游景区时，35.70%的被访者会立刻想到井冈山，其次是瑞金（29.03%），如图8-40所示。主要原因可能是被访者所在地区是江西赣州、吉安、南昌，从而井冈山、瑞金的知名度较高一些。

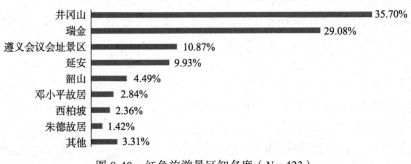

图8-40　红色旅游景区知名度（$N=423$）

当提到红色故都瑞金时，38.20%的被访者对其红色文化资源无或者没有特别印象，如图 8-41 所示。

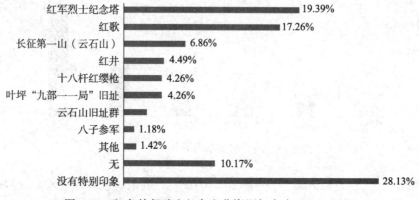

图 8-41　红色故都瑞金红色文化资源知名度（$N=423$）

（七）影音 App 使用习惯

被访者平时主要使用抖音（68.79%）、哔哩哔哩（50.35%）、快手（36.17%）等影音 App，如图 8-42 所示。

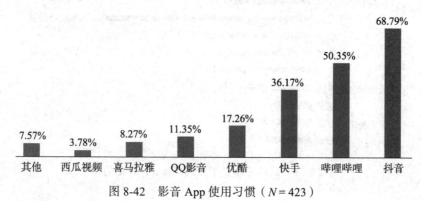

图 8-42　影音 App 使用习惯（$N=423$）

四、调研结论与建议

（一）调研结论

本次调查采用街头问卷调查，最终获得 442 份有效问卷。分析后有九点发现。

（1）红色创意产品市场规模较大；影响人们购买红色创意产品的主要因素是价格、外观、红色文化符号、产品功能和材质，其中有二成多的被访者将红色文化符号看成影响其购买红色创意产品的第一因素。

（2）除没有人最想购买图书、音像制品外，最想购买的红色创意产品类型较为分散；在购买过红色创意产品的人群中，相对更多人最近一次购买过摆件、玩偶等，更多的人对所购的摆件、包类和帽子最满意。

（3）有近一半的人是给自己购买红色创意产品，还有二成多的人是为了送给长辈或领导。可能正因为如此，人们对产品包装偏好并没有聚焦，简装、礼品装或无所谓的各占 1/3。

（4）人们对产品主色或底色颜色偏好以多色组合为主。除此之外，更多人喜欢红色、蓝色及白色；除近一半人喜欢卡纸类节日祝福类产品、七成多的人喜欢毛绒玩偶，以及近四成的人们喜欢纯棉T恤外，人们对其他不同类型产品的材质偏好较分散。相对其他填充物，更多的人喜欢PP棉填充的玩偶；人们对T恤领型偏好较分散，但分别有一半多的人和近六成的人会选择短袖和简约风T恤；人们购买帽子主要是为了追求时尚，他们更喜欢棒球帽和遮阳帽。

（5）在购买过红色创意产品的人群中，最近一次所购最满意的红色创意产品的价位主要集中在150元以下特别是50~99.9元。

（6）在潜在红色创意产品消费群体中，大多数人有意购买10元以下特别是1元或以下的贺卡、明信片及红包；大多数人喜欢购买30元以下的文具；人们对其他类型的红色创意产品价格偏好比较分散，相对而言，更多的人喜欢购买60~59.9元、10元以下及1000元以上的饰品，40~89.9元特别是60~89.9元的摆件，60~89.9元和300~499.9元的茶具，20~39元和60~89.9元的玩偶，150~199.9元和100~149.9元（占比24.32%）的T恤，50~69.9元及30~39.9元的帽子，以及200元以下特别是70~89.9元的包类红色创意产品。

（7）更多的人倾向网上特别是在淘宝、官方网站、京东，以及淘宝/京东官方旗舰店上购买红色创意产品，也有三成多的人选择在景区礼品商店购买这些红色创意产品。

（8）红色旅游景区已是人们现在主要的旅游目的地，但红色旅游景区吸引得更多的是本地区或邻近地区的游客，这些景区的知名度也是在本地区和邻近地区有较高知名度；红色故都瑞金文化资源知名度不高，几乎没有能够让人立刻想起来或印象深刻的文化资源。

（9）人们喜欢使用抖音、哔哩哔哩、快手等影音App。

（二）建议

基于上述结论，我们认为：①企业可以考虑进入红色创意产品市场；②有必要深入挖掘红色故都瑞金红色文化资源，先着重开发节日祝福类产品、PP填充的毛绒玩偶以及纯棉短袖简约风T恤，之后考虑开发其他类型红色创意产品；③价格是消费者比较关注的因素，若可以定位在150元以下将会受更多消费者欢迎；④企业可以在淘宝、京东开设官方旗舰店，以及布局景区商店，并通过抖音、哔哩哔哩、快手等影音App宣传推广产品；⑤考虑到红色故都瑞金的知名度不高，企业可以在影音App账号中公益宣传红色故都，突出具有市场潜力的文化资源。

五、局限性

本次调研的局限性如下：①我们没有对不同群体（如男性与女性）的行为（如不同产品材质偏好选择）进行比较分析；②本次采用街头拦截访问获取数据，但因调查地点主要在江西南昌、赣州和吉安，所以调研结果仅代表这三个地区的游客需求。

复习思考题

1. 针对本章第三节研究报告中的第一个局限性即"我们没有对不同群体的行为（如不

同产品材质偏好选择）进行比较分析"，请您用所学知识弥补这一局限性，从中你可以得出哪些有意义的结论？

2. 针对本章第三节研究报告中的第二个局限性即"本次采用街头拦截访问方法，但因调查地点主要在江西南昌、赣州和吉安。"①除了街头拦截访问方法，我们是否可以用其他调研方法获取数据？②根据调研方案，我们可以将调查地点选择其他地点吗？

3. 阅读下列资料后，请尝试回答所提出的问题。

我国目前主要有长城、大运河、长征、黄河和长江五大国家文化公园。国家文化公园是承载着中华文化内涵的公共文化载体，是国家的象征。国家文化公园建设是以习近平同志为核心的党中央的重大决策部署，是推动新时代文化繁荣发展的重大工程。国家文化公园重点建设管控保护区、主题展示区、文旅融合区和传统利用区四类主体功能区；协调推进文物和文化资源保护传承利用，系统推进保护传承、研究发掘、环境配套、文旅融合、数字再现五个重点基础工程建设。

2017年1月，中共中央办公厅、国务院办公厅印发的《关于实施中华优秀传统文化传承发展工程的意见》提出规划建设一批国家文化公园，成为中华文化重要标识。2019年12月5日，中共中央办公厅、国务院办公厅印发《长城、大运河、长征国家文化公园建设方案》。2020年10月29日，中国共产党第十九届中央委员会第五次全体会议审议通过《中共中央关于制定国民经济和社会发展第十四个五年规划和二〇三五年远景目标的建议》，提出建设长城、大运河、长征、黄河等国家文化公园。2021年8月8日，为深入学习贯彻习近平总书记关于国家文化公园建设的重要指示精神，加快推进国家文化公园建设，国家文化公园建设工作领导小组印发了《长城国家文化公园建设保护规划》《大运河国家文化公园建设保护规划》《长征国家文化公园建设保护规划》，要求各相关部门和沿线省份结合实际抓好贯彻落实国家文化公园建设工程。

问题：

（1）以任一类型，如长城国家文化公园为调查对象，全面且深入地了解其建设现况，并形成一份书面调研报告。

（2）以某一建成开放的国家文化公园为调查对象，调查游客对这一国家文化公园服务满意水平并提出改进意见，并形成一份书面调研报告。

（3）假如你是某一国家文化公园运营方市场推广部工作人员，高层管理人员希望提升该国家文化公园知名度，请您提供一份如何提升其知名度的调研报告为高层决策时提供参考依据。

参 考 文 献

[1] 布拉德伯恩，萨德曼，万辛克. 问卷设计手册[M]. 赵锋，译. 重庆：重庆大学出版社，2018.

[2] 海尔，塞尔西，奥蒂诺，等. 市场营销调研精要[M]. 白雪梅，译. 3版. 大连：东北财经大学出版社，2016.

[3] 福勒. 调查问卷的设计与评估[M]. 蒋逸民，译. 重庆：重庆大学出版社，2018.

[4] 帕拉苏拉曼. 市场调研[M]. 王佳斌，应斌，译. 2版. 北京：中国市场出版社，2018.

[5] 伊金斯. 问卷设计[M]. 于洪彦，译. 上海：格致出版社，2018.

[6] 麦克丹尼尔，盖茨. 当代市场调研（原书第8版）[M]. 李桂华，译. 北京：机械工业出版社，2011.

[7] 柴庆春，程慧超. 市场调查[M]. 北京：中国人民大学出版社，2016.

[8] 陈一君，周丽永. 市场研究[M]. 成都：西南交通大学出版社，2015.

[9] 戴立农. 设计调研[M]. 北京：电子工业出版社，2014年.

[10] 冯利英，额尔敦陶克涛，巩红禹. 市场调查：理论、分析方法与实践案例[M]. 北京：经济管理出版社，2017.

[11] 胡瑞卿，董成武. 市场调研理论与实务[M]. 广州：中山大学出版社，2014.

[12] 蒋萍. 市场调查[M]. 2版. 上海：格致出版社，2013.

[13] 李红梅. 市场调研理论与实务[M]. 北京：人民邮电出版社，2015.

[14] 宋琛. 市场调研[M]. 北京：化学工业出版社，2012.

[15] 孙利. 市场调研与预测[M]. 上海：上海交通大学出版社，2011.

[16] 王冲，李冬梅. 市场调查与预测[M]. 上海：复旦大学出版社，2014.

[17] 王峰，葛红岩. 市场调研[M]. 3版. 上海：上海财经大学出版社，2013.

[18] 王庆丰，张中英，凌利. 市场研究与预测[M]. 北京：清华大学出版社，2017.

[19] 武松，潘发明. SPSS统计分析大全[M]. 北京：清华大学出版社，2014.

[20] 向红梅. 市场调研与需求分析[M]. 北京：北京邮电大学出版社，2013.

[21] 谢平芳，黄远辉，向林峰. 市场调查与预测[M]. 南京：南京大学出版社，2017.

[22] 姚小远. 市场调查[M]. 上海：华东理工大学出版社，2015.

[23] 周静. 市场调查与预测[M]. 北京：科学出版社，2014.

[24] 周俊. 问卷数据分析：破解SPSS的六类分析思路[M]. 北京：电子工业出版社，2017.

[25] 武松，潘发明. SPSS统计分析大全[M]. 北京：清华大学出版社，2014.

[26] 杨永忠. 创意管理学导论[M]. 北京：经济管理出版社，2018.

教师服务

感谢您选用清华大学出版社的教材！为了更好地服务教学，我们为授课教师提供本书的教学辅助资源，以及本学科重点教材信息。请您扫码获取。

▶ 教辅获取

本书教辅资源，授课教师扫码获取

▶ 样书赠送

市场营销类重点教材，教师扫码获取样书

清华大学出版社

E-mail: tupfuwu@163.com
电话: 010-83470332 / 83470142
地址: 北京市海淀区双清路学研大厦 B 座 509

网址: https://www.tup.com.cn/
传真: 8610-83470107
邮编: 100084